最高人民检察院
第十七批指导性案例
适用指引

— · 金融犯罪 · —

最高人民检察院第四检察厅　编著

中国检察出版社

《最高人民检察院第十七批指导性案例适用指引》编委会

主　　任：孙　谦

副 主 任：郑新俭　聂建华

编　　辑：贝金欣　罗　曦　李　楠

参编人员：胡春健　罗　江　刘　伟　刘丽娜
　　　　　邓金山　赵宝琦　孙　治　冯　伟
　　　　　李铁超　刘　坤　陈晓红　袁晓颖

充分发挥案例指导作用
服务保障打好防范化解金融风险攻坚战

郑新俭[*]

近年来,金融犯罪呈现持续高发态势,涉众型金融犯罪尤为突出,新类型案件不断增多。其中,非法吸收公众存款、集资诈骗等非法集资犯罪,特别是利用互联网实施的非法集资犯罪案件持续增加。各类金融犯罪活动严重破坏金融管理秩序,损害广大人民群众合法权益,引起党中央和社会各界的高度关注。习近平总书记多次对防范化解金融风险工作作出重要指示批示,党中央将打好防范化解重大风险攻坚战作为"三大攻坚战"之一,充分体现了防范化解金融风险的极端重要性。

党中央作出打好防范化解重大风险攻坚战的重大决策部署后,各级检察机关认真贯彻落实习近平总书记重要指示批示精神,以设立经济犯罪检察专门机构为契机,充分发挥检察职能作用,着力在"惩""化""防""治"四个方面综合施策,取得明显成效。一是努力确保"惩得精准"。我们坚持以办案为中心,突出办案重点,严肃惩治各类非法吸收公众存款、集资诈骗等涉众型、跨区域金融犯罪案件,对重大网络借贷平台涉嫌非法

---

[*] 郑新俭,最高人民检察院第四检察厅厅长、一级高级检察官。

集资案件会同公安部联合挂牌督办，不断加大惩治力度，形成有效震慑。面对不断翻新的犯罪手段，我们坚持"穿透式"办案理念，采取实质判断的方法，全面准确把握案件事实，既精准惩处金融犯罪，又保护真正的"金融创新"。二是积极争取"化得及时"。检察机关在精准办案的同时，将追赃挽损工作贯穿办案工作始终，注重发现追赃挽损线索，依法用好用足法律手段，最大限度减少投资人的损失，并有针对性地做好释法说理和情绪疏导工作，努力化解矛盾。三是主动做到"防得到位"。检察机关在注重"惩"和"化"的过程中，认真落实"谁执法、谁普法"，通过微博、微信、微视频、法治讲堂等方式，组织开展金融犯罪预防宣传工作。高检院官方微信、微博还开设了"金融检察微课堂"专栏，以案释法，及时发布金融投资风险警示信息，引导广大社会公众主动防范金融投资陷阱。四是大力推进"治得有效"。作为法律监督机关，推进国家治理体系和治理能力现代化是检察机关的重要职责。各级检察机关在办理金融犯罪过程中，注重分析、研究、发现金融监管环节缺失、履职不力等问题，高检院就及时发现查出金融违法犯罪活动向中央有关部门制发了"三号检察建议"。各地检察机关结合本地金融犯罪活动实际，主动就加强金融监管、深化治本举措等提出检察建议60余件。比如，上海、安徽、广西、内蒙古、甘肃等省级检察院深入分析非法集资、骗取贷款、欺诈发行债券等金融犯罪案件反映出的问题，向地方金融监管部门、金融机构、行业协会等相关部门制发了检察建议，得到有关部门的高度重视，推动了一个地区金融治理体系的持续完善。

随着金融市场的不断发展变化，金融犯罪案件中的新情况新问题也不断出现，对检察机关办案能力提出了全新挑战。部分检察官在办理金融犯罪检察工作中存在不适应的问题，主要表现为认识金融新现象的能力不足、证据审查判断和组织运用的能力不足、金融刑事政策的把握能力不足。"一个案例胜过一打文件。"为了解决重点难点和争议点，高检院有针对性地发布了金融犯罪三个指导性案例，引导检察办案人员逐渐树立办理金融犯罪案件的理念，逐步提高办理金融犯罪案件的能力水平，更加游刃有余地应对金融犯罪案件办理中可能遇到的问题和困难，确保办案"三个效果"的有机统一。同时，这三个案例充分揭示了常见多发新型犯罪的行为本质，对于增强社会公众识别防范非法金融活动能力、提高金融机构和金融市场参与者的法治意识也具有积极意义。

指导性案例的生命在于应用，价值在于指导。检察官应当充分意识到指导性案例的意义和作用，从思想上弄清楚发布和应用指导性案例的重要意义，从实质上把握好指导性案例的要旨和指导意义，真正在具体实践中用足用好指导性案例，把指导性案例所蕴含的办案理念和方法融会贯通到金融犯罪案件的办理中，为服务保障防范化解金融风险提供优质的检察产品。案例具体内容虽然有所不同，但本质要求是一致的，就是要求检察机关履行好指控与证明犯罪的主导责任，更加准确地把握金融法律政策界限，实现惩治金融犯罪与保护金融市场健康发展的有机统一。

这批指导性案例的发布正好处在新冠肺炎疫情暴发的特殊时期，中共中央高度重视企业复工复产工作，企业融资面临严峻困难，金融支持复工复产尤为受到社会各界关注。为了统筹疫情防控和经济社会发展，中共中央和国务院有关部门出台了一系列金融服务政策，中共中央政法委等五部门也印发了《关于政法机关依法保障疫情防控期间复工复产的意见》，为稳定市场人心、提振市场信心、促进金融发展提供了重要指引和支持。准确地把中共中央和国务院有关部门在疫情防控期间的金融支持政策贯彻落实到检察工作中，精准把握法律政策界限，严格区分罪与非罪、此罪与彼罪、罪轻与罪重，引导企业依法融资、守法经营，是当前各级检察机关更好服务保障复工复产，检验金融犯罪检察工作成效的重中之重。指导性案例的发布，也是贯彻落实中共中央关于统筹抓好疫情防控和经济社会发展重点工作部署要求，助力战"疫"和企业复工复产的重要举措。各级检察机关在疫情防控期间要结合学习贯彻指导性案例，更好地发挥职能作用，有效保障各项金融支持政策落实到位，助力企业复工复产。

总之，服务保障打好防范化解金融风险是检察机关的重要职责所在，是讲政治、顾大局的集中体现。各级检察机关要深入贯彻落实习近平总书记关于防范化解金融风险的系列重要指示精神，充分发挥案例的指导作用，坚持严厉打击和精准保障、依法办案和防范风险相结合，认真履行检察职责，努力为打赢防范化解重大风险攻坚战和疫情防控阻击战、促进经济社会发展提供有力司法保障。

目 录
CONTENTS

充分发挥案例指导作用　服务保障打好防范化解
　金融风险攻坚战　　　　　　　　　　　　　　郑新俭 / 1

第一部分　最高人民检察院第十七批指导性案例及解读

杨卫国等人非法吸收公众存款案（检例第 64 号）　　　 / 3
王鹏等人利用未公开信息交易案（检例第 65 号）　　　 / 12
博元投资股份有限公司、余蒂妮等人违规披露、
　不披露重要信息案（检例第 66 号）　　　　　　　　 / 21
《最高人民检察院第十七批指导性案例》解读
　　　　　　　　　　　　　　　　聂建华　贝金欣 / 26

第二部分　金融犯罪典型案例

朱某某等人非法吸收公众存款案　　　　　　　　　　 / 53
杨某某等人非法吸收公众存款案　　　　　　　　　　 / 61

睿某资产管理公司、王某非法吸收公众存款案　　／66

善某养老院非法吸收公众存款案　　／74

四川森某绿化园林工程有限公司、陈某书等
　　人非法吸收公众存款案　　／78

孙某、康某非法吸收公众存款案　　／82

何某莹等人集资诈骗、非法吸收公众存款案　　／86

李某某、程某某等人集资诈骗、非法吸收
　　公众存款案　　／92

陈某等人集资诈骗、非法吸收公众存款案　　／99

巩某海集资诈骗案　　／105

朱某某、陈某某集资诈骗案　　／110

何某、朱某某、王某某集资诈骗案　　／115

苏某来集资诈骗抗诉案　　／121

文某某、谭某某等人贷款诈骗案　　／125

王某、查某信用卡诈骗案　　／130

刘某海等人保险诈骗案　　／134

中某机械制造有限公司、卢某旺等人欺诈发行
　　债券、出具证明文件重大失实、非国家工作
　　人员受贿案　　／139

史某操纵证券市场案　　／147

聚某公司、黄某岳、辜某玲等人骗取贷款案　　／152

上海荣某国际贸易有限公司、于某某等人
　　逃汇案　　／157

林某明等人非法经营案　　／162

孙某某非法经营案　　／168

第三部分　金融犯罪重要法律文件及解读

最高人民法院、最高人民检察院、公安部
　　关于办理非法集资刑事案件若干问题的意见　　/ 177

最高人民检察院关于办理涉互联网
　　金融犯罪案件有关问题座谈会纪要　　/ 185

附：《关于办理涉互联网金融犯罪案件有关问题
　　　座谈会纪要》理解和适用
　　　　　　　聂建华　陈鸶成　贝金欣　罗　曦 / 200

最高人民法院、最高人民检察院关于办理操纵
　　证券、期货市场刑事案件适用法律若干问题
　　的解释　　/ 224

附：最高人民法院、最高人民检察院《关于办理
　　　操纵证券、期货市场刑事案件适用法律
　　　若干问题的解释》理解与适用
　　　　　　　　　　　　　　缐　杰　吴峤滨 / 230

最高人民法院、最高人民检察院关于办理利用
　　未公开信息交易刑事案件适用法律若干问题
　　的解释　　/ 243

第四部分　金融犯罪司法实务研究

关于发挥刑事检察职能防范化解金融风险的
　　几个问题　　　　　　　　　　　　　郑新俭 / 249
经济犯罪案件办案实务问题研究　　　　　聂建华 / 262

司法机关应对非法集资案件中新情况、新问题的
　　对策建议　　　　陈　晨　王海虹　赵琦婷　何楚仪 / 290
涉众型非法集资犯罪疑难问题研究
　　——以北京市朝阳区人民检察院办案实务为例
　　　　　　　　　　　　　吴春妹　李长林　晏行健 / 305

第一部分

最高人民检察院
第十七批指导性案例及解读

杨卫国等人非法吸收公众存款案

(检例第64号)

关键词

非法吸收公众存款　网络借贷　资金池

要旨

单位或个人假借开展网络借贷信息中介业务之名,未经依法批准,归集不特定公众的资金设立资金池,控制、支配资金池中的资金,并承诺还本付息的,构成非法吸收公众存款罪。

基本案情

被告人杨卫国,男,浙江望洲集团有限公司法定代表人、实际控制人。

被告人张雯婷,女,浙江望洲集团有限公司出纳,主要负责协助杨卫国调度、使用非法吸收的资金。

被告人刘蓓蕾,女,上海望洲财富投资管理有限公司总经理,负责该公司业务。

被告人吴梦,女,浙江望洲集团有限公司经理、望洲集团清算中心负责人,主要负责资金池运作有关业务。

浙江望洲集团有限公司(以下简称望洲集团)于2013年2月28日成立,被告人杨卫国为法定代表人、董事长。自2013年9月起,望洲集团开始在线下进行非法吸收公众存款活动。2014年,杨卫国利用其实际控制的公司又先后成立上海望洲财富投资管理有限公司(以下简称望洲财富)、望洲普惠投资管理有限公司(以下简称望洲普惠),通过线下和线上两个渠道开展非法吸收公众存款活动。其中,望洲普惠主要负责发展信贷客户(借款人),望洲财富负责发展不特定社会公众成为理财客户(出借人),根据理财产品的不同期限约定7%~15%不等的年化利率募集资金。在线下渠道,望洲集团在全国多个省、市开设门店,采用发放宣传单、举办年会、发布广告等方式进行宣传,理财客户或者通过与杨卫国签订债权转让协议,或者通过匹配望洲集团虚构的信贷客户借款需求进行投资,将投资款转账至杨卫国个人名下42个银行账户,被望洲集团用于还本付息、生产经营等活动。在线上渠道,望洲集团及其关联公司以网络借贷信息中介活动的名义进行宣传,理财客户根据望洲集团的要求在第三方支付平台上开设虚拟账户并绑定银行账户。理财客户选定投资项目后将投资款从银行账户转入第三方支付平台的虚拟账户进行投资活动,望洲集团、杨卫国及望洲集团实际控制的担保公司为理财客户的债权提供担保。望洲集团对理财客户虚拟账户内的资金进行调配,划拨出借资金和还本付息资金到相应理财客户和信贷客户账户,并将剩余资金直接转至杨卫国在第三方支付平台上开设的托管账户,再转账至杨卫国开设的个人银行账户,与线下资金混同,由望洲集团支配使用。

因资金链断裂,望洲集团无法按期兑付本息。截止到2016

年 4 月 20 日,望洲集团通过线上、线下两个渠道非法吸收公众存款共计 64 亿余元,未兑付资金共计 26 亿余元,涉及集资参与人 13400 余人。其中,通过线上渠道吸收公众存款 11 亿余元。

指控与证明犯罪

2017 年 2 月 15 日,浙江省杭州市江干区人民检察院以非法吸收公众存款罪对杨卫国等 4 名被告人依法提起公诉,杭州市江干区人民法院公开开庭审理本案。

法庭调查阶段,公诉人宣读起诉书指控杨卫国等被告人的行为构成非法吸收公众存款罪,并对杨卫国等被告人进行讯问。杨卫国对望洲集团通过线下渠道非法吸收公众存款的犯罪事实和性质没有异议,但辩称望洲集团的线上平台经营的是正常 P2P 业务,线上的信贷客户均真实存在,不存在资金池,不是吸收公众存款,不需要取得金融许可牌照,在营业执照许可的经营范围内即可开展经营。针对杨卫国的辩解,公诉人围绕理财资金的流转对被告人进行了重点讯问。

公诉人:(杨卫国)如果线上理财客户进来的资金大于借款方的资金,如何操作?

杨卫国:一般有两种操作方式。一种是停留在客户的操作平台上,另一种是转移到我开设的托管账户。如果转移到托管账户,客户就没有办法自主提取了。如果客户需要提取,我们根据客户指令再将资金返回到客户账户。

公诉人:(吴梦)理财客户充值到第三方支付平台的虚拟账户后,望洲集团操作员是否可以对第三方支付平台上的资金进行划拨?

吴梦：可以。

公诉人：（吴梦）请叙述一下划拨资金的方式。

吴梦：直接划拨到借款人的账户，如果当天资金充足，有时候会划拨到杨卫国在第三方支付平台上设立的托管账户，再提现到杨卫国绑定的银行账户，用来兑付线下的本息。

公诉人补充讯问：（吴梦）如果投资进来的资金大于借款方，如何操作？

吴梦：会对一部分进行冻结，也会提现一部分。资金优先用于归还客户的本息，然后配给借款方，然后再提取。

被告人的当庭供述证明，望洲集团通过直接控制理财客户在第三方平台上的虚拟账户和设立托管账户，实现对理财客户资金的归集和控制、支配、使用，形成了资金池。

举证阶段，公诉人出示证据，全面证明望洲集团线上、线下业务活动本质为非法吸收公众存款，并就线上业务相关证据重点举证。

第一，通过出示书证、审计报告、电子数据、证人证言、被告人供述和辩解等证据，证实望洲集团的线上业务归集客户资金设立资金池并进行控制、支配、使用，不是网络借贷信息中介业务。（1）第三方支付平台赋予望洲集团对所有理财客户虚拟账户内的资金进行冻结、划拨、查询的权限。线上理财客户在合同中也明确授权望洲集团对其虚拟账户内的资金进行冻结、划拨、查询，且虚拟账户销户需要望洲集团许可。（2）理财客户将资金转入第三方平台的虚拟账户后，望洲集团每日根据理财客户出借资金和信贷客户的借款需求，以多对多的方式进行人工匹配。

当理财客户资金总额大于信贷客户借款需求时，剩余资金划入杨卫国在第三方支付平台开设的托管账户。望洲集团预留第二天需要支付的到期本息后，将剩余资金提现至杨卫国的银行账户，用于线下非法吸收公众存款活动或其他经营活动。(3)信贷客户的借款期限与理财客户的出借期限不匹配，存在期限错配等问题。(4)杨卫国及其控制的公司承诺为信贷客户提供担保，当信贷客户不能按时还本付息时，杨卫国保证在债权期限届满之日起3个工作日内代为偿还本金和利息。实际操作中，归还出借人的资金都来自线上的托管账户或者杨卫国用于线下经营的银行账户。(5)望洲集团通过多种途径向不特定公众进行宣传，发展理财客户，并通过明示年化收益率、提供担保等方式承诺向理财客户还本付息。

第二，通过出示理财、信贷余额列表，扣押清单，银行卡照片，银行卡交易明细，审计报告，证人证言，被告人供述和辩解等证据，证实望洲集团资金池内的资金去向：(1)望洲集团吸收的资金除用于还本付息外，主要用于扩大望洲集团下属公司的经营业务。(2)望洲集团线上资金与线下资金混同使用，互相弥补资金不足，望洲集团从第三方支付平台提现到杨卫国银行账户资金为2.7亿余元，杨卫国个人银行账户转入第三方支付平台资金为2亿余元。(3)望洲集团将吸收的资金用于公司自身的投资项目，并有少部分用于个人支出，案发时线下、线上的理财客户均遭遇资金兑付困难。

法庭辩论阶段，公诉人发表公诉意见，论证杨卫国等被告人构成非法吸收公众存款罪，起诉书指控的犯罪事实清楚，证据确实、充分。其中，望洲集团在线上经营所谓网络借贷信息中介业务时，承诺为理财客户提供保底和增信服务，获取对理财客户虚拟账户内资金进行冻结、划拨、查询等权限，归集客户资金设立资金池，实际控制、支配、使用客户资金，用于还本付息和其他生产经营活动，超出了网络借贷信息中介的业务范围，属于变相非法吸收公众存款。杨卫国等被告人明知其吸收公众存款的行为未经依法批准而实施，具有犯罪的主观故意。

杨卫国认为望洲集团的线上业务不构成犯罪，不应计入犯罪数额。杨卫国的辩护人认为，国家允许P2P行业先行先试，望洲集团设立资金池、开展自融行为的时间在国家对P2P业务进行规范之前，没有违反刑事法律，属民事法律调整范畴，不应受到刑事处罚，犯罪数额应扣除通过线上模式流入的资金。

公诉人针对杨卫国及其辩护人的辩护意见进行答辩：望洲集团在线上开展网络借贷中介业务已从信息中介异化为信用中介，望洲集团对理财客户投资款的归集、控制、支配、使用以及还本付息的行为，本质与商业银行吸收存款业务相同，并非国家允许创新的网络借贷信息中介行为，不论国家是否出台有关网络借贷信息中介的规定，未经批准实施此类行为，都应当依法追究刑事责任。因此，线上吸收的资金应当计入犯罪数额。

法庭经审理认为，望洲集团以提供网络借贷信息中介服务为名，实际从事直接或间接归集资金，甚至自融或变相自融行为，本质是吸收公众存款。判断金融业务的非法性，应当以现行刑事法律和金融管理法律规定为依据，不存在被告人开展P2P业务时没有禁止性法律规定的问题。望洲集团的行为已经扰乱金融秩序，破坏国家金融管理制度，应受刑事处罚。

2018年2月8日，杭州市江干区人民法院作出一审判决，以非法吸收公众存款罪，分别判处被告人杨卫国有期徒刑9年6个月，并处罚金人民币50万元；判处被告人刘蓓蕾有期徒刑4

年 6 个月，并处罚金人民币 10 万元；判处被告人吴梦有期徒刑 3 年，缓刑 5 年，并处罚金人民币 10 万元；判处被告人张雯婷有期徒刑 3 年，缓刑 5 年，并处罚金人民币 10 万元。在案扣押冻结款项分别按损失比例发还；在案查封、扣押的房产、车辆、股权等变价后分别按损失比例发还。不足部分责令继续退赔。宣判后，被告人杨卫国提出上诉后又撤回上诉，一审判决已生效。本案追赃挽损工作仍在进行中。

指导意义

1. 向不特定社会公众吸收存款是商业银行专属金融业务，任何单位和个人未经批准不得实施。根据《商业银行法》第 11 条规定，未经国务院银行业监督管理机构批准，任何单位和个人不得从事吸收公众存款等商业银行业务，这是判断吸收公众存款行为合法与非法的基本法律依据。任何单位或个人，包括非银行金融机构，未经国务院银行业监督管理机构批准，面向社会吸收公众存款或者变相吸收公众存款均属非法。国务院《非法金融机构和非法金融业务活动取缔办法》进一步明确规定，未经依法批准，非法吸收公众存款、变相吸收公众存款、以任何名义向社会不特定对象进行的非法集资都属于非法金融活动，必须予以取缔。为了解决传统金融机构覆盖不了、满足不好的社会资金需求，缓解个体经营者、小微企业经营当中的小额资金困难，国务院金融监管机构于 2016 年发布了《网络借贷信息中介机构业务活动管理暂行办法》等"一个办法、三个指引"，允许单位或个人在规定的借款余额范围内通过网络借贷信息中介机构进行小额借贷，并且对单一组织、单一个人在单一平台、多个平台的借款余额上限作了明确限定。检察机关在办案中要准确把握法律法规、金融管理规定确定的界限、标准和原则精神，准确区分融资借款活动的性质，对于违反规定达到追诉标准的，依法追究刑事责任。

  2. 金融创新必须遵守金融管理法律规定，不得触犯刑法规定。金融是现代经济的核心和血脉，金融活动引发的风险具有较强的传导性、扩张性、潜在性和不确定性。为了发挥金融服务经济社会发展的作用，有效防控金融风险，国家制定了完善的法律法规，对商业银行、保险、证券等金融业务进行严格的规制和监管。金融也需要发展和创新，但金融创新必须有效地防控可能产生的风险，必须遵守金融管理法律法规，尤其是依法须经许可才能从事的金融业务，不允许未经许可而以创新的名义擅自开展。检察机关办理涉金融案件，要深入分析、清楚认识各类新金融现象，准确把握金融的本质，透过复杂多样的表现形式，准确区分是真的金融创新还是披着创新外衣的伪创新，是合法金融活动还是以金融创新为名实施金融违法犯罪活动，为防范化解金融风险提供及时、有力的司法保障。

  3. 网络借贷中介机构非法控制、支配资金，构成非法吸收公众存款。网络借贷信息中介机构依法只能从事信息中介业务，为借款人与出借人实现直接借贷提供信息搜集、信息公布、资信评估、信息交互、借贷撮合等服务。信息中介机构不得提供增信服务，不得直接或间接归集资金，包括设立资金池控制、支配资金或者为自己控制的公司融资。网络借贷信息中介机构利用互联网发布信息归集资金，不仅超出了信息中介业务范围，同时也触犯了《刑法》第176条的规定。检察机关在办案中要通过对网络借贷平台的股权结构、实际控制关系、资金来源、资金流向、中间环节和最终投向的分析，综合全流程信息，分析判断是规范的信息中介，还是假借信息中介名义从事信用中介活动，是否存在违法设立资金池、自融、变相自融等违法归集、控制、支配、使用资金的行为，准确认定行为性质。

相关规定

《中华人民共和国刑法》第一百七十六条

《中华人民共和国商业银行法》第十一条

《最高人民法院关于审理非法集资刑事案件具体应用法律若干问题的解释》（法释〔2010〕18号）第一条

王鹏等人利用未公开信息交易案

（检例第 65 号）

关键词

利用未公开信息交易　间接证据　证明方法

要旨

具有获取未公开信息职务便利条件的金融机构从业人员及其近亲属从事相关证券交易行为明显异常，且与未公开信息相关交易高度趋同，即使其拒不供述未公开信息传递过程等犯罪事实，但其他证据之间相互印证，能够形成证明利用未公开信息犯罪的完整证明体系，足以排除其他可能的，可以依法认定犯罪事实。

基本案情

被告人王鹏，男，某基金管理有限公司原债券交易员。

被告人王慧强，男，无业，系王鹏父亲。

被告人宋玲祥，女，无业，系王鹏母亲。

2008 年 11 月至 2014 年 5 月，被告人王鹏担任某基金管理有限公司（以下简称某基金公司）交易管理部债券交易员。在工作期间,王鹏作为债券交易员的个人账号为6610。因工作需要,某基金公司为王鹏等债券交易员开通了恒生系统6609账号的站点权限。自2008年7月7日起,该6609账号开通了股票交易指令查询权限,王鹏有权查询证券买卖方向、投资类别、证券代码、交易价格、成交金额、下达人等股票交易相关未公开信息;自2009年7月6日起又陆续增加了包含委托流水、证券成交回报、证券资金流水、组合证券持仓、基金资产情况等未公开信息查询权限。2011年8月9日,因新系统启用,某基金公司交易管理部申请关闭了所有债券交易员登录6609账号的权限。

2009年3月2日至2011年8月8日期间,被告人王鹏多次登录6609账号获取某基金公司股票交易指令等未公开信息,王慧强、宋玲祥操作牛某、宋某祥、宋某珍的证券账户,同期或稍晚于某基金公司进行证券交易,与某基金公司交易指令高度趋同,证券交易金额共计8.78亿余元,非法获利共计1773万余元。其中,王慧强交易金额9661万余元,非法获利201万余元;宋玲祥交易金额7.8亿余元,非法获利1572万余元。

指控与证明犯罪

2015年6月5日,重庆市公安局以被告人王鹏、王慧强、宋玲祥涉嫌利用未公开信息交易罪移送重庆市人民检察院第一分院审查起诉。

审查起诉阶段,重庆市人民检察院第一分院审查了全案卷宗,讯问了被告人。被告人王鹏辩称,没有获取未公开信息的条件,也没有向其父母传递过未公开信息。被告人王慧强、宋玲祥辩称,王鹏没有向其传递过未公开信息,买卖股票均根据自己的判断进行。针对三人均不供认犯罪事实的情况，为进一步查清王鹏与王慧强、宋玲祥是否存在利用未公开信息交易行为，重庆市人民检察院第一分院将本案两次退回重庆市公安局补充侦查，并提出补充侦查意见：（1）继续讯问三被告人，以查明三人之间传递未公开信息的情况；（2）询问某基金公司有关工作人员，调取工作制度规定，核查工作区通讯设备保管情况，调取某基金债券交易工作区现场图，以查明王鹏是否具有传递信息的条件；（3）调查王慧强、宋玲祥的亲友关系，买卖股票的资金来源及获利去向，以查明王鹏是否为未公开信息的唯一来源，三人是否共同参与利用未公开信息交易；（4）询问某基金公司其他债券交易员，收集相关债券交易员登录工作账号与6609账号的查询记录，以查明王鹏登录6609账号是否具有异常性；（5）调取王慧强、宋玲祥在王鹏不具有获取未公开信息的职务便利期间买卖股票情况、与某基金股票交易指令趋同情况，以查明王慧强、宋玲祥在被指控犯罪时段的交易行为与其他时段的交易行为是否明显异常。经补充侦查，三被告人仍不供认犯罪事实，重庆市公安局补充收集了前述第2项至第5项证据，进一步补强证明王鹏具有获取和传递信息的条件，王慧强、宋玲祥交易习惯的显著异常性等事实。

2015年12月18日，重庆市人民检察院第一分院以利用未公开信息交易罪对王鹏、王慧强、宋玲祥提起公诉。重庆市第一中级人民法院公开开庭审理本案。

法庭调查阶段，公诉人宣读起诉书指控3名被告人构成利用未公开信息交易罪，并对3名被告人进行了讯问。三被告人均不供认犯罪事实。公诉人全面出示证据，并针对被告人不供认犯罪事实的情况进行重点举证。

第一，出示王鹏与某基金公司的《劳动合同》《保密管理办法》、6609账号使用权限、操作方法和操作日志、某基金公司交易室照片等证据，证实：王鹏在2009年1月15日至2011年8月9日期间能够通过6609账号登录恒生系统查询到某基金公司对股票和债券的整体持仓和交易情况、指令下达情况、实时头寸变化情况等，王鹏具有获取某基金公司未公开信息的条件。

第二，出示王鹏登录6610个人账号的日志、6609账号权限设置和登录日志、某基金公司工作人员证言等证据，证实：交易员的账号只能在本人电脑上登录，具有唯一性，可以锁定王鹏的电脑只有王鹏一人使用；王鹏通过登录6609账号查看了未公开信息，且登录次数明显多于6610个人账号，与其他债券交易员登录6609账号情况相比存在异常。

第三，出示某基金公司股票指令下达执行情况，牛某、宋某祥、宋某珍三个证券账户不同阶段的账户资金对账单、资金流水、委托流水及成交流水以及牛某、宋某祥、宋某珍的证言等证据，证实：（1）三个证券账户均替王慧强、宋玲祥开设并由他们使用。（2）三个账户证券交易与某基金公司交易指令高度趋同。在王鹏拥有登录6609账号权限之后，王慧强操作牛某证券账户进行股票交易，牛某证券账户在2009年3月6日至2011年8月2日间，买入与某基金旗下股票基金产品趋同股票233只、占比93.95%，累计趋同买入成交金额9661.26万元、占比95.25%。宋玲祥操作宋某祥、宋某珍证券账户进行股票交易，宋某祥证券账户在2009年3月2日至2011年8月8日期间，买入趋同股票343只、占比83.05%，累计趋同买入成交金额1.04亿余元、占比90.87%。宋某珍证券账户在2010年5月13日至2011年8月8日期间，买入趋同股票183只、占比96.32%，累计趋同买入成交金额6.76亿元、占比97.03%。（3）交易异常频繁，明显背离三个账户在王鹏具有获取未公开信息条件前的交易习惯。从买入股数看，2009年之前每笔买入股数一般为数百股，2009年之后买入股数多为数千甚至上万股；从买卖间隔看，2009年之前买卖间隔时间多为几天甚至更久，但2009年之后买卖交易频繁，买卖间隔时间明显缩短，多为一至两天后卖出。（4）牛某、宋某祥、宋某珍三个账户停止股票交易时间与王鹏无权查看6609账号时间即2011年8月9日高度一致。

第四，出示王鹏、王慧强、宋玲祥和牛某、宋某祥、宋某珍的银行账户资料、交易明细、取款转账凭证等证据，证实：三个账户证券交易资金来源于王慧强、宋玲祥和王鹏，王鹏与宋玲祥、王慧强及其控制的账户之间存在大额资金往来记录。

法庭辩论阶段，公诉人发表公诉意见指出，虽然三名被告人均拒不供认犯罪事实，但在案其他证据能够相互印证，形成完整的证据链条，足以证明：王鹏具有获取某基金公司未公开信息的条件，王慧强、宋玲祥操作的证券账户在王鹏具有获取未公开信息条件期间的交易行为与某基金公司的股票交易指令高度趋同，且二人的交易行为与其在其他时间段的交易习惯存在重大差异，明显异常。对上述异常交易行为，二人均不能作出合理解释。王鹏作为基金公司的从业人员，在利用职务便利获取未公开信息后，由王慧强、宋玲祥操作他人账户从事与该信息相关的证券交易活动，情节特别严重，均应当以利用未公开信息交易罪追究刑事责任。

王鹏辩称，没有利用职务便利获取未公开信息，亦未提供信息让王慧强、宋玲祥交易股票，对王慧强、宋玲祥交易股票的事情并不知情；其辩护人认为，现有证据只能证明王鹏有条件获取未公开信息,而不能证明王鹏实际获取了该信息,同时也不能证明王鹏本人利用未公开信息从事交易活动,或王鹏让王慧强、宋玲祥从事相关交易活动。王慧强辩称,王鹏从未向其传递过未公开信息,王鹏到某基金公司后就不知道其还在进行证券交易;其辩护人认为,现有证据不能证实王鹏向王慧强传递了未公开信息,及王慧强利用了王鹏传递的未公开信息进行证券交易。宋玲祥辩称,没有利用王鹏的职务之便获取未公开信息,也未利用未公开信息进行证券交易;其辩护人认为,宋玲祥不是本罪的适格主体,本案指控证据不足。

针对被告人及其辩护人辩护意见,公诉人结合在案证据进行答辩,进一步论证本案证据确实、充分,足以排除其他可能。首先,王慧强、宋玲祥与王鹏为亲子关系,关系十分密切,从王慧强、宋玲祥的年龄、从业经历、交易习惯来看,王慧强、宋玲祥不具备专业股票投资人的背景和经验,且始终无法对交易异常行为作出合理解释。其次,王鹏在证监会到某基金公司对其调查时,畏罪出逃,且离开后再没有回到某基金公司工作,亦未办理请假或离职手续。其辩称系因担心证监会工作人员到他家中调查才离开,逃跑行为及理由明显不符合常理。最后,刑法规定利用未公开信息罪的主体为特殊主体,虽然王慧强、宋玲祥本人不具有特殊主体身份,但其与具有特殊主体身份的王鹏系共同犯罪,主体适格。

法庭经审理认为,本案现有证据已形成完整锁链,能够排除合理怀疑,足以认定王鹏、王慧强、宋玲祥构成利用未公开信息交易罪,被告人及其辩护人提出的本案证据不足的意见不予采纳。

2018年3月28日,重庆市第一中级人民法院作出一审判决，以利用未公开信息交易罪，分别判处被告人王鹏有期徒刑 6 年 6 个月，并处罚金人民币 900 万元；判处被告人宋玲祥有期徒刑 4 年，并处罚金人民币 690 万元；判处被告人王慧强有期徒刑 3 年 6 个月，并处罚金人民币 210 万元。对三被告人违法所得依法予以追缴，上缴国库。宣判后，3 名被告人均未提出上诉，判决已生效。

指导意义

经济金融犯罪大多属于精心准备、组织实施的故意犯罪，犯罪嫌疑人、被告人熟悉法律规定和相关行业规则，犯罪隐蔽性强、专业程度高，证据容易被隐匿、毁灭，证明犯罪难度大。特别是在犯罪嫌疑人、被告人不供认犯罪事实、缺乏直接证据的情形下，要加强对间接证据的审查判断，拓宽证明思路和证明方法，通过对间接证据的组织运用，构建证明体系，准确认定案件事实。

1. 明确指控的思路和方法，全面客观补充完善证据。检察机关办案人员应当准确把握犯罪的主要特征和证明的基本要求，明确指控思路和方法，构建清晰明确的证明体系。对于证明体系中证明环节有缺陷的以及关键节点需要补强证据的，要充分发挥检察机关主导作用，通过引导侦查取证、退回补充侦查，准确引导侦查取证方向，明确侦查取证的目的和要求，及时补充完善证据。必要时要与侦查人员直接沟通，说明案件的证明思路、证明方法以及需要补充完善的证据在证明体系中的证明价值、证明方向和证明作用。在涉嫌利用未公开信息交易的犯罪嫌疑人、被告人不供认犯罪事实，缺乏证明犯意联络、信息传递和利用的直接证据的情形下，应当根据指控思路，围绕犯罪嫌疑人、被告人获取信息的便利条件、时间吻合程度、交易异常程度、利益关联程度、行为人专业背景等关键要素，通过引导侦查取证、退回补充侦查或者自行侦查，全面收集相关证据。

2. 加强对间接证据的审查，根据证据反映的客观事实判断案件事实。在缺乏直接证据的情形下，通过对间接证据证明的客观事实的综合判断，运用经验法则和逻辑规则，依法认定案件事实，建立从间接证据证明客观事实，再从客观事实判断案件事实的完整证明体系。本案中，办案人员首先通过对3名被告人被指控犯罪时段和其他时段证券交易数据、未公开信息相关交易信息等证据，证明其交易与未公开信息的关联性、趋同度及与其平常交易习惯的差异性；通过身份关系、资金往来等证据，证明双方具备传递信息的动机和条件；通过专业背景、职业经历、接触人员等证据，证明交易行为不符合其个人能力经验；然后借助证券市场的基本规律和一般人的经验常识，对上述客观事实进行综合判断，认定了案件事实。

3. 合理排除证据矛盾，确保证明结论唯一。运用间接证据证明案件事实，构成证明体系的间接证据应当相互衔接、相互支撑、相互印证，证据链条完整、证明结论唯一。基于经验和逻辑作出的判断结论并不必然具有唯一性，还要通过审查证据，进一步分析是否存在与指控方向相反的信息，排除其他可能性。既要审查证明体系中单一证据所包含的信息之间以及不同证据之间是否存在矛盾，又要注重审查证明体系之外的其他证据中是否存在相反信息。在犯罪嫌疑人、被告人不供述、不认罪案件中，要高度重视犯罪嫌疑人、被告人的辩解和其他相反证据，综合判断上述证据中的相反信息是否会实质性阻断由各项客观事实到案件事实的判断过程、是否会削弱整个证据链条的证明效力。与证明体系存在实质矛盾并且不能排除其他可能性的，不能认定案件事实。但不能因为犯罪嫌疑人、被告人不供述或者提出辩解，就认为无法排除其他可能性。犯罪嫌疑人、被告人的辩解不具有合理性、正当性，可以认定证明结论唯一。

相关规定

《中华人民共和国刑法》第一百八十条第四款

《中华人民共和国刑事诉讼法》（2018修正）第五十五条

《最高人民法院、最高人民检察院关于办理利用未公开信息交易刑事案件适用法律若干问题的解释》（法释〔2019〕10号）第四条

博元投资股份有限公司、余蒂妮等人违规披露、不披露重要信息案

（检例第 66 号）

关键词

违规披露、不披露重要信息　犯罪与刑罚

要旨

刑法规定违规披露、不披露重要信息罪只处罚单位直接负责的主管人员和其他直接责任人员，不处罚单位。公安机关以本罪将单位移送起诉的，检察机关应当对单位直接负责的主管人员及其他直接责任人员提起公诉，对单位依法作出不起诉决定。对单位需要给予行政处罚的，检察机关应当提出检察意见，移送证券监督管理部门依法处理。

基本案情

被告人余蒂妮，女，广东省珠海市博元投资股份有限公司董事长、法定代表人，华信泰投资有限公司法定代表人。

被告人陈杰，男，广东省珠海市博元投资股份有限公司总裁。

被告人伍宝清，男，广东省珠海市博元投资股份有限公司财务总监、华信泰投资有限公司财务人员。

被告人张丽萍，女，广东省珠海市博元投资股份有限公司董事、财务总监。

被告人罗静元，女，广东省珠海市博元投资股份有限公司监事。

被不起诉单位广东省珠海市博元投资股份有限公司，住所广东省珠海市。

广东省珠海市博元投资股份有限公司（以下简称博元公司）原系上海证券交易所上市公司，股票名称：ST博元，股票代码：600656。华信泰投资有限公司（以下简称华信泰公司）为博元公司控股股东。在博元公司并购重组过程中，有关人员作出了业绩承诺，在业绩不达标时需向博元公司支付股改业绩承诺款。2011年4月，余蒂妮、陈杰、伍宝清、张丽萍、罗静元等人采取循环转账等方式虚构华信泰公司已代全体股改义务人支付股改业绩承诺款3.84亿余元的事实，在博元公司临时报告、半年报中进行披露。为掩盖以上虚假事实，余蒂妮、伍宝清、张丽萍、罗静元采取将1000万元资金循环转账等方式，虚构用股改业绩承诺款购买37张面额共计3.47亿元银行承兑汇票的事实，在博元公司2011年的年报中进行披露。2012年至2014年，余蒂妮、张丽萍多次虚构银行承兑汇票贴现等交易事实，并根据虚假的交易事实进行记账，制作虚假的财务报表，虚增资产或者虚构利润均达到当期披露的资产总额或利润总额的30%以上，并在博元公司当年半年报、年报中披露。此外，博元公司还违规不披露博元公司实际控制人及其关联公司等信息。

指控与证明犯罪

2015年12月9日,珠海市公安局以余蒂妮等人涉嫌违规披露、不披露重要信息罪,伪造金融票证罪向珠海市人民检察院移送起诉;2016年2月22日,珠海市公安局又以博元公司涉嫌违规披露、不披露重要信息罪,伪造、变造金融票证罪移送起诉。随后,珠海市人民检察院指定珠海市香洲区人民检察院审查起诉。

检察机关审查认为,犯罪嫌疑单位博元公司依法负有信息披露义务,在2011年至2014年期间向股东和社会公众提供虚假的或者隐瞒主要事实的财务会计报告,对依法应当披露的其他重要信息不按照规定披露,严重损害股东以及其他人员的利益,情节严重。余蒂妮、陈杰作为博元公司直接负责的主管人员,伍宝清、张丽萍、罗静元作为其他直接责任人员,已构成违规披露、不披露重要信息罪,应当提起公诉。根据《刑法》第161条规定,不追究单位的刑事责任,对博元公司应当依法不予起诉。

2016年7月18日,珠海市香洲区人民检察院对博元公司作出不起诉决定。检察机关同时认为,虽然依照刑法规定不能追究博元公司的刑事责任,但对博元公司需要给予行政处罚。2016年9月30日,检察机关向中国证券监督管理委员会发出《检察意见书》,建议对博元公司依法给予行政处罚。

2016年9月22日,珠海市香洲区人民检察院将余蒂妮等人违规披露、不披露重要信息案移送珠海市人民检察院审查起诉。2016年11月3日,珠海市人民检察院对余蒂妮等5名被告人以违规披露、不披露重要信息罪依法提起公诉。珠海市中级人民法院公开开庭审理本案。法庭经审理认为,博元公司作为依法负有信息披露义务的公司，在 2011 年至 2014 年期间向股东和社会公众提供虚假的或者隐瞒主要事实的财务会计报告，或者对依法应当披露的其他重要信息不按照规定披露，严重损害股东或者其他人的利益，情节严重，被告人余蒂妮、陈杰作为公司直接负责的主管人员，被告人伍宝清、张丽萍、罗静元作为其他直接责任人员，其行为均构成违规披露、不披露重要信息罪。2017 年 2 月 22 日，珠海市中级人民法院以违规披露、不披露重要信息罪判处被告人余蒂妮等 5 人有期徒刑 1 年 7 个月至拘役 3 个月不等刑罚，并处罚金。宣判后，5 名被告人均未提出上诉，判决已生效。

指导意义

1. 违规披露、不披露重要信息犯罪不追究单位的刑事责任。上市公司依法负有信息披露义务，违反相关义务的，刑法规定了相应的处罚。由于上市公司所涉利益群体的多元性，为避免中小股东利益遭受双重损害，刑法规定对违规披露、不披露重要信息罪只追究直接负责的主管人员和其他直接责任人员的刑事责任，不追究单位的刑事责任。《刑法》第 162 条妨害清算罪、第 162 条之二虚假破产罪、第 185 条之一违法运用资金罪等也属于此种情形。对于此类犯罪案件，检察机关应当注意审查公安机关移送起诉的内容，区分刑事责任边界，准确把握追诉的对象和范围。

2. 刑法没有规定追究单位刑事责任的，应当对单位作出不起诉决定。对公安机关将单位一并移送起诉的案件，如果刑法没有规定对单位判处刑罚，检察机关应当对构成犯罪的直接负责的主管人员和其他直接责任人员依法提起公诉，对单位应当不起诉。鉴于刑事诉讼法没有规定与之对应的不起诉情形，检察机关可以根据刑事诉讼法规定的最相近的不起诉情形，对单位作出不起诉决定。

3. 对不追究刑事责任的单位，人民检察院应当依法提出检察意见督促有关机关追究行政责任。不追究单位的刑事责任并不表示单位不需要承担任何法律责任。检察机关不追究单位刑事责任，容易引起当事人、社会公众产生单位对违规披露、不披露重要信息没有任何法律责任的误解。由于违规披露、不披露重要信息行为，还可能产生上市公司强制退市等后果，这种误解还会进一步引起当事人、社会公众对证券监督管理部门、证券交易所采取措施的质疑，影响证券市场秩序。检察机关在审查起诉时，应当充分考虑办案效果，根据证券法等法律规定认真审查是否需要对单位给予行政处罚；需要给予行政处罚的，应当及时向证券监督管理部门提出检察意见，并进行充分的释法说理，消除当事人、社会公众因检察机关不追究可能产生的单位无任何责任的误解，避免对证券市场秩序造成负面影响。

相关规定

《中华人民共和国刑法》第三十条、第三十一条、第一百六十一条

《中华人民共和国证券法》第一百九十三条（2019年修订前）

《最高人民检察院第十七批指导性案例》解读

聂建华　贝金欣[*]

2020年3月25日,最高人民检察院发布了第十七批指导性案例,包括杨卫国等人非法吸收公众存款案、王鹏等人利用未公开信息交易案和博元投资股份有限公司、余蒂妮等人违规披露、不披露重要信息案共三件指导性案例(检例第64~66号)。这是继2018年7月最高人民检察院发布第十批指导性案例后,再次集中发布金融犯罪指导性案例。为准确理解和适用指导性案例,现就案例中涉及的主要问题和指导意义进行解读。

一、发布第十七批指导性案例的背景和意义

金融犯罪特别是涉众型金融犯罪呈现高发多发态势,严重危及金融安全、社会稳定和人民群众合法权益。党中央高度重视金融市场的稳定和健康发展,习近平总书记多次就防范化解重大金融风险工作作出重要指示,党的十九大作出打好"三大攻坚战"的战略部署,其中,防范化解重大风险攻坚战的重点是防范化解重大金融风险。各级检察机关根据党中央和最高人民检察院的部署要求,充分发挥检察职能作用,依法惩治金融犯罪,努力化解

---

[*] 聂建华,最高人民检察院检察委员会委员、一级高级检察官;贝金欣,最高人民检察院第四检察厅主办检察官、三级高级检察官。

社会矛盾，主动加强预防工作，积极参与金融乱象治理，取得积极成效。最高人民检察院发布第十七批指导性案例，旨在有针对性地解决办理金融犯罪案件中的重点、难点问题，是检察机关服务保障打好防范化解重大风险攻坚战的有力举措之一。

指导性案例所涉罪名体现了当前金融犯罪的惩治重点。近年来，传统非法集资犯罪势头不减，利用互联网实施的新型非法集资犯罪案件持续增加，尤其是 2018 年 6 月以来，网络借贷平台陆续"爆雷"，相关非法集资案件迅速增加，严重破坏金融管理秩序，损害人民群众合法权益。各级检察机关依法严肃追诉了一批犯罪分子，惩罚了犯罪，回应了人民群众呼声。① 在这批案件中，杨卫国等人非法吸收公众存款案是数额较小的一个，但非法集资的方法具有典型性，通过对该案的分析，有助于解决办案实践中的突出问题，并纠正司法认识中以及社会上对互联网金融的一些错误认识。证券期货犯罪严重破坏资本市场健康发展，总的案件数量不多，但涉案金额大，影响广泛，侵害投资者尤其是中小投资者合法权益，严重破坏资本市场公开公平公正的健康环境。全国人大常委会新修订的《证券法》于 2020 年 3 月 1 日正式实施，进一步加大了对证券违法行为的监管力度。王鹏等人利用未公开信息交易案和博元投资股份有限公司（以下简称博元公司）、余蒂妮等人违规披露、不披露重要信息案都属于证券类犯罪，这两个案例明确了指控证明同类犯罪的基本方法，同时也彰显了检察机关依法惩治证券期货犯罪的坚定决心，对不法分子形成有力震慑。

---

① 据统计，2019 年，全国检察机关起诉非法吸收公众存款犯罪案件同比上升 40%，起诉集资诈骗犯罪案件同比上升 50%。

指导性案例所涉问题反映了金融犯罪案件办案难点。从检察机关办案情况看，金融业务具有较强的专业性，相关金融犯罪又在复杂的金融活动之外设置了许多迷惑和伪装，各地检察机关也反映办理金融犯罪案件遇到不少新情况、新问题。这些问题归纳起来可以分为三类：一是对新金融现象的认识问题，表现为对形形色色、表现各异的新金融现象和犯罪伪装认识不清，纷纷要求立法和司法解释予以解决，实则没有准确认识金融的本质，没有准确把握运用法律认识复杂社会现象、判断罪与非罪的基本方法，影响了对金融活动性质的正确判断。二是对证据的审查判断和组织运用能力问题，引导侦查、收集固定证据和运用证据证明犯罪的能力有待进一步提高，在证明标准和证明方法的把握上认识模糊。三是准确理解和适用法律的理念、方法、能力问题，在把握刑法的原则精神和规定的构成条件上出现偏差。此次发布的三个指导性案例，紧扣当前检察机关办理金融犯罪案件面临的重点难点和认识模糊问题，对复杂金融现象的认识方法和法律评价的原则、根据作了细致分析，对于解决指控证明金融犯罪乃至经济犯罪的法律适用、证据审查判断、刑行衔接等问题具有很强的指导意义。

二、杨卫国等人非法吸收公众存款案

随着金融科技的发展，新金融现象、新金融概念层出不穷，违法与合法交织，行政违法与刑事犯罪互涉，给金融犯罪案件司法适用带来了一定困扰。杨卫国等人非法吸收公众存款案，对于准确认识新金融现象，区分非法金融活动与合法金融创新，以及精准指控涉网贷平台非法吸收公众存款犯罪，具有重要的指导意义。

（一）基本案情、要旨和指导意义

杨卫国实际控制的浙江望洲集团有限公司（以下简称望洲

集团）及其关联公司分别在线上、线下开展非法吸收公众存款活动。案例的要旨和指导意义主要涉及线上非法吸收公众存款的犯罪事实：2014 年，望洲集团及其关联公司以网络借贷信息中介活动的名义进行宣传并发布融资项目信息，理财客户根据望洲集团的要求在第三方支付平台上开设虚拟账户并绑定银行账户。理财客户选定投资项目后将投资款从银行账户转入第三方支付平台的虚拟账户进行投资活动，望洲集团、杨卫国及望洲集团实际控制的担保公司为理财客户的债权提供担保。望洲集团对理财客户虚拟账户内的资金进行调配，划拨出借资金和还本付息资金到相应理财客户和信贷客户账户，并将剩余资金直接转至杨卫国在第三方支付平台上开设的托管账户，再转账至杨卫国开设的个人银行账户，与线下资金混同，由望洲集团支配使用。

在审查起诉和法庭审理过程中，杨卫国及其辩护人认为线上经营网络借贷业务不构成非法吸收公众存款罪，主要理由是：望洲集团的线上平台经营的是正常 P2P 业务，线上的信贷客户均真实存在，不存在资金池，不是吸收公众存款，不需要取得金融许可牌照，在营业执照许可的经营范围内即可开展经营。检察机关审查和法院审理均认为，上述辩护观点不能成立，望洲集团线上经营业务超出了信息中介范围，构成非法吸收公众存款罪。

我们从中提炼出案例要旨：单位或个人假借开展网络借贷信息中介业务之名，未经依法批准，归集不特定公众的资金设立资金池，控制、支配资金池中的资金，并承诺还本付息的，构成非法吸收公众存款罪。[①] 在要旨的基础上，案例从三个方面进一步

---

① 如果有证据进一步证明犯罪嫌疑人、被告人在非法吸收公众存款过程中具有非法占有目的，则构成集资诈骗罪。该案中，相关证据无法证明杨卫国等人具有非法占有目的，因此以非法吸收公众存款罪追究刑事责任。

阐明了指导意义：一是明确判断非法吸收公众存款之非法性的金融法律根据，向不特定社会公众吸收存款是商业银行专属金融业务，任何单位和个人未经批准不得实施。二是明确金融创新活动的合法性边界，金融创新必须遵守金融管理法律规定，不得触犯刑法规定。三是进一步阐释指控犯罪思路和证据收集、审查、判断要求。

（二）理解和适用中的重点问题

杨卫国等人非法吸收公众存款案这一案例，明确了网络借贷中介机构非法归集、控制、支配资金行为的定性问题，不仅对于涉网络借贷案件具有参照适用的价值，对于其他涉及新金融现象、新金融概念的案件办理，同样具有方法论上的指导意义。

1. 非法吸收公众存款罪"非法性"的判断方法和根据。案例重申，向不特定社会公众吸收存款是商业银行的专属金融业务，任何单位和个人未经批准不得实施。这是商业银行法和国务院《非法金融机构和非法金融业务活动取缔办法》（以下简称《取缔办法》）作出的明确规定。商业银行法和《取缔办法》构成判断金融活动合法还是非法的基本法律根据。[①] 重申这一规定，目的在于强调上述法律规定对于网络借贷信息中介等各类新金融概念、新金融技术在金融场景应用时同样适用。

网络借贷信息中介是为借款人与出借人实现直接借贷提供信息搜集、信息公布、资信评估、信息交互、借贷撮合等信息中介服务的平台。纯正的网络借贷信息中介业务，无须经过金融监管部门批准。2016年金融监管部门制定的《网络借贷信息中介机

---

① 参见《中华人民共和国商业银行法》第11条、国务院《非法金融机构和非法金融业务活动取缔办法》第3条、第4条的规定。上述条文明确规定，未经依法批准，不得从事吸收公众存款等商业银行业务。这一现行有效的规定对于网贷平台自始至终同样适用。

构业务活动管理暂行办法》等"一个办法、三个指引",[①] 明确了网络借贷信息中介业务活动范围和服务规范。网络借贷信息中介只能提供信息中介服务,根据商业银行法和《取缔办法》的规定,未经批准不得非法吸收公众存款,并列举了典型的禁止行为:不得提供增信服务,不得直接或间接归集资金,包括设立资金池控制、支配资金或者为自己控制的公司融资,等等。[②] 但是,在网贷平台发展过程中,许多网络借贷信息中介机构利用互联网发布融资信息,未经批准归集社会公众资金,这样的业务活动明显超出信息中介业务范围,构成非法吸收公众存款甚至集资诈骗。商业银行法、《取缔办法》是判断网贷平台业务活动非法与否的法律根据,杨卫国的辩护人提出的"国家允许P2P行业先行先试,望洲集团设立资金池、开展自融行为的时间在国家对P2P业务进行规范之前"等辩护理由并不成立,未经批准吸收公众存款,违反商业银行法和刑法的禁止性规定,"一个办法、三个指引"是对网贷信息中介类金融服务活动的规范,不是对从事吸收公众存款这一核心金融业务的许可,所列举的禁止性行为只是对商业银行法和《取缔办法》有关规定的重申。法院在该案判决中亦明确:"不存在被告人开展P2P业务时没有禁止性法律规定的问题。"

从网贷平台非法集资案件情况看,网贷平台非法归集、控制、支配资金主要有两种表现形式:一是以虚构的融资项目向不特定社会公众吸收资金,所吸收资金用于实际控制人或者关联

[①] "三个指引",是指原银监会等相关部门发布的《网络借贷信息中介机构备案登记管理指引》《网络借贷资金存管业务指引》《网络借贷信息中介机构业务活动信息披露指引》。

[②] 参见2016年8月原银监会等相关部门发布的《网络借贷信息中介机构业务活动管理暂行办法》第3条、第10条的规定。

企业的生产经营甚至随意支配,或者进行其他违法犯罪活动。"e租宝"集资诈骗案属于此种模式。二是发布的融资项目真实存在,部分所吸收资金确实用于真实第三方的融资项目,但网贷平台承诺保本付息,并归集社会公众资金进行实际控制和支配,投资人与借款人之间的资金流向无法一一对应。①杨卫国等人非法吸收公众存款案采取的是这种模式。第一种模式构成非法吸收公众存款罪的认识一致,第二种模式犯罪方法更隐蔽,认识上也容易出现分歧。

从刑法和有关金融法律规定看,非法吸收公众存款的本质是未经依法批准向社会不特定公众吸收资金。杨卫国实际控制的望洲集团在线上经营所谓网络借贷信息中介业务时,承诺为理财客户提供保底和增信服务,获取对理财客户虚拟账户内资金进行查询、划拨、冻结等权限,归集、控制、支配、使用客户资金用于还本付息和其他生产经营活动。这就是案例要旨所描述的"归集不特定公众的资金设立资金池,控制、支配资金池中的资金"行为。这样的行为超出了网络借贷信息中介业务范围。杨卫国案表明,即便网贷平台发布的融资项目真实,但归集、控制、支配投资人资金,仍构成非法吸收公众存款。

在办理具体案件时,还要注意两个问题:

一是银行存管问题。为了规范网络借贷信息中介的资金存管,原银监会等部门出台了《网络借贷资金存管业务指引》,通过银行存管方式确保客户资金与网络借贷信息中介机构自有资金分账管理。银行存管主要解决的是客户资金与平台资金相互隔离

---

① 是否用于第三方的真实融资项目,需要收集相关证据进行证明,不能仅根据网贷平台的资金交易记录作形式上判断,而应当穿透查证资金的最终去向再行判断。

的问题，一般情况下难以隔离客户与客户之间的资金。一些案件表明，网贷平台虽然与商业银行签订了银行存管协议，但是仍然通过欺骗等多种不正当手段对不同投资人的资金进行集合运作、控制支配。在杨卫国案中，望洲集团与第三方支付平台签订了资金存管协议，但仍然通过违规授权、格式条款等方式，取得对投资人在第三方支付平台上的虚拟账户的实际控制权，使制度规定的第三方存管形同虚设：（1）与第三方支付平台签订协议，第三方支付平台赋予望洲集团对所有理财客户虚拟账户内的资金进行查询、划拨、冻结的权限；（2）与线上理财客户签订投资协议时，强行要求理财客户明确授权望洲集团对其虚拟账户内的资金进行查询、划拨、冻结。由此可见，在办案时，不能单纯以资金由第三方银行存管为由排除非法性，应当结合银行或第三方支付机构存管协议、投资合同、资金交易记录等相关证据，分析资金在投资人、网贷平台、银行（第三方支付机构）以及借款人之间的流转过程，实质判断网贷平台是否存在归集、控制、支配资金行为。

二是平台借款人的法律责任问题。为了解决传统金融机构覆盖不了、满足不好的社会资金需求，缓解个体经营者、小微企业生产经营当中的小额资金困难，原银监会《网络借贷信息中介机构业务活动管理暂行办法》允许单位和个人在规定的借款余额范围内通过网贷信息中介机构融资借款，并且对单一组织、单一个人在单一平台、多个平台的融资借款上限作了规定，个人借款余额合计不得超过100万元，单位借款余额合计不得超过500万元。从行为本质看，借款人通过网贷信息中介机构融资也属于向不特定对象吸收资金，上述规定实则授予了在规定数额内通过网贷信息中介机构融资的许可。但是，超出规定数额通过网贷平台融资仍然具有非法性。最高人民检察院《关于办理涉互联网金融犯罪案件有关问题座谈会纪要》明确规定，借款人故意隐瞒事实，违反规定，以自己名义或借用他人名义利用多个网络借贷平台发布借款信息，借款总额超过规定的最高限额，或将吸收资金用于明确禁止的投资股票、场外配资、期货合约等高风险行业，造成重大损失和社会影响的，应当依法追究借款人的刑事责任。对于违反规定通过网贷平台融资并恶意逃废债的，要根据具体触犯的刑法罪名严厉追究。对于借款人将借款主要用于正常的生产经营活动，能够及时清退所吸收资金，可以不作为犯罪处理。

2. 认识新金融现象、新金融概念的原则和方法。杨卫国等人非法吸收公众存款案，是假借"P2P网络借贷信息中介"为名实施金融犯罪。利用合法形式或创新之名实施犯罪，具有较强的隐蔽性、欺骗性，既蒙蔽社会公众，也给司法认识带来一定难度。这一案例对正确认识、判断新金融现象、新金融概念具有普遍指导意义。

金融是现代经济的核心和血脉，金融活动引发的风险具有较强的传导性、扩张性、潜在性和不确定性。为了发挥金融服务经济社会发展的作用，有效防控金融风险，国家制定了完善的法律法规，对商业银行、保险、证券等金融业务进行严格规制和监管，商业银行法、保险法、证券法等金融法律法规对从事相关金融业务的资格作了明确规定。重要的金融业务须经相关主管部门依法批准持牌经营，包括银行、保险、信托、证券承销与保荐、证券经纪、证券投资咨询、金融租赁、公募基金、第三方支付等，未经批准从事应当持牌经营的金融业务属于非法金融活动。

随着金融科技的发展，金融创新日益活跃。根据金融法律法规，金融创新活动也必须遵守现行有效法律，非持牌机构开展创新活动不得涉及持牌业务，否则就属于非法金融活动。对于以金融创新之名擅自从事须持牌经营的金融业务的，要坚决予以取缔。网贷平台乱象的突出表现，就是依法只能从事信息中介业务的网贷平台，实际开展了信用中介业务，未经批准从事了须持牌经营的金融活动。这些网贷平台根本不是真正的金融创新，而是"伪金融创新"。

检察机关在办案当中，要善于运用"穿透式"认识方法，准确把握金融的本质，深入分析、清楚认识各类新金融现象，透过复杂多样的表现形式，准确区分是真的金融创新还是披着创新外衣的伪创新，是合法金融活动还是以金融创新为名实施金融违法犯罪活动。在办理杨卫国一案过程中，办案机关没有拘泥于望洲集团所谓的"线上P2P业务"这一表面形式，全面收集固定相关证据，对资金流转过程进行细致分析，从而准确揭示了其归集、控制、支配资金的非法吸收公众存款本质。

3. 指控思路和证明方法。根据网贷平台的具体表现形式确定指控的思路和证明的思路，对于全面收集、固定证据，客观地指控和证明犯罪十分重要。与传统非法吸收公众存款案件不同，类似杨卫国案这类以网络借贷信息中介名义进行的非法吸收公众存款犯罪，合法与非法交织，行为处处伪装，资金层层"嵌套"，利益关系复杂，证据种类多样、数量庞大，且电子数据占据主要部分。从介入侦查取证开始，就要根据犯罪构成要件、犯罪的基本特征和证据表现形式，确定清晰、明确的指控思路和证明思路。检察机关要通过履行刑事诉讼主导责任，将具体案件的指控思路、证明思路落实到侦查取证和对犯罪的证明上。

引导侦查取证和审查判断证据时，要对网络借贷平台的股权结构、实际控制关系、资金来源、资金流向、中间环节和最终投向等相关证据进行收集固定和审查判断，查清集资参与人的资金进入网贷平台到返回集资参与人账户的全部实际流转过程，以及网贷平台、支付结算机构在资金流转中所起到的实际作用，分析判断其属于规范的信息中介，还是假借信息中介名义从事信用中介活动，是否存在违法设立资金池、自融、变相自融等违法归集、控制、支配、使用资金的行为，不能仅根据网贷平台的资金交易记录、第三方银行存管等表面证据作出形式判断。

出庭支持公诉的过程，是指控思路和证明思路完整展示于法庭的过程，也是指控证明体系经受质询、诘问、辩驳、检视的过程。公诉人应当紧紧围绕指控思路和证明思路，发挥法庭审判过程中的主导作用，充分揭露犯罪的特征本质和危害，科学展示证据内容和证明结论，有力反驳不实辩解，据理解释法律责任，维护公诉主张。

三、王鹏等人利用未公开信息交易案

证券期货等金融犯罪，大多属于精心准备、有计划实施的故意犯罪，犯罪嫌疑人、被告人熟悉法律规定和相关行业规则，犯罪手段隐蔽、专业程度高，犯罪后甚至在犯罪的同时隐匿、毁灭证据较为常见。王鹏等人利用未公开信息交易案这一案例，对于检察机关强化指控犯罪以及依靠间接证据构建证明体系具有指导意义。

（一）基本案情、要旨和指导意义

2009年3月2日至2011年8月8日，被告人王鹏在担任某基金公司交易管理部债券交易员期间，多次登录具有该基金公司

股票交易指令查询权限的6609账号，获取基金公司股票交易指令等未公开信息，同时其父母王慧强、宋玲祥分别操作牛某、宋某祥、宋某珍的证券账户，同期或稍晚于某基金公司进行证券交易，与某基金公司交易指令高度趋同，证券交易金额共计8.78亿余元，非法获利共计1773万余元。在办案过程中，王鹏及其父母3名被告人始终不供认利用未公开信息交易的事实，检察机关通过引导侦查取证，完整收集、固定其他相关证据，依靠间接证据构建完整证明体系，达到事实清楚，证据确实、充分的提起公诉证明标准。法院经审理认为，该案现有证据已形成完整锁链，能够排除合理怀疑，足以认定3名被告人构成利用未公开信息交易罪。

案例的要旨和指导意义均围绕以间接证据指控、证明犯罪展开。案例要旨指出：具有获取未公开信息职务便利条件的金融机构从业人员及其近亲属从事相关证券交易行为明显异常，且与未公开信息相关交易高度趋同，即使其拒不供述未公开信息传递过程等犯罪事实，但其他证据之间相互印证，能够形成利用未公开信息交易犯罪的完整证明体系，足以排除其他可能的，可以依法认定犯罪事实。在要旨的基础上，案例进一步阐明了指导意义：在犯罪嫌疑人、被告人不供认犯罪事实、缺乏直接证据的情形下，要加强对间接证据的审查判断，拓宽证明思路和证明方法，通过对间接证据的组织运用，构建证明体系，准确认定案件事实。一是明确指控的思路和方法，全面客观补充完善证据；二是加强对间接证据的审查，根据证据反映的客观事实判断案件事实；三是合理排除证据矛盾，确保证明结论唯一。

（二）理解和适用中的重点问题

作为一起被告人不供述犯罪事实的案件，王鹏等人利用未公开信息交易案主要展示了证明标准的把握方法和间接证据证明体系的构建方法。该案例所涉罪名为利用未公开信息交易罪，但相关证明方法对于其他案件同样具有指导意义。

1. 准确认识刑事诉讼证明标准。证明标准，是诉讼中对案件事实等待证事项的证明所须达到的要求。[①] 根据刑事诉讼法的规定，我国刑事诉讼的证明标准为"事实清楚，证据确实、充分"，"证据确实、充分"应符合以下条件：（1）定罪量刑的事实都有证据证明；（2）据以定案的证据均经法定程序查证属实；（3）综合全案证据，对所认定事实已排除合理怀疑。司法实践中，办案人员对证明标准的认识把握仍存在不一致现象，有的机械理解规范性文件、证据指引中列举的证据要求，证明犯罪时只对证据进行简单排列，缺失某一方面证据便径直认定为证据不足；有的认为证明标准可以人为调节，在侦查取证困难的案件中寻求降低证明标准，或者自以为"降低证明标准"。产生这些问题的根源，在于未能正确理解证明标准。

正确把握刑事诉讼证明标准，对于准确构建证明体系、认定案件事实至关重要。刑事诉讼证明标准是法定要求，任何刑事案件的证据必须达到"确实、充分"的标准，方能定罪处罚，形式或者实质上降低刑事诉讼证明标准均不符合法律规定。证据是否确实、充分，需要对全案证据进行综合审查判断，并非对证据简单排列组合。首先，证据必须经过查证属实，才能作为定案的根据。查证的过程，既是全面收集、固定证据的过程，又是对证据的客观性、合法性、关联性进行审查的过程，构成证明犯罪的基础。其次，需要对查证属实的证据，运用逻辑、经验进行综合

[①] 参见龙宗智：《我国刑事诉讼的证明标准》，载《法学研究》1996年第6期。

判断，排除合理怀疑。对证据的综合判断，是主客观相结合的过程，每个案件达到证明标准所需的具体证据材料并不完全相同，客观上也不可能完全相同，证据确实、充分不完全取决于证据的形式或证据的数量。一些司法解释、规范性文件、证据指引规定了具体罪名的证据审查判断标准，是对证明犯罪过程的指引，并不一定是判断证据确实、充分的必要条件或者充分条件，不能机械适用。经过综合审查判断后能够得出唯一结论的，无论被告人是否供述、是否有证明犯罪的直接证据，都不影响犯罪事实的认定；反之，不能排除其他可能性、不能得出唯一结论的，即使有被告人供述、有相关直接证据，仍不能认定犯罪事实。证据形式和数量上的"不完整"，并不影响根据在案证据作出综合判断。王鹏案中，虽然3名被告人均不供认犯罪事实，部分证据也因客观原因无法收集，但通过综合审查判断，其他在案证据相互印证，可以排除合理怀疑，得出利用未公开信息交易犯罪事实成立的唯一结论。

2. 构建间接证据证明体系的基本方法。在没有直接证据的情形下，依靠间接证据证明也能够达到事实清楚，证据确实、充分的标准。运用间接证据证明犯罪的方法和规则，有关司法解释已作了规定，[①] 案例以更加直观的证明过程阐释上述司法解释所

---

① 最高人民法院、最高人民检察院、公安部、国家安全部、司法部《关于办理死刑案件审查判断证据若干问题的规定》第33条、最高人民法院《关于适用〈中华人民共和国刑事诉讼法〉的解释》第105条都作了相应规定。后者规定："没有直接证据，但间接证据同时符合下列条件的，可以认定被告人有罪：（一）证据已经查证属实；（二）证据之间相互印证，不存在无法排除的矛盾和无法解释的疑问；（三）全案证据已经形成完整的证明体系；（四）根据证据认定案件事实足以排除合理怀疑，结论具有唯一性；（五）运用证据进行的推理符合逻辑和经验。" 2019年6月，最高人民法院、最高人民检察院《关于办理利用未公开信息交易刑事案件适用法律若干问题的解释》第4条规定了判断"明示、暗示他人从事相关交易活动"的证据规则，与该案所采取的判断方法本质相同。

确定的证明方法和证明规则在具体案件中的应用。运用间接证据证明犯罪，既要组织运用证据从正面判断犯罪事实的成立，又要结合全案证据反向判断是否排除了其他可能性，得出唯一结论，两者互为补充、不可或缺。

首先，根据间接证据反映的系列客观事实，判断案件事实。这里的案件事实，是指符合刑法分则规定的犯罪构成要件的事实。而客观事实是与间接证据证明内容相关联的一个概念，是指经由间接证据证明，与案件事实紧密关联，但只是反映案件事实局部特征的事实。① 在具体案件中，并非所有证据都能直接证明构成要件事实。任何一项间接证据都无法单独包含案件主要事实的全部信息，既无法证明犯罪是否发生，也难以证明犯罪是否为被告人所实施，最多证明犯罪构成要件的某一环节或者片段。② 单个间接证据或者由间接证据证明的单一客观事实，并不能证明案件事实，但当若干客观事实被确定并相互衔接形成一个整体后，就可能共同指向案件事实。③ 可以说，客观事实是连接证据与案件事实的桥梁。这就需要通过运用间接证据先行证明与案件事实紧密相关的客观事实后再行判断。办案人员可以运用经验和逻辑，通过对经由证据证明的客观事实的分析，判断案件事实。这实际上就是指控犯罪思路在证明犯罪过程中的体现。在王鹏等人利用未公开信息交易案中，没有直接证据证明王鹏及其父母利用未公开信息进行交易，检察机关组织、运用证据证明了以下客观事实的存在：（1）基于3名被告人被指控犯罪时段和其他时

---

① 需要说明的是，这是在编写案例过程中提出的一个概念，以与"案件事实"相区别，在一些著述中也称为"基础事实""间接事实"等。
② 参见陈瑞华：《论证据相互印证规则》，载《法商研究》2012年第1期。
③ 参见阮堂辉：《"证据锁链"的困境及其出路破解》，载《中国刑事法杂志》2006年第4期。

段证券交易数据、某基金公司未公开信息等证据,证明3名被告人交易行为显著异常的客观事实,即其交易行为与未公开信息具有高度的关联性、趋同性且异于其他时段交易习惯。(2)基于身份关系、资金往来等证据,证明王鹏与其父母之间具备传递信息的动机和条件等客观事实。(3)基于王鹏父母专业背景、职业经历、接触人员等证据,证明王鹏父母的交易行为不符合其个人能力经验等客观事实。根据证券市场的基本规律和一般人的经验常识,不具有专业证券交易知识、不知道某基金公司相关证券交易信息的普通人,其交易行为不可能与一个基金公司的交易行为长时间保持如此之高的趋同度,而且不具备获取未公开信息条件与具备获取未公开信息条件时的交易习惯出现如此显著的差异。因此,虽然上述通过证据证明的客观事实不直接等同于利用未公开信息交易,仍能作出利用未公开信息交易犯罪事实成立的司法判断。上述证明过程,可以概括为:间接证据——客观事实+经验和逻辑——案件事实。其中,客观事实的证明和经验、逻辑的运用至关重要。

其次,根据全案证据合理排除证据矛盾,证明结论具有唯一性。运用间接证据证明案件事实,构成证明体系的间接证据应当相互衔接、相互支撑、相互印证,证据链条完整、证明结论唯一。这是刑事诉讼证明标准的基本要求。但是,基于经验和逻辑对客观事实作出的判断结论,并不必然得出唯一结论。这就需要通过审查全案证据,进一步分析是否存在与指控方向相反的信息,排除其他可能性。为此,要重点审查以下内容:证明体系中单一证据所包含的信息之间以及不同证据之间是否存在矛盾;证明体系之外的其他证据中是否存在相反信息。在犯罪嫌疑人、被告人不供述、不认罪案件中,要高度重视犯罪嫌疑人、被告人的辩解和其他相反证据，综合判断上述证据中的相反信息是否会实质性阻断由各项客观事实到案件事实的判断过程、是否会削弱整个证据链条的证明效力。与证明体系存在实质矛盾并且不能排除其他可能性的，不能认定案件事实。犯罪嫌疑人、被告人的辩解不具有合理性、正当性，可以认定证明结论唯一。

在运用间接证据证明的过程中，要正确对待犯罪嫌疑人、被告人不供述的情节和提出的辩解，被告人对相关事实、情节的否认和辩解，也同样具有证据判断和证明上的价值，对其否认与辩解的合理性、正当性要结合其他证据进行审查判断，既不能视而不见，也不能因其不供述或者提出辩解，就认为无法排除其他可能性。

3. 指控思路与引导侦查取证。收集、固定证据是查明犯罪事实的过程，是指控证明犯罪的基础。对于证明难度大的疑难复杂案件，检察机关应当积极履行指控与证明犯罪的主导责任，在提出继续侦查、补充侦查要求时，要详细阐明继续侦查、补充侦查的理由、方向、取证目的、具体事项、证据目录、必备要素等，引导公安机关有针对性地收集、固定证据，强化侦查取证工作，夯实证据基础。[①] 做好引导侦查取证工作的前提，首先要明确指控的思路和证明的方法，在此基础上全面客观补充完善证据。明确指控思路的目的是全面查清案件事实，在指控思路的指引下，既要收集证明有罪的证据，又要收集证明无罪的证据，不能偏废。

正确的指控犯罪思路，是构建证明体系的指引，也是引导侦

---

① 2020 年 3 月 27 日，最高人民检察院、公安部联合发布《关于加强和规范补充侦查工作的指导意见》，对补充侦查工作提出了实质化要求，王鹏案充分体现了这一指导意见的精神。

查取证,提出继续侦查、补充侦查要求的基础。证明对象是需要用证据证明的案件事实,证明活动都是从证明对象出发,围绕证明对象展开,并以证明对象为归宿。① 指控犯罪思路,就是从证据到客观事实再到案件事实的认识发现过程,反过来也就成为提出侦查取证要求的根据。明确指控犯罪思路,就是明确所欲证明的对象,这对于提高侦查质量和效率具有重要作用:既可以帮助侦查人员在有用证据与无用证据之间作出取舍,集中力量查明犯罪成立或不成立的相关证据;又有利于及时发现证明体系中证明环节的缺陷以及关键节点,及时补强证据。

王鹏等人利用未公开信息交易案以信息传递、利用为证明核心,在3名被告人拒不供认犯罪事实的情形下,根据此类犯罪的主要特征,首先把信息便利条件、时间吻合程度、交易异常程度等客观事实作为重点证明对象,而后以这些客观事实为基础判断案件事实,构建证明体系。检察机关在公安机关已经调取证据的基础上,围绕上述指控思路查找发现证明体系中的薄弱环节,要求公安机关补充侦查传递信息条件、资金来源及获利去向、基金公司其他人员的登录账号情况、具备获取未公开信息条件前后的交易习惯等证据,并详细说明证明目的,对于形成完整的证据链条、进一步排除其他可能性、补强间接证据的证明效果起到了积极作用。

四、 博元公司、余蒂妮等人违规披露、不披露重要信息案

博元公司、余蒂妮等人违规披露、不披露重要信息案对于理解适用刑法关于单位犯罪的规定、检察环节不起诉的法律适用以

---

① 参见刘静坤:《证据审查规则与分析方法》,法律出版社2018年版,第19页。

及加强刑事司法与行政执法之间的有效衔接等方面具有指导意义。

（一）基本案情、要旨和指导意义

博元公司原系上海证券交易所上市公司。华信泰投资有限公司（以下简称华信泰公司）为博元公司控股股东。在博元公司并购重组过程中，有关人员作出了业绩承诺，在业绩不达标时需向博元公司支付股改业绩承诺款。2011年4月，余蒂妮、陈杰、伍宝清、张丽萍、罗静元等人采取循环转账等方式虚构华信泰公司已代全体股改义务人支付股改业绩承诺款3.84亿余元的事实，在博元公司临时报告、半年报中进行披露。为掩盖以上虚假事实，余蒂妮、伍宝清、张丽萍、罗静元采取将1000万元资金循环转账等方式，虚构用股改业绩承诺款购买37张面额共计3.47亿元银行承兑汇票的事实，在博元公司2011年的年报中进行披露。2012年至2014年，余蒂妮、张丽萍多次虚构银行承兑汇票贴现等交易事实，并根据虚假的交易事实进行记账，制作虚假的财务报表，虚增资产或者虚构利润均达到当期披露的资产总额或利润总额的30%以上，并在博元公司当年半年报、年报中披露。此外，博元公司还违规不披露博元公司实际控制人及其关联公司等信息。检察机关对博元公司作出不起诉决定，对余蒂妮等直接负责的主管人员和其他直接责任人员以违规披露、不披露重要信息罪提起公诉并由法院分别判处刑罚。同时，中国证监会对博元公司作出行政处罚，博元公司因此被退市。

该案的要旨明确了对违规披露、不披露重要信息行为的单位的刑事处理。要旨提出，刑法规定违规披露、不披露重要信息罪只处罚单位直接负责的主管人员和其他直接责任人员，不处罚单位。公安机关以该罪将单位移送起诉的，检察机关应当对单位直接负责的主管人员及其他直接责任人员提起公诉,对单位依法作出不起诉决定。对单位需要给予行政处罚的,检察机关应当提出检察意见,移送证券监督管理部门依法处理。指导意义进一步阐述了此类情况的处理方法和处理依据:一是违规披露、不披露重要信息犯罪不追究单位的刑事责任;二是刑法没有规定追究单位刑事责任的,应当对单位作出不起诉决定;三是对不追究刑事责任的单位,检察机关应当依法提出检察意见,督促有关机关追究行政责任。

(二) 理解和适用中的重点问题

对单位违规披露、不披露重要信息行为,刑法只规定了对直接负责的主管人员和其他直接责任人员的刑罚,没有规定对单位的刑罚。在案例编写和征求意见过程中,对单位行为的法律评价及其处理,存在不同观点。基于刑法和刑事诉讼法的基本原则精神,案例提出了明确意见。

1. 单位行为的法律评价问题。根据我国刑法规定,单位犯罪是由公司、企业、事业单位、机关、团体等单位实施,由法律规定为单位犯罪,并对单位判处刑罚的行为。我国刑法分则中涉及单位犯罪的罪名有160余个。一般来说,单位犯罪实行"双罚制",既处罚单位,亦处罚单位直接负责的主管人员和其他直接责任人员。但是,在刑法中还存在一类特殊的"单位犯罪",条文的罪状表述中危害社会行为的实施主体为单位,但没有规定单位的刑罚,有学者称之为"单罚制"。[①] 违规披露、不披露重要信息罪便属此类。此外,刑法分则还规定了若干只处罚直接负责的主管人员和其他直接责任人员的罪名,这些罪名特征还有所

---

① 参见黎宏:《完善我国单位犯罪处罚制度的思考》,载《法商研究》2011年第1期。

不同，可以分为四种类型：（1）犯罪行为以单位名义实施，但不是为本单位谋取利益，没有规定对单位的刑罚，如私分国有资产罪、私分罚没财物罪，这类犯罪实际上属于纯正的自然人犯罪；（2）实施犯罪行为的主体是单位，刑法规定只处罚直接责任人员，如工程重大安全事故罪；（3）实施犯罪行为的主体可以是单位，也可以是个人，均规定处罚直接负责的主管人员和其他直接责任人员，如资助危害国家安全犯罪活动罪、重大劳动安全事故罪、大型群众性活动重大安全事故罪；（4）实施犯罪行为的主体是单位，刑法规定只处罚直接负责的主管人员和其他直接责任人员，如违规披露、不披露重要信息罪，妨害清算罪，虚假破产罪，违法运用资金罪。

对犯罪行为由单位实施但不处罚单位的罪名，如何对单位行为进行法律评价，存在不同认识。在讨论博元公司、余蒂妮等人违规披露、不披露重要信息案中，形成了两种观点：一种观点认为，依据《刑法》第13条关于犯罪的规定，一切危害社会的行为，依照法律应当受刑罚处罚的，都是犯罪。刑罚是犯罪的法律后果，"没有刑罚就没有犯罪"，即使某种行为是法律所禁止的，但如果刑法没有对该行为规定刑罚后果，该行为就是无罪的。[①]刑法是否明文规定某一行为的刑罚后果，是法律上评价是否犯罪的根据，即使是免予刑事处罚，也以刑法规定了刑罚后果为前提。根据《刑法》第161条的规定，没有对单位规定刑罚后果，对单位不应作犯罪评价。另一种观点认为，《刑法》第30条规定了单位犯罪的定义，第31条规定了单位犯罪的罚则，其中第31条指出："本法分则和其他法律另有规定的，依照规定。"因

[①] 参见张明楷：《刑法格言的展开》，北京大学出版社2012年版，第186页。

此，判断某一罪名是否属于单位犯罪，应当根据刑法分则规定的犯罪主体来确定，刑法分则未对单位规定刑罚的，属于第 31 条中的"另有规定"，仍然是单位犯罪，但不能追究单位的刑事责任。① 在全国人大常委会法工委组织编写的《中华人民共和国刑法释义》一书中，也认为这一类犯罪是单位犯罪。②

根据刑法的精神和刑事责任与刑罚的理论，我们倾向于对单位不作犯罪评价的观点。一般认为，《刑法》第 13 条是关于犯罪概念和基本特征的概括，依照《刑法》第 13 条的规定，犯罪具有三个基本特征，即社会危害性、刑事违法性、应受刑罚处罚性。③ 违规披露、不披露重要信息罪是以单位名义组织实施，但刑法只规定了自然人的刑罚，没有规定单位的刑罚，就单位而言，不符合《刑法》第 13 条作犯罪评价的基本特征。刑法理论认为，犯罪是刑事责任的法律事实根据，刑事责任是刑罚的基础和前提，刑罚是刑事责任的必然结果，犯罪与刑事责任和刑罚具有质的一致性，评价为犯罪必然要有确定的刑事责任和刑罚，没有刑罚就没有犯罪。在刑法没有明确规定单位的刑事责任和相应刑罚的情况下，根据罪刑法定原则，对单位不能作犯罪评价。

2. 对公安机关移送起诉单位的处理原则。根据刑事诉讼法和最高人民检察院《人民检察院刑事诉讼规则》规定，检察机关对于移送起诉的案件，应当作出起诉或不起诉的决定。其中，移送起诉犯罪嫌疑人所涉部分罪名不成立的，应当就成立的罪名提起公诉；移送起诉犯罪嫌疑人所有罪名均不成立的，应当作出不起诉决定。作出不起诉决定，还应当阐明不起诉的法律根据。

---

① 以上观点均来自征求意见中专家学者的意见。
② 参见郎胜主编：《中华人民共和国刑法释义》，法律出版社 2015 年版，第 221 页。
③ 参见张明楷：《刑法学》（上），法律出版社 2016 年版，第 86 页。

刑事诉讼法分别规定了无罪不起诉、罪轻不起诉、证据不足不起诉三种情形，其中无罪不起诉又包含两种情形：一是依《刑事诉讼法》第16条"其他法律规定免予追究刑事责任"不起诉；二是依《刑事诉讼法》第177条"没有犯罪事实"不起诉。在违规披露、不披露重要信息案中，由于刑法没有规定单位的刑罚，公安机关将单位移送起诉的，检察机关应当作出无罪不起诉。但是，由于刑事诉讼法关于不起诉的情形中没有相应规定，对作出无罪不起诉援引的法律条款有两种不同意见，有的主张按"没有犯罪事实"不起诉，有的主张按"其他法律规定免予追究刑事责任"不起诉。

笔者认为，关于违规披露、不披露重要信息罪中单位处理的问题，刑事诉讼法关于不起诉情形的现有规定均无法完全对应，可以援引刑事诉讼法规定的最相近的情形处理。同类问题在既往司法实践中也曾发生，1996年刑事诉讼法没有将行为性质不是犯罪或者犯罪行为并非由犯罪嫌疑人所为的情形列明为不起诉的情形。[①] 在一段时间的司法实践中，检察机关发现这类情况，或者将案件退回公安机关，或者根据《刑事诉讼法》第2条关于"保障无罪的人不受刑事追究"的规定作不起诉。对于实践情形超出刑事诉讼法规定预设情形的，根据"其他法律规定免予追究刑事责任"或者"没有犯罪事实"作出不起诉，都不违背法律的精神。

3. 对单位需要给予行政处罚的，应当提出检察意见。不追

[①] 1996年刑事诉讼法中关于绝对不起诉的情形，仅在第142条规定："犯罪嫌疑人有本法第十五条规定的情形之一的，人民检察院应当作出不起诉决定。"2012年刑事诉讼法在第173条规定："犯罪嫌疑人没有犯罪事实，或者有本法第十五条规定的情形之一的，人民检察院应当作出不起诉决定。"此次修改增加了"犯罪嫌疑人没有犯罪事实"这一情形，弥补了1996年刑事诉讼法的漏洞。2018年修改后刑事诉讼法继续使用2012年的规定。

究单位的刑事责任并不表示单位不需要承担任何法律责任。对不追究刑事责任的单位，检察机关应当根据证券法等法律规定审查单位行为是否具有违法性，需要给予行政处罚的，应当向证券监督管理部门提出检察意见，并进行充分的释法说理，消除当事人、社会公众因检察机关不追究单位刑事责任可能产生的单位无任何责任的误解，避免对证券市场秩序造成负面影响。案例中检察机关在对博元公司作出不起诉之后，根据刑事诉讼法有关规定，向中国证监会提出检察意见，中国证监会依法对博元公司作出行政处罚。博元公司依法不承担刑事责任和刑罚处罚，但依法受到行政处罚，并被交易所退市，使刑事司法与行政执法的衔接落到了实处，信息披露违法行为受到应有的惩罚，取得了较好的法律效果、社会效果。2019年修订的证券法进一步强化了信息披露义务，并显著提高证券违法成本，检察机关要按照证券法的立法精神，对于涉及造假、欺诈的证券犯罪案件，依法从严惩处。

最高人民检察院发布的第十七批指导性案例的指导意义不仅在于解决三个罪名所涉及的办案问题，更重要的是从案例中提炼出的适用于各类金融犯罪案件的基本理念和基本方法：杨卫国等人非法吸收公众存款案，提供了认识新金融现象的实质判断方法；王鹏等人利用未公开信息交易案，提供了组织、运用证据和把握证明标准的方法；博元公司等违规披露、不披露重要信息案，提供了在同类罪名中准确理解适用刑法和刑事诉讼法有关规定，以及充分运用刑事法律、行政法律法规惩治证券违法犯罪的方法。这些基本理念和方法是三个指导性案例的要义所在。尤其是在疫情防控特殊时期，检察机关更要注重正确理念和方法的运用，准确把握疫情防控期间中央的部署要求和国务院有关部门制定的金融法律政策,确保惩治金融犯罪与保护金融市场健康发展的有机统一,为助力企业复工复产、防范化解金融风险提供精准有力的司法保障。

第二部分
金融犯罪典型案例

朱某某等人非法吸收公众存款案

关键词

非法吸收公众存款　分层处理　不起诉

要旨

对涉案人员众多的非法吸收公众存款案件,必须贯彻宽严相济的刑事政策,根据犯罪嫌疑人在犯罪活动中的地位作用、涉案数额、危害结果、主观罪过等主客观情节和认罪悔罪态度等事后表现,综合判断责任轻重及刑事追诉的必要性。对犯罪情节严重、主观恶性大、在犯罪中起主要作用的人员,特别是核心管理层人员和骨干人员,依法从严打击;对犯罪情节相对较轻、主观恶性较小、在犯罪中起次要作用的人员,依法从宽处理。

基本案情

被告人朱某某等13人,其中,朱某某原系北京某联盈科贸有限公司(以下简称某联盈公司)法定代表人兼执行董事、股东;被不起诉人35人。

2009年12月至2012年5月,朱某某、徐某某先后伙同张某、刘某某、肖某某,并纠集倪某某、邢某某、尹某某、刘某、汤某某、张某某、郭某、李某某等人，以某联盈公司为平台，假借销售商品之名，通过网络宣传、推介会等途径，向社会公开宣传"联合加盟方案"，通过宣讲某联盈公司以往公司业绩、模拟营业额增长比例等方式，误导社会公众相信加盟某联盈公司后，可通过领取运营补贴、招商补贴、顾问费、精英奖、排名奖等方式获取高额回报，变相非法吸收公众存款人民币26亿余元。

在实施非法吸收公众存款期间，某联盈公司形成了较为明确的部门分工：（1）客服总监尹某某负责客服部、签约部、呼叫中心及检测中心，由肖某某分管。客服部负责接待公司来访客户，签约部负责与客户签署加盟合约，呼叫中心负责客户电话咨询及投诉处理，检测中心为客户做虹膜检测等医疗服务并推销产品。（2）市场总监汤某某负责培训部、企划部、会务部及市场拓展部，由肖某某分管。培训部负责对客户进行加盟内容的讲解，企划部负责公司形象维护，为加盟课件润色，会务部专门为培训部组织推介会，市场拓展部负责与外地服务中心的联系。（3）财务总监刘某负责财务部、审核部及结算部，整体工作由徐某某分管。其中，财务部负责加盟资金的收支，审核部负责签约客户的电子录入，结算部负责客户返利金额的计算，每月给加盟商和服务专员的奖励等计算及审核均由朱某某直接分管。（4）运营总监李某甲负责物流部、产品认证部，由肖某某分管。物流部负责给加盟商运送货物，产品认证部负责产品定价。（5）行政总监钱某某负责行政部、人事部、物业部及保卫部，由倪某某分管，主要负责公司后勤保障、人员管理等。（6）公司培训总监邢某某负责对培训部讲师的授课技巧进行培训，同时负责对人数较多或较重要的顾客进行授课；公司高级讲师李某负责对人数较多或较重要的顾客进行授课以及赴外地对加盟商进行授课，授课内容偏重于经济学理论。

诉讼过程

2012年8月26日，北京市公安局朝阳区分局以涉嫌非法吸收公众存款罪，对朱某某等48名犯罪嫌疑人移送北京市朝阳区人民检察院审查起诉。因案件重大、疑难、复杂，同年11月16日，北京市人民检察院将本案指定北京市人民检察院第二分院审查起诉。

审查起诉阶段，鉴于公安机关移送的犯罪嫌疑人数量较多，在公司中的地位、作用各不相同，为了准确认定各犯罪嫌疑人的地位、作用及责任轻重，检察机关结合在案证据，从以下方面对犯罪嫌疑人进行梳理：第一，根据犯罪嫌疑人具体实施行为在非法吸收公众存款犯罪中起到的作用，明确核心行为与非核心行为，最终确定三类核心行为：（1）加盟活动的设计、组织行为；（2）吸引社会公众投资的宣传、培训行为；（3）与客户签约加盟、收款及返利行为。第二，根据犯罪嫌疑人在公司的任职情况，确定其所处的层级。朱某某、徐某某、肖某某、张某、刘某某在各自的犯罪时期内属主犯，其余犯罪嫌疑人是次要实行犯或帮助犯，是从犯。第三，犯罪嫌疑人具有的其他情节，如加入公司的时间、实际获利情况等。第四，认罪悔罪、退赃退赔情况。上述情况主要有以下证据证明：被告人的供述和辩解；某联盈公司工作人员的证言及加盟商证言；书证《加盟合同》《套系订购单》《项目服务专员协议》，相关公司工商、税务登记材料及营业执照，公司账册，银行查询，冻结手续；司法会计鉴定意见书等。办案人员综合以上事实证据，根据宽严相济的刑事政策，客观分析对犯罪嫌疑人进行刑事追诉的必要性及刑事责任的轻重，区别对待、分类处理。

1. 对在非法吸收公众存款犯罪中起组织、领导等核心、骨干作用的犯罪嫌疑人，依法提起公诉。检察机关通过审查起诉认定，犯罪嫌疑人朱某某、徐某某、张某、刘某某是某联盈公司的组织者、联合加盟方案的主要设计者及最初的推动者。2011年7月至10月，张某、刘某某陆续离开公司后，肖某某加入公司，主要负责组织实施吸收公众存款行为。犯罪嫌疑人倪某某于2011年9月加入公司即担任总经理一职，在公司负责人员、流程管理。上述6人参与犯罪时间、所起作用虽不完全相同，但所处位置均为公司的最高层级，或组织公司作为吸收公众存款的载体，或设计联合加盟方案启动吸收公众存款的行为，或组织、领导员工扩大吸收公众存款的范围，与公司的总监、经理及其他员工在地位、获利方面相差悬殊，骨干作用明显，均应追究刑事责任。因此，检察机关决定对朱某某等6名公司高级管理人员依法提起公诉。

2. 对实施三类核心行为的主要参与者，原则上追究刑事责任，并根据其任职部门、参与犯罪时间、认罪悔罪、退赃退赔情况等作进一步区别对待。48名犯罪嫌疑人中，属于核心行为主要参与者的有9人，检察机关对公司培训总监邢某某、客服总监尹某某、财务总监刘某、市场总监汤某某、某分公司负责人李某某等5人，决定依法提起公诉。运营总监李某甲、行政总监钱某某、总裁办主任戴某某虽担任部门负责人，但对非法吸收公众存款仅起到一般帮助作用，且加入公司时间较短、实际获利较少，而且如实供述了公司经营模式和朱某某、肖某某等主犯在公司中的作用，认罪态度较好，依法对其作出相对不起诉决定。

3. 对于部门经理及公司一般员工，原则上不追究刑事责任，但对其中参与非法吸收公众存款犯罪行为时间较长、所起作用较大的人员，依法提起公诉。呼叫中心经理郭某、审核部经理张某某二人加入公司时间较长，所处部门为公司吸收公众存款的主要部门，依法决定对二人提起公诉。对其他12名不是非法吸收公众存款核心部门的经理依法作出相对不起诉决定。公司培训讲师李某虽在讲师中层级较高，获利较大，但其授课主要偏重于经济学理论，且在公司中没有担任具体职务，无组织、管理、领导职责，对其依法作出相对不起诉决定；对犯罪情节轻微的其他22名公司一般员工，依法作出相对不起诉决定。

2013年4月26日，北京市人民检察院第二分院以非法吸收公众存款罪对朱某某等13名被告人依法提起公诉，对其余35人均依法作出相对不起诉决定。

在法庭调查阶段，公诉人宣读起诉书，指控被告人朱某某、徐某某、肖某某、张某、刘某某伙同被告人倪某某、邢某某、尹某某、刘某、汤某某、张某某、郭某、李某某，以销售商品为名，宣传加入联合加盟方案可获取高额回报，向社会公众募集资金，变相吸收公众存款，扰乱金融秩序，各被告人的行为均已构成非法吸收公众存款罪，且犯罪数额巨大，并进行了法庭调查。其中，被告人朱某某、肖某某不承认公诉机关指控的犯罪事实；被告人徐某某对公诉人指控的事实均不持异议，并当庭指认了被告人朱某某和肖某某的犯罪事实；被告人刘某某对公诉人指控的其犯非法吸收公众存款罪的事实不持异议，并当庭供述了某联盈公司的经营模式，指认了其他主要犯罪嫌疑人的犯罪事实；被告人倪某某对公诉人指控的其犯非法吸收公众存款罪无异议，并当庭供述了自己的犯罪事实，并指认了其他同案犯。

在法庭辩论阶段，公诉人对不认罪的被告人的辩解进行了有针对性的驳斥，并根据各被告人的到案情况、认罪情况等，提出相应的量刑建议，进一步体现宽严相济的刑事政策。公诉人指出，朱某某作为某联盈公司的法人、股东，系联合加盟方案的设计者和决策人，肖某某进入某联盈公司后任公司执行总裁兼朱某某的顾问，积极参与联合加盟方案的调整、宣传和推广，二人的行为导致私募所得的巨额资金脱离国家金融监管，严重危害国家金融管理秩序，符合非法吸收公众存款罪的构成要件，均已构成非法吸收公众存款罪。被告人徐某某主动到公安机关如实供述某联盈公司的犯罪行为，并提供公司人员花名册、平面图，协助抓捕同案犯，且当庭能够指认不认罪的被告人朱某某和肖某某；被告人刘某某在公安机关电话通知的情况下，主动到公安机关，如实供述犯罪行为，认罪态度较好且庭审中积极配合公诉机关，对整个犯罪模式和其他主犯的行为进行有效指认；被告人倪某某协助抓捕同案犯且自始如实供述自己和其他同案的犯罪事实。对上述被告人应当依法分别认定自首、立功、坦白，并提出了从轻或减轻处罚的量刑建议，均被法院认可。

法庭经审理认为，朱某某等被告人构成非法吸收公众存款罪，证据确实、充分。2014年8月6日，北京市第二中级人民法院作出判决，以非法吸收公众存款罪，分别判处：被告人朱某某有期徒刑10年，并处罚金人民币50万元；被告人肖某某有期徒刑10年，并处罚金人民币50万元；被告人徐某某有期徒刑6年，并处罚金人民币30万元；被告人张某有期徒刑5年，并处罚金人民币25万元；被告人邢某某有期徒刑5年，并处罚金人民币25万元；被告人刘某某有期徒刑4年，并处罚金人民币20万元；被告人倪某某有期徒刑4年，并处罚金人民币20万元；被告人尹某某有期徒刑4年，并处罚金人民币20万元；被告人郭某有期徒刑3年10个月，并处罚金人民币20万元；被告人张某某有期徒刑3年6个月,并处罚金人民币20万元;被告人汤某某有期徒刑3年,并处罚金人民币15万元;被告人刘某有期徒刑2年6个月,并处罚金人民币10万元;被告人李某某有期徒刑2年6个月,并处罚金人民币10万元。

宣判后,朱某某、徐某某、肖某某、倪某某、邢某某、尹某某、郭某、张某某、汤某某、李某某不服,向北京市高级人民法院提起上诉。北京市高级人民法院经审理认为,一审法院判定事实清楚,证据确实、充分,定罪及适用法律正确,量刑适当,审判程序合法,于2015年7月6日作出终审裁定,驳回朱某某等人的上诉,维持原判。

评析意见

对涉案人员众多的非法集资犯罪案件,检察机关要坚持打击少数、教育挽救大多数的基本处理原则,运用好宽严相济的刑事政策,合理把握追究刑事责任的范围。在具体把握上,要坚持主客观相统一,结合事实证据全面深入分析各犯罪嫌疑人、被告人在非法集资中的地位作用、涉案数额、危害结果、主观罪过等主客观情节和认罪悔罪、退赃退赔等事后表现,综合判断责任轻重及刑事追诉的必要性。在审查逮捕、审查起诉过程中,要通过采取不同的强制措施、起诉或不起诉进行区别对待、分类处理,依法作出不批准逮捕、变更强制措施、不起诉等决定。在法庭审理过程中,要结合被告人在庭上的认罪态度,有针对性地提出是否从宽处罚的量刑建议。对犯罪嫌疑人、被告人区别对待,既能充分体现宽严相济的刑事政策,也能在一定程度上促使不认罪的被告人转变态度,节约司法资源。

非法集资案件由于涉及人数多、证据复杂以及被告人、犯罪嫌疑人认罪态度不一，办案周期往往较长，不仅司法成本高，而且影响后续资产处置工作的开展，影响集资参与人的合法权益。对此，检察机关要改进办案方式方法，进一步提高办案的效率。2018年修改后的刑事诉讼法正式规定了认罪认罚从宽制度，该制度在依法及时惩治犯罪、强化人权保障、优化司法资源配置、推动繁简分流、提升诉讼质量效率、完善多层次刑事诉讼程序体系等方面具有明显的价值优势和独特的功能作用。办案人员要从有利于提高办案效率、有利于实现办案效果、有利于维护人民群众的合法权益出发，在办理非法集资案件中积极运用认罪认罚从宽制度，不断总结积累经验，充分发挥这一制度的功能作用。

杨某某等人非法吸收公众存款案

关键词

非法吸收公众存款　认罪认罚　分层处理　追赃挽损

要旨

在处理涉案犯罪嫌疑人众多的非法集资案件过程中，严格贯彻落实宽严相济刑事政策要求，通过准确适用认罪认罚从宽制度，在精准打击非法集资犯罪的同时最大限度地追赃挽损，化解社会矛盾，最终实现法律效果、社会效果和政治效果的统一。

基本案情

被告人杨某某等于2013年7月成立北京某投资管理有限公司，自任该公司董事长，后又成立多家关联公司以及在上海、山东、辽宁等十几个省市设立分公司用以募集资金。被告人杨某某等人以P2P（债权转让）的模式，通过讲座、亲友间"口口相传"等方式公开宣传，与集资参与人签订《个人出借与咨询服务协议》，承诺年化9%～14%的收益率，非法吸收资金。经审计，全部涉案金额39亿余元，北京地区报案4000余人，涉案金额12亿余元。公安机关查扣多处房产及4000余万元债权在案。

涉案公司分为财富端和贷款端,由贷款端负责寻找有资金需求的人,由风控部审核通过后,借用公司员工陈某某等多人名义向外放贷形成债权,主要有车抵贷、房抵贷、无抵押信用贷三部分。客服部将上述债权进行拆分匹配后形成债权列表。财富端负责在线下寻找集资参与人,与集资参与人签订《个人出借与咨询服务协议》《债权转让协议》,约定将陈某某等人债权分割后转让至集资参与人,封闭期3~12个月不等,期限届满后由公司再行协助转让,收益率10%左右。

涉案公司组织严密人员众多,包括综合部门及各层级销售部门多名涉案人。2015年,公司员工多达4000余人,仅销售人员即3500余人。目前已有涉案118名嫌疑人移送起诉,检察机关已将包括杨某某在内的70人起诉至法院,对其他48名犯罪嫌疑人通过适用认罪认罚从宽制度依法作出不起诉处理。

诉讼过程

2017年1月,北京市公安局朝阳分局以非法吸收公众存款罪提请北京市朝阳区人民检察院审查逮捕被告人杨某某等5人,检察机关批准逮捕后,发现该公司涉案金额巨大,参与共同犯罪的人员众多,综合部门10个,销售部门更是分为6个层级涉案400余人。为确保涉案人员的罪责刑相适应,检察机关在办理过程中结合不同阶段司法审计机构给出的审计数据,对未到案的人员确立追捕追诉的范围和金额标准,对在案人员通过适用认罪认罚从宽制度确立不起诉、起诉的标准。

审查逮捕阶段,因本案涉及人员太多,既要防止打击面过宽,减少社会对抗,修复社会关系;同时又要防止放纵涉案程度深、发挥作用大的嫌疑人，充分发挥刑罚的惩罚警示和教育矫治功能。因此，本案根据各嫌疑人的主观故意、分工、作用等犯罪事实确立其主观恶性、社会危害性和人身危险性，并结合各嫌疑人的退赃退赔以及认罪情况审慎适用不同的强制措施。

一是对于本案中的非法集资发起人、决策人如杨某某，参与非法集资活动时间长、违法性认识程度高的核心人员、业务骨干如谢某某等15人，依法作出批准逮捕的决定。二是对于在本案中起次要和辅助作用，主观恶性不深的初犯、偶犯，到案后及时退赔集资参与人损失或者退缴违法所得且自愿认罪的，依法不予批准逮捕，如销售人员中营业部经理以下包括业绩较低的14名团队经理和5名业务员。三是在涉案公司中仅从事劳务性工作，领取固定工资，参与时间短且违法性认识低的普通职员，如本案中的1名信贷部经理和1名行政助理，依法对其作出不予批准逮捕的决定。

审查起诉阶段，本案的难点之一在于如何确定追责人员的范围。因本案中大部分涉案嫌疑人到案后能够如实供述自己的罪行，并且愿意积极退缴退赔，如将所有涉案人员起诉至法院，则有违宽严相济的刑事政策和认罪认罚从宽制度；如不加区分作不起诉处理，则难以发挥刑罚的惩戒和教育功能。通过仔细研读认罪认罚从宽制度的精神内涵，在确立起诉人员范围上，本案对及时退缴佣金、提成、工资等违法所得，已经比照相应罚金刑数额自愿退赔相应款项，且已有更高层嫌疑人到案对全案承担责任，无维稳风险的低层级销售人员和从事事务性、劳务性工作的公司人员，依法作出相对不起诉的决定。最后对安某某等48人作相对不起诉处理。通过精准适用认罪认罚从宽制度，不仅通过不起诉缓和了社会关系，同时通过各嫌疑人的"认罚"，拓宽了追赃挽损的来源，上述不起诉的 48 人退赔款达 880 余万元，能在一定程度上弥补集资参与人的损失。

对于本案中起诉至法院的被告人，根据在共同犯罪中的作用可以分为四类：一是涉案公司实际控制人杨某某及密切关系人 3 人；二是投资部即销售部门 6 个层级的负责人及业务员 54 人，该部分销售人员自上而下分为 6 个层级，分别为投资部（投资一、二、三部）负责人 5 人，区域经理 5 人，财富中心经理 5 人，营业部经理 3 人，团队经理 26 人，业务员 10 人；三是贷款部相关负责人包括放贷部门、风控部负责人等 3 人；四是综合部门负责人，包括财务部、人事部、行政部等 10 人。在已被起诉的被告人中，对于自愿认罪且在审查起诉阶段能部分退赔集资参与人损失或退赔违法所得的 50 余名被告人，公诉人依法对其提出从轻从宽的量刑建议。对于在法院审理阶段能够进一步退赔的被告人，公诉人依法对其变更为从轻从宽的量刑建议，法院均采纳了检察机关的量刑建议。

评析意见

犯罪嫌疑人众多和追赃挽损率低是办理非法集资案件的两大难点。通过贯彻刑事诉讼法规定的认罪认罚从宽制度，不仅可以实现对众多犯罪嫌疑人进行分层次处理，更能最大限度地推进案件追赃挽损工作，减少集资参与人损失。

开展非法集资类案件认罪认罚从宽制度实践探索，应该着重注意以下两个方面：一是实体上确立标准。对不同层级的犯罪嫌疑人进行认罪认罚教育，鼓励积极退赃退赔，对于投资项目真实且认罪悔罪，能够全部退赔集资参与人损失的犯罪嫌疑人，或者不是案件首犯、重要高管、资金使用人的嫌疑人,能够及时将所得款项如数退还的,依法、审慎地在辩护人参与下开展逮捕必要性、羁押必要性、提起公诉必要性审查,采取不捕、变更羁押措施、不诉以及提出更大程度量刑从轻激励等措施。二是程序上规范操作。案件较多的检察机关应结合办案实践,专门拟定办案规范,重点突出案件的办理特点,规定更为细化的适用条件、不适用情形以及审查逮捕、审查起诉等各阶段的具体适用规则,全面指引此类案件认罪认罚从宽制度的实质适用。切实保障犯罪嫌疑人的程序性权利,对于未委托辩护人的嫌疑人要通过值班律师的实质参与,来帮助嫌疑人准确理解认罪认罚从宽制度,从而确保嫌疑人适用认罪认罚制度的自愿性和真实性。

睿某资产管理公司、
王某非法吸收公众存款案

关键词

非法吸收公众存款　私募基金　非法性

要旨

依法登记备案的私募基金超越私募基金的经营范围，未经有关部门依法批准向不特定社会公众吸收资金，并承诺还本付息的，构成非法吸收公众存款罪。私募基金以公开宣传的方式就同一项目同时向合格投资人、单位内部人员和其他不特定公众吸收资金，并承诺还本付息的，应以吸收的全部数额作为非法吸收公众存款的犯罪数额。私募基金以非公开方式募集资金的，不构成非法吸收公众存款罪；只向单位内部人员募集资金的，一般不作为犯罪处理。

基本案情

2013年11月，睿某资产管理公司与湖南某房地产开发有限公司约定，由睿某资产管理公司为其房地产开发项目融资，并按募集金额的6%收取融资服务费。2013年11月27日，睿某资产管理公司及其法定代表人王某合伙成立湘潭睿某管理中心（有限合伙，系私募基金），后以委托理财公司推广、拨打电话、口口相传等方式向不特定公众宣传湘潭睿某管理中心的"私募基金项目"——房地产开发项目，招揽不特定投资人入伙湘潭睿某管理中心成为有限合伙人，并向上述投资人承诺10.5%至12%保本付息的高额回报。2014年1月至2015年7月，湘潭睿某管理中心通过委托贷款的方式将所募集的钱款出借给湖南某房地产开发有限公司用于房地产开发项目。案发后经审计，睿某资产管理公司吸收投资款共计人民币44199900.00元，未兑付金额共计人民币39518543.39元。

诉讼过程

2017年2月16日，上海市公安局虹口分局以被告人王某涉嫌非法吸收公众存款罪移送上海市虹口区人民检察院审查起诉。同年7月12日，以涉嫌非法吸收公众存款罪补充移送起诉被告单位睿某资产管理公司。

审查起诉阶段，虹口区人民检察院的办案人员审查了全案卷宗，讯问了犯罪嫌疑人王某。王某提出如下辩解：第一，湘潭睿某管理中心系合法的私募基金项目；第二，其在成立湘潭睿某管理中心的时候咨询过律师，并且聘请律所对该基金进行了尽职调查并出具了法律意见书，因此其一直认为该基金是合法的；第三，在投资协议中约定的是"预期收益"，并未承诺到期还本付息。

针对上述辩解，虹口区人民检察院要求公安机关就以下问题进行补充侦查：第一，睿某资产管理公司是否进行了私募基金管理人登记，湘潭睿某管理中心这一基金项目是否有备案，相关登记备案的时间，睿某资产管理公司历史经营情况以及犯罪嫌疑人王某的专业背景、职业经历，以证明被告单位及被告人是否应当知道其行为的违法性；第二，对投资人制作笔录，同时查询相关还本付息的账户明细，以证明睿某资产管理公司是否实际定期支付利息和到期支付本金。与此同时，针对该案涉及私募基金与非法吸收公众存款交叉、涉案金额巨大、投资人财产遭受严重损失等情况，检察机关的办案人员听取了辩护人和集资参与人的意见，进一步调取了相关证据、区分了犯罪阶段、调查了资金去向。

2017年8月7日，虹口区人民检察院以涉嫌非法吸收公众存款罪对睿某资产管理公司、王某提起公诉。8月21日，虹口区人民法院依法公开开庭审理本案。

法庭调查阶段，公诉人宣读起诉书指控睿某资产管理公司与王某在成立湘潭睿某管理中心后，通过委托理财公司推广、拨打电话、口口相传等方式招揽不特定投资人入伙湘潭睿某管理中心，并承诺10.5%至12%保本付息的高额回报，其行为构成非法吸收公众存款罪。对于指控的犯罪事实，公诉人出示了四组证据予以证明：一是本案的案发情况及被告单位、被告人的到案经过；二是睿某资产管理公司的工商登记材料和私募基金备案表等书证，证实睿某资产管理公司的经营范围及其不具备公开募集资金资质的情况；三是调取的投资协议及证人证言，证实睿某资产管理公司公开向不特定公众宣传其投资项目，以承诺一定期限还本付息的方式招揽不特定公众入伙湘潭睿某管理中心的情况；四是调取的相关贷款协议以及银行流水、司法鉴定意见书等证据，证实睿某资产管理公司吸收投资款后的资金去向。

法庭辩论阶段，公诉人发表公诉意见：睿某资产管理公司未经国家有关主管部门批准，假借投资私募基金名义，以承诺在一定期限内归还本金和支付高额利息为诱饵，向社会公众吸收资金，其行为构成非法吸收公众存款罪。第一，睿某资产管理公司募集资金的行为具有违法性。虽然睿某资产管理公司于2014年获得了基金管理人登记证书，并将湘潭睿某管理中心在网上作了基金备案，但其不具有公开募集资金的资格，只能在法律规定的范围内从事私募业务。第二，睿某资产管理公司募集资金的行为已经超越了私募范畴，具有公开性和不特定性。（1）睿某资产管理公司系通过委托理财公司推广、拨打电话、口口相传等方式向社会公众公开宣传湘潭睿某管理中心的项目。虽然在募集初期其仅对单位内部员工及朋友作了宣传，但其后期的委托理财公司推广、拨打电话、口口相传等传播方式已使得该私募基金项目的信息能在公众间广泛传播。（2）《私募投资基金监督管理暂行办法》规定，私募基金应当向合格投资者募集。合格投资者是具备相应风险识别能力和风险承担能力，投资于单只私募基金的金额不低于100万元且资产符合一定标准的单位和个人。睿某资产管理公司对投资人是否具备相应风险识别能力和风险承担能力的资质不进行审查，且将单个投资份额设为50万元至100万元，违反了上述规定。第三，睿某资产管理公司募集资金的行为具有利诱性。证人证言及提供的投资协议等书证均能证实睿某资产管理公司在招揽投资人入伙湘潭睿某管理中心的过程中允诺了到期还本以及支付年化10.5%到12%的高额回报。虽然被告人王某辩解称其相关协议中约定的是"预期收益"而非确定收益，但投资人提供的银行流水可以证实睿某资产管理公司按照投资协议定期向投资人支付利息的情况。投资协议中所谓的"预期收益"

实质是固定收益。

辩护人提出：第一，睿某资产管理公司系合法的私募基金，睿某资产管理公司具有基金管理人登记证书，湘潭睿某管理中心已作为私募基金在网上进行了登记，睿某资产管理公司为湘潭睿某管理中心这一私募基金项目提供了完备的风控保障。第二，湘潭睿某管理中心这一私募基金项目有律师事务所作出的尽职调查报告来论证其合法性，被告单位和被告人无法认识到该项目的违法性，因此不具有非法吸收公众存款的主观故意。第三，本案部分投资人系单位员工，且其单笔投资额在100万元以上，系私募基金中的合格投资者，其投资金额应当在犯罪数额中予以扣除。第四，所吸收存款用于正常的生产经营活动，被告单位、被告人为初犯、偶犯，且积极认罪悔罪，退还部分资金，应对其从轻、减轻处罚。

公诉人针对辩护意见进行答辩：

第一，关于本案是否属于私募基金的问题。私募基金应当以非公开方式向合格投资者募集，私募基金不得向投资者承诺投资本金不受损失或承诺最低收益。本案中，睿某资产管理公司的行为超越了私募基金募集资金的合法边界，其行为实质是非法吸收公众存款。（1）私募基金必须以符合特定条件的非公开发行方式募集，不能向一般公众公开发行。根据《证券投资基金法》《私募投资基金监督管理暂行办法》等规定，非公开募集基金，不得通过报刊、电台、电视台、互联网等公众传播媒体或者讲座、报告会、分析会等方式向不特定对象宣传推介。本案中，被告人王某在睿某资产管理公司官网、个人博客、财经类网站发布招募私募基金合伙人的广告，通过理财中介招募投资人，资金的募集方式不符合私募基金的要求。（2）私募基金管理人、私募基金销售机构不得向合格投资者之外的单位和个人募集资金。私募基金的合格投资人,是指投资于单只私募基金的金额不低于100万元且符合一定资产标准的单位和个人。但本案中,被告单位和被告人对投资人的资质不加审核,只要有资金就来者不拒,更有部分投资人是六七十岁没有风险承受能力的老年人,不符合合格投资人的标准。(3)私募基金不得承诺收益。《私募投资基金监督管理暂行办法》明确禁止募集机构及其从业人员推介私募基金时,以任何方式承诺投资者资金不受损失,或者以任何方式承诺投资者最低收益,包括宣传"预期收益""预计收益""预测投资业绩"等相关内容以及夸大或者片面推介基金,违规使用"安全""保证""承诺"等可能误导投资人进行风险判断的措辞。本案中,睿某资产管理公司与投资人签订的《合伙协议》上未约定投资风险,但体现出约定固定年化收益、按月付息和到期还本等内容,属于还本付息的存款性质,而非无固定收益的私募基金。

第二,关于本案的犯罪金额问题。睿某资产管理公司募集资金的行为分为两个阶段。第一个阶段是向内部人员、朋友募集资金的阶段。这个阶段不具有募集资金的公开性和社会性。根据最高人民法院《关于审理非法集资刑事案件具体应用法律若干问题的解释》规定,未向社会公开宣传,在亲友或者单位内部针对特定对象吸收资金的,不属于非法吸收或者变相吸收公众存款。因此,在犯罪金额中扣除该阶段吸收的资金。第二个阶段是睿某资产管理公司向社会公众公开宣传后向社会公众吸收资金。这一阶段不论吸收资金的对象是一般公众还是单位内部人员,均应视为社会不特定对象,向上述人员吸收的资金都属于本案犯罪金额。因此,对该阶段吸收的资金应计入犯罪数额。

第三，关于减轻、从轻处罚情节的问题。根据我国刑法及关于非法吸收公众存款罪相关司法解释规定，初犯、偶犯情节以及退赔情况、资金是否用于正常经营活动等情节，皆不属于法定从轻、减轻处罚的情节，而是酌定从轻处罚情节，对该部分情节提请法庭在量刑时予以考量。案发后，被告单位与被告人并未实际退赔投资款，辩护人所提及的所谓退赔款，是集资参与人在投资期间获得的部分利息或者收益，并且所占比重较小，不足以填补投资损失。

法庭经审理认为，公诉人出示的证据能够相互印证，睿某资产管理公司和王某构成非法吸收公众存款罪。2017年9月20日，上海市虹口区人民法院作出一审判决，以非法吸收公众存款罪判处被告单位睿某资产管理公司罚金人民币10万元；以非法吸收公众存款罪判处被告人王某有期徒刑4年，并处罚金人民币5万元。对非法吸收的公众存款予以追缴。

一审宣判后，睿某资产管理公司和王某均不服一审判决，提出上诉。睿某资产管理公司认为本案系由私募基金在资金募集过程中触犯刑法引起的案件，情节较轻，原审量刑过重。王某认为部分投资人系合格投资人，其所投资金额应从犯罪数额中扣除，且量刑过重。

2017年11月8日，上海市第二中级人民法院作出裁定，驳回上诉，维持原判。

评析意见

金融是现代经济的核心，在经济发展和社会生活中具有重要的地位和作用。近年来我国金融业发展迅速，金融机构、金融产品、金融市场日益多元化，但同时也出现了一些金融乱象，有的无任何资质的机构以"金融创新"为名非法从事金融活动，有的金融机构超越经营范围非法开展金融活动，具有很强的隐蔽性、欺骗性和危害性。本案属于后一种情形。私募是以非公开方式向投资者募集资金的一种金融活动，依法设立的私募基金募集资金的方式、对象、回报方式等受到严格限制。本案被告单位和被告人名义上吸收投资人投资私募基金项目，实际上突破了法律法规对私募基金作出的"非公开方式""合格投资者""不得承诺收益"等一系列限制性要求，符合非法吸收公众存款的构成要件。

对新类型金融犯罪案件，办案人员要提高正确判断的能力，掌握正确识别违法犯罪的方法，准确判断涉案金融活动的性质。涉案金融活动不论以何名义呈现，办案人员应当全面分析行为过程，准确认识行为本质，不能被其表象所欺骗。对私募基金的涉案行为，先要根据私募基金有关规定判断其是否属于合法的私募基金业务；如果该行为明显超越私募基金业务范围，符合吸收公众存款的实质的，就要根据《商业银行法》《非法金融机构和非法金融业务活动取缔办法》作出法律性质认定。

金融犯罪手段不断翻新，极易影响投资人作出正确识别判断。为更好地保护人民群众的合法权益，公诉人在指控犯罪时，应依照现行有效的金融管理法律规定揭示犯罪行为的本质，驳斥无理辩解，开展法庭教育。同时要结合办理新类型案件，加强释法说理和法治宣传教育工作，揭露金融犯罪的欺骗性手段，教育引导投资人增强风险意识和法律意识，提高识别违法犯罪的能力，理性作出投资决策，最大限度减少金融犯罪的发生。

善某养老院非法吸收公众存款案

关键词

非法吸收公众存款　养老投资　追赃挽损　释法说理

要旨

检察机关在办理非法集资案件过程中,应当将追赃挽损、释法说理、化解矛盾贯穿办案始终,切实加强与有关部门的协作配合,全面贯彻宽严相济刑事政策,主动引导被告人退赃退赔,积极保障涉案企业合法经营活动,最大限度维护人民群众的合法权益。

基本案情

2015年4月开始,被告人谭某英、赵某焕、许某灵作为股东共同经营被告单位善某养老院有限公司时,在未经金融部门许可的情况下,与被告人王某照、陈某(另案处理)等人合谋,在广州市花都区组建营销团队,以向社会不特定公众对象(老人)售卖"养生卡"即养老床位使用权,承诺再收回进行代管代租,每年支付投资人8%至15%的高收益,3年内(分1年期、2年期、3年期)返还本金的方式非法变相吸收公众存款。

至 2017 年 2 月，经司法会计鉴定，被告单位共计变相吸收 330 名投资人购买"养生卡"产品，开卡金额 3121 万元，已返还开卡金额 141.4 万元，未返还开卡金额 2979.6 万元。

诉讼过程

本案由广州市公安局花都区分局侦查终结，以被告人谭某英、赵某焕、许某灵、王某照等 16 人涉嫌非法吸收公众存款罪、集资诈骗罪，于 2017 年 5 月 27 日、2017 年 12 月 1 日分别移送起诉。花都区人民检察院以非法吸收公众存款罪分别于 2017 年 11 月 28 日、2018 年 3 月 23 日提起公诉，并追加广州市善某养老院有限公司单位犯罪。

在办理案件过程中，检察机关将帮助老年投资人挽回损失、维持涉案养老院正常运转、切实维护相关人员的合法权益作为重中之重，采取了一系列工作措施，取得了显著效果。一是通过审慎适用强制措施，和其他综治维稳机构通力合作，首先做通被告人许某灵家属徐某荣工作，让其接手并保证了涉案养老院维持正常运转。二是积极履行法律监督职能，依法追诉了本案被告人谭某英和被告单位。三是耐心细致做好接待来访工作，对来访老人们有访必接、有信必回，以满腔耐心和爱心持续不断接访说理维稳。四是充分利用宽严相济刑事司法政策，动员并协助主要被告人谭某英、赵某焕、许某灵、王某照等人多方筹集退款。经过近一年的努力，最终促使上述 3 名股东被告人根据各自股份份额，于 2018 年 1 月和 8 月分别通过家属筹款、股权质押借款以及股权转让等方式共计筹款 3000 万元（另被告人王某照退款 200 万元），由政府代管。至本案开庭时，相关政府部门已将绝大部分款项予以了退赔,为全部投资老人挽回了本金的经济损失(在退赔时为公平起见,是以老人实际出资额为准予以退赔,至于合约约定的收益建议双方待刑事判决后再通过民事协商或民事起诉来解决)。

2018年12月10日,本案公开宣判,花都区人民法院以非法吸收公众存款罪对该被告单位和上述被告人分别判处罚金和有期徒刑、缓刑等较轻刑罚。

评析意见

本案涉及养老投资的非法集资案件,涉案投资者绝大部分都是居住在本区的老人,所投款项均是老人们的养老金,甚至是治病的救命钱。检察机关在办理案件的过程中,将帮助投资老人挽回损失、维护养老院的正常运行、保护已经入住老人的合法权益作为重中之重。其间,检察机关与党委政府密切配合,认真做好释法说理、追赃挽损和矛盾化解工作,多管齐下实现了"三个效果"的有机统一。本案之所以最后能够得到较为圆满的解决,得益于以下三个方面的做法:

1. 争取打早打小。本案中,涉案单位和股东确为缓解经营资金链紧张而想出了这么一个经营模式,因时间关系还本付息兑现的压力实际上还未集中爆发,在财务制度不健全、财务风险预警机制不强的情况下,沉浸在资金无忧企业成长快感中的他们选择性地对未来的危机视而不见。案发后,司法机关及时介入避免了企业财务状况的进一步恶化,将企业拉回了正常经营,这也促使相关被告人在后续的筹款退赔中愿意主动尽力配合(此阶段他们往往也还有能力筹款退赔)。由此可见,在办理非法集资案件中，以综合系统工程思维，建立各机关、部门联动的协作机制，对涉众型金融犯罪形成统一的"打、防、控"体系，争取打早打小至关重要。

2. 注重追赃挽损，切实维护社会稳定。本案没有采用传统的"一刀切"抓捕追责模式，而是对公司的经营和兑付能力做了一个基本的评估，认为公司当时尚能正常经营。鉴于此，对本案被告人审慎适用强制措施，同时和其他综治维稳机构通力合作，做通被告人家属工作，让被告人家属接手公司的经营，保证了涉案养老院维持正常运转，极大地拓宽了案件追赃渠道和能力。在这一过程中，司法机关与政府机关之间的通力配合至关重要，通过统筹发挥各部门的职能作用，实现了法律效果与社会效果的统一。

3. 善于做群众思想工作。本案中，检察机关以"急群众所急，想群众所想"为理念，对来访的被害老人不躲不避，以真心换真心，充分尊重老人诉求，切实保障其倾诉控告的权利；办案人员基本是逢约必见，来电必听，共接见约见老人及老人代表数十次，第一时间把握被害群众及其他相关人员的各种诉求，做好释法说理，争取他们的理解和支持，最终有效地化解了社会矛盾。

四川森某绿化园林工程有限公司、陈某书等人非法吸收公众存款案

关键词

引导侦查　全面审查　跨区域协调　宽严相济

要旨

对跨区域、疑难复杂非法集资案件，检察机关要落实"三统两分"原则，加强引导侦查，全面审查主要犯罪嫌疑人的犯罪事实。对涉案人员众多的，要根据犯罪嫌疑人在犯罪活动中的地位作用、涉案金额等主客观情节，综合判断责任轻重及刑事追诉必要性。

基本案情

被告人陈某书与被告人曹某贵共谋，以四川森某绿化园林工程有限公司（以下简称森某绿化公司）在崇州的万亩樱花基地项目为名，采取借款、合作等方式，向社会公众吸收资金。由陈某书承担资金利息和到期还本，曹某贵负责在各地设立分公司，组织人员开展业务。2014年9月至2016年期间，陈某书、曹某贵分别招募被告人黄某、被告人钟某等管理人员，管理人员再招

募业务人员，在四川省崇州市、乐山市、宜宾市、泸州市、自贡市、重庆市江津区，通过发放宣传卡片、组织活动聚餐、设立广告牌、口头宣传讲解等形式，向不特定中老年人群宣传森某绿化公司某樱花基地项目，共计与366名集资人签订《四川森某绿化园林工程有限公司万亩樱花基地项目合作协议》，借款期限为6个月，利息为每月2%～3%，承诺到期还本。共计吸收资金1220.4652万元。

诉讼过程

2016年8月15日，峨眉山市公安局以森某绿化公司、陈某书、曹某贵、钟某、黄某等人涉嫌非法吸收公众存款罪移送峨眉山市人民检察院起诉。2016年11月29日，峨眉山市人民检察院以森某绿化公司、陈某书、曹某贵、钟某、黄某涉嫌非法吸收公众存款罪提起公诉。在审理期间，发现被告单位森某绿化公司、被告人陈某书、曹某贵有遗漏的罪行应当一并起诉和审理，2017年7月27日，峨眉山市人民检察院将遗漏犯罪事实追加起诉至峨眉山市人民法院。2017年11月28日，峨眉山市人民法院对该案作出一审判决，以非法吸收公众存款罪，判处森某绿化公司罚金人民币15万元，判处陈某书、曹某贵、钟某、黄某有期徒刑3年3个月至拘役3个月不等，并处罚金。判决后，陈某书、曹某贵提起上诉，二审法院驳回上诉，维持原判。

评析意见

1. 注重引导侦查，全面收集证明罪与非罪、此罪与彼罪的证据。非法集资犯罪证据庞杂，特别是涉及资金流转方面的证据直接影响非法集资与民间借贷、非法吸收公众存款罪与集资诈骗罪的区分，检察机关应当第一时间引导公安机关重点收集相关证据。本案中，公安局立案侦查后，检察机关提前介入侦查，发现森某绿化公司无会计账目，无对公账户，涉案区域广，资金来往复杂，使得本案在犯罪数额的认定和资金流向等定罪量刑的关键证据认定上存在难度。检察机关认真审查本案中公安机关收集的各类书证、鉴定意见，比对银行流水，确定了森某绿化公司集资资金用途或流向，排除了森某绿化公司非法占有的目的，认定其行为构成非法吸收公众存款罪。

2. 运用宽严相济的刑事政策，合理把握追究刑事责任的范围。严格审查证据，以事实为依据，以法律为准绳，正确把握"宽"与"严"之间的辩证关系，在符合法定条件和遵守法定程序的基础上，合理把握追究刑事责任的范围。在具体把握上，结合事实证据全面深入分析各犯罪嫌疑人在非法集资中的地位、作用、涉案金额和危害后果等主客观情节，综合判断责任轻重及刑事追诉的必要性。对于犯罪情节严重、主观恶性大、在犯罪中起主要作用的人员，特别是核心管理层人员和骨干人员，依法从严打击。对于证据不足以证实涉案人员为单位主要责任人员或其他责任人员，特别是受单位领导指派或奉命而参与实施了一定犯罪行为的人员，依法不予追究刑事责任。同时要把握好依法处理和风险化解之间的矛盾，提前做好风险防控工作，尤其是在可供执行的财产远远不能弥补被害人的损失的情况下，更要提高防控能力，做好释法说理工作，化解社会风险，维护社会稳定，确保办案取得良好的法律效果和社会效果。本案中，检察机关根据犯罪嫌疑人在公司的任职情况、加入公司时间、涉案金额、实际获利情况的证据，客观分析犯罪嫌疑人在单位犯罪中的地位、作用，进行刑事追诉的必要性及刑事责任轻重分析，区别对待、分类处理。对在森某绿化公司中起组织、领导等核心、骨干作用的犯罪嫌疑人陈某书、曹某贵、钟某、黄某依法提起公诉。对涉案人员顾某、曹某和文某亭，在案证据不能认定其构成犯罪，经与公安机关沟通，公安机关主动撤回移送审查起诉。

3. 深挖细查，追诉遗漏犯罪事实。非法集资案件跨区域特征突出，对于涉及在多个区域开展非法集资活动的犯罪嫌疑人，根据"三统两分"原则，检察机关应当审查、起诉主犯的全部犯罪事实，不能仅审查、起诉本地区非法集资犯罪事实。发现公安机关遗漏犯罪事实的，应当要求公安机关补充起诉。本案中，检察机关通过审查犯罪嫌疑人的供述、证人证言，发现森某绿化公司不仅在峨眉山市本地开展非法吸收公众存款活动，还在重庆、成都等6个地区以相同的方式非法吸收公众存款。检察机关一方面将有管辖权并已经查清的犯罪事实起诉至峨眉山市人民法院，另一方面为确保涉案事实不遗不漏，要求公安机关继续侦查遗漏的犯罪行为，并主动与外地公安机关沟通，协助提讯和送达法律文书等事宜，本案涉及外地的7笔犯罪事实经查证后起诉至法院。

孙某、康某非法吸收公众存款案

关键词

非法吸收公众存款 众筹 非法性

要旨

以各种形式众筹为名，采取固定投资期限、固定投资收益的方式许诺还本付息的，应当认定为变相非法吸收公众存款。检察机关应当通过实质判断的方法，准确认定案件事实及其法律性质。

基本案情

在未经有关部门依法批准的情况下，被告人孙某为进行二手汽车销售业务于2016年6月设立A公司，并担任法定代表人、总经理，被告人康某担任出纳。该公司先后以上海市青浦区徐泾镇华隆路1777号e通世界华新园、闵行区园文路28号金源中心某室为经营场所。自2016年7月开始，公司通过网站发行称为"散标"的二手车众筹标的，许诺还本付息；2018年3月，公司推出"无忧筹"的众筹产品，替换"散标"，以固定投资期限、固定投资收益的方式许诺还本付息，通过上述产品非法集资。通过互联网众筹从事二手车交易方式，对外招揽不特定投资人，吸收资金人民币 51274467.58 元，未兑付人民币 4405015.1 元。

2018 年 12 月 20 日、2019 年 6 月 6 日，被告人孙某、康某分别被依法抓获，到案后均如实供述上述事实。案发后，被告人康某家属代为退赔人民币 5 万元。

诉讼过程

2019 年 4 月 24 日、9 月 10 日，上海市公安局闵行分局分别以孙某、康某涉嫌非法吸收公众存款罪移送起诉。上海市闵行区人民检察院将两案并案审查后，于 2019 年 10 月 9 日以非法吸收公众存款罪将孙某、康某起诉至法院，闵行区人民法院于 2019 年 12 月 23 日以非法吸收公众存款罪对孙某判处有期徒刑 4 年，并处罚金人民币 10 万元，对康某判处有期徒刑 1 年，并处罚金人民币 2 万元。

评析意见

本案系一起以众筹为名实则非法吸收公众存款的典型案件。此案的焦点在于，孙某的行为是异化型众筹行为，还是非法吸收公众存款违法犯罪行为。

伴随互联网的普及和发展，国家对小微企业的大力扶持，众筹逐渐成为小微企业融资的一种新兴方式。根据回报形式的不同，众筹可以细分为奖励众筹、公益众筹、债权众筹、股权众筹等多种形式。奖励众筹本质是预购，以实物或服务回报投资者；公益众筹本质是捐赠，投资者不求回报地支持他人；债权众筹本质是P2P，即民间借贷的一种衍生；股权众筹本质是入股，投资者先期购买创始企业的股权，后与发行人共负盈亏。股权众筹虽然大大降低了公众参与的门槛，高效地为发行人募集到了创始资金，但同时易触碰法律的高压线，如非法吸收公众存款罪、擅自发行股票罪等。在保障营商环境、促进金融创新发展的同时，对于假借众筹之名、实为违法犯罪的异化型众筹行为，坚决予以打击。

我国《刑法》第176条规定的非法吸收公众存款罪，是指违反国家金融管理法规，非法吸收公众存款或者变相吸收公众存款，扰乱金融秩序的行为。在新型案件办理中，要通过实质判断的方法准确把握新型案件中非法吸收公众存款罪的基本特征。

1. 资金池的形成。刑法规定非法吸收公众存款罪的原因之一，就是保障投资人资金的安全。未经授权的发行人往往在归集投资人的出资后，建立自有资金池，逃避政府的监管，一旦发行人使用资金造成损失，无法保障投资人的权益。被告人孙某因缺乏自有资金，遂起意在未经批准的情况下，擅自通过公司网站对外发布标的，经公司对公账户、被告人孙某个人账户、公司支付宝等方式直接收取投资人投资款，间接、直接归集到孙某及A公司控制下，在孙某的统筹安排下进行使用。同时，公司除了使用众筹资金进行二手车的买卖业务外，无其他收入来源。在先期总体亏损的情况下，依然以高达15%的年化收益率，向投资人承诺还本付息，非法集资。

2. 承诺还本付息。无论是奖励众筹、公益众筹、债权众筹，还是股权众筹等合规众筹形式，投资人均是因众筹标的本身的高盈利可能性而选择出资，从而获取实物、服务、债权或者有盈利前景的公司股权作为对价，该回报具有一定风险，由投资人自行判断后承担，而非必然。被告人孙某前期设立的"散标"项目，约定对某一特定车辆的车款进行众筹，筹满后，将该车进行出售，出售期不超过60天，售出金额与众筹金额的差价30%为平台费用，70%按投资人投资比例分配。这一类似股权众筹的方式，通过向投资人展示众筹标的的可盈利性，吸引投资人参与众筹，后根据出资占比，共担风险。但是孙某同时约定，若60天内未成功售出，则由A公司按众筹价格年化收益15%溢价回购，若在众筹期内众筹失败，则全额退还给投资人，即承诺"无任何收益、亦无任何风险"，本质实为以承诺还本付息或给付回报为条件的募集资金行为，该回报具有必然性。此时，吸引投资人的并非众筹标的本身，而是孙某允诺的还本付息的必然收益。后期设立的"无忧筹"更是直接限定了固定期限与固定收益。孙某的行为触犯了2011年1月起施行的最高人民法院《关于审理非法集资刑事案件具体应用法律若干问题的解释》第1条第1款第3项之规定："（三）承诺在一定期限内以货币、实物、股权等方式还本付息或者给付回报……"应当认定为非法吸收公众存款或者变相吸收公众存款。

何某莹等人集资诈骗、非法吸收公众存款案

关键词

非法占有目的　引导侦查　证据运用

要旨

集资后不用于生产经营活动或者用于生产经营活动与筹集资金规模明显不成比例，致使集资款不能返还的，应当认定为"以非法占有为目的"。非法集资共同犯罪中部分行为人具有非法占有目的，其他行为人没有非法占有集资款的共同故意和行为的，对具有非法占有目的的行为人以集资诈骗罪定罪处罚。

基本案情

被告人何某文于1994年2月、2002年12月，先后在天津市和平区注册成立天津市某食品有限公司、天津何某国际贸易有限公司（以下简称何某公司），并伙同其女儿被告人何某莹共同管理、经营。被告人何某莹担任何某公司法定代表人，于2012年底接管该公司经营工作。其间，被告人何某文、何某莹以生产及扩大经营需要资金为由，承诺向集资参与人支付高额利息并按期

还本付息，通过与集资参与人签订借款协议、私募股权协议书等方式向社会公众吸揽资金。除少部分资金用于公司生产经营外，其余资金主要由被告人何某莹支配、使用，大部分用于还本付息。经审计，截至 2019 年 11 月 25 日，何某公司共向 1600 余名集资参与人吸揽资金人民币 6.64 亿余元，造成集资参与人实际损失人民币 3.19 亿余元。经投资人报案，公安机关分别于 2016 年 4 月 5 日、2016 年 11 月 23 日将被告人何某莹、何某文传唤到案。

诉讼过程

天津市公安局和平分局于 2017 年 2 月 13 日以被告人何某莹、何某文涉嫌非法吸收公众存款罪移送审查起诉。

案件移送起诉后，天津市和平区人民检察院经审查发现本案在犯罪数额认定方面存在以下问题：一是本案中被告人何某莹、何某文吸揽资金名目繁多，支付方式存在现金、转账或其他形式，何某公司对吸揽情况没有规范账目，导致犯罪数额认定缺乏客观证据佐证；二是被告人何某莹存在回收原始合同、不断更换单据等行为，辩护人亦提供了大量兑付凭证，致使本案犯罪数额难以厘清计算；三是公安机关采集的集资参与人证言对相关事实表述不清，书证材料混乱，且金额无法对应，集资参与人的报案材料难以查证属实。为充分查清事实，精准认定犯罪数额，检察机关多方协调公安机关及相关部门，于 2018 年 1 月启动该案审计工作。承办检察官与审计人员积极沟通，找方法、定思路、提要求，为审计报告成果的科学性和适用性提供了有效指引。同时，通过退回补充侦查，要求公安机关全面收集证明犯罪嫌疑人是否具有非法占有目的方面的证据。

经过公安机关补充侦查工作，检察机关全面审查证据认为：第一，根据审计部门对何某公司的经营账目、银行流水、往来票据及投资人报案材料进行的全面审计，被告人何某莹对吸揽的资金具有支配使用权，仅有少部分用于货款、广告、运费、税金等经营支出，绝大多数资金用于返本付息及何某莹、何某文及其家庭成员个人支出，其中在经营活动中有据可查的大额运营费用支出仅为人民币6900余万元，返本付息比例已近本案募集资金比例的80%。第二，何某莹全面接管何某公司后，吸揽范围在社会公众中不断扩大，给付利息的比例由原来的6%提升至12%、24%、36%不等，至2015年底公司资金链断裂无法兑付，吸揽金额高达6亿余元，造成投资人巨额损失无法返还。第三，根据相关的投资人证言以及入股协议书、私募股权协议书等书证，可以证实何某文、何某莹多次召开集资动员会，宣讲该公司拟修建养老院、成立银行以及香港分公司上市的事项，鼓动投资人参与投资，但揽存资金后并未实际开展上述项目投资，亦无法提供相关证据证实上述项目的真实性。第四，本案还有其他情节可以印证被告人何某莹在吸揽资金过程中具有非法占有的主观目的：如被告人何某莹吸揽资金后并不记账，使得公司对吸揽资金的事实无账可考；除有证可查的出处外，无法说明其他支出的用途及金额，致使集资款去向不明；何某莹及其家庭成员在涉案期间大量购置房产，为子女供读贵族学校支付高额学费，为家庭成员购买大额保险等挥霍使用集资款进行非必要大额消费；在到期未能兑付集资参与人投资的情况下，大量收回原始合同票据，换成毫无法律效力、只有其本人认可的报销凭证。综上，检察机关审查后认为何某莹存在非法占有目的，以诈骗方法实施非法集资行为，应当以集资诈骗罪定罪处罚，故依法变更起诉。同时，对无法证明具有非法占有目的的何某文，应以非法吸收公众存款罪起诉。

天津市和平人民检察院于 2017 年 8 月 24 日以被告人何某莹、何某文犯非法吸收公众存款罪提起公诉。2020 年 4 月 15 日，天津市和平区人民检察院根据补查后认定的事实、证据，依法作出变更起诉决定，指控被告人何某莹犯集资诈骗罪、被告人何某文犯非法吸收公众存款罪，并变更了犯罪数额。2020 年 6 月 30 日，天津市和平区人民法院依法作出判决，以集资诈骗罪判处被告人何某莹有期徒刑 14 年 10 个月，并处罚金 50 万元；以非法吸收公众存款罪判处被告人何某文有期徒刑 7 年，并处罚金 30 万元。判决后两被告人均未上诉，现判决已生效。

评析意见

1. 充分履行职能，通过提前介入、退回补充侦查、制发《提供法庭审判所需证据材料通知书》等形式，在侦查、审查起诉、法庭审理等阶段全程引导侦查，推动案件成功审计，为案件审判提供坚实证据基础。本案涉案人数众多，公司账目缺失、混乱，涉案资产线索涉及境内及境外多地，在侦查取证方面存在诸多困难。移送起诉时，证据主要是投资人报案材料，银行账目不全且仅为流水明细，书证材料缺乏条理，难以厘清案件事实。检察机关一方面自行核算涉案账目数据，要求公安机关启动专项审计，另一方面引导公安机关调取资金去向、公司投资状况、还本付息数额等方面证据，为案件开展审计工作提供基础证据，同时也为查清行为人是否具有非法占有目的打下良好基础。经过二次退回补充侦查后，公安机关的取证状况仍达不到指控集资诈骗罪的证据要求，为保证案件诉讼时效，检察机关以非法吸收公众存款罪提起公诉。但检察机关始终没有放弃案件补充侦查工作，案件提起公诉后、开庭审理前甚至庭审过程中，以多种形式向公安机关制发了详细的补充侦查提纲，引导公安机关开展补查工作。经过检察机关不懈努力，公安机关将调取的证据材料提交审计部门依法审计，通过审计进一步查清何某莹、何某文非法集资数额、款项流转、资金去向等关键环节，而审计报告中对于经营比例和募集资金比例的认定意见，也成为本案得以变更指控罪名的重要依据。

2. 依法变更指控罪名，准确惩治犯罪。本案对两名被告人如何定性一直是集资参与人强烈反应和关心的问题，也是司法机关依法办案的关键。公安机关最初的取证方向把案件定性在非法吸收公众存款的层面，对于被告人的主观故意、集资行为的手段和款项的流转占有等方面没有进行深入、有效的查证。经检察机关在审查起诉阶段对证据的抽丝剥茧、深入研习，逐渐发现一系列可以深层调查的证据线索，并引导公安机关围绕司法解释规定的涉及集资诈骗犯罪的重要方面进行补充侦查，努力查找证据与证据之间、证据与待证事实之间的契合点，充分运用法条和相关司法解释，对案件事实进行推敲、梳理，在证据达到认证标准时果断作出变更起诉决定。庭审中，公诉人运用在案证据，对被告人何某莹使用夸大经营范围等若干诈骗方法进行集资，集资不做账或账目混乱不实，集资款不进公司账户而由其个人支配，不切实际地提高集资参与人利息，收票、换票无限期拖延还款等事实所反映出的"非法占有集资款"的主观故意进行充分论证，通过有效讯问、举证质证和发表公诉意见，令被告人当庭认罪悔罪，对起诉书和变更后的指控罪名均表示认可，检察机关的公诉意见和量刑建议均被人民法院采纳。

3. 准确界定被告人何某莹、何某文的犯罪性质。本案涉案公司由被告人何某文最先组织设立,被告人何某莹在公司内部担任要职,协助何某文开展工作。2012年,何某文将公司交给何某莹全面管理后,其虽不参与具体的经营事项,但仍担任公司董事,在何某莹继续吸揽资金过程中,何某文多次参与开会、讲演,向投资人宣传公司发展计划,客观上对吸揽资金具有一定作用。在非法吸收公众存款这一事实范畴内,两名被告人应按共同犯罪处理,但二人是否具有集资诈骗的共同故意等问题是本案定性的关键。为查清上述问题,检察机关制定详细补充侦查提纲,要求公安机关开展有针对性的侦查取证工作。经补充侦查后,检察机关认为本案中签订合同、吸揽资金、兑付利息、返还本金均由何某莹负责,投资款收取和支出使用的账户均由何某莹掌控,现有证据不足以证实何某文掌管和支配集资款,亦不足以证实何某文清楚资金具体去向。何某文虽为何某公司的高层策划者,知晓并参与向社会吸揽资金,但对于集资款项的支配使用,及何某莹在集资过程中是否具有非法占有目的等事实,在案证据尚不能达到确实、充分、排除合理怀疑的程度,故检察机关以非法吸收公众存款罪对被告人何某文提起公诉。

李某某、程某某等人集资诈骗、非法吸收公众存款案

关键词

检察一体　集资诈骗　引导侦查　主观明知

要旨

对于部分犯罪嫌疑人由上级检察机关管辖的案件，上下级承办检察官应充分沟通协作，及时共享案件证据材料，联合拟定补侦提纲，充分利用专业辅助审查手段，补充完善案件证据体系。对于非公司实际控制人，认定其行为性质的关键，在于能否认定具有主观明知或应当明知他人实施集资诈骗而为其实施非法集资行为，具体应当结合主客观证据综合判断。

基本案情

2017年6月至10月，北京某实投资管理有限公司（以下简称某实公司）在北京市某某区等地，以投资某化县某金铁选有限责任公司项目为由，承诺返本付息，月返5%，向王某和等111人非法集资人民币700余万元，返款人民币70余万元，造成经济损失人民币700余万元。集资款除用于犯罪支出外，被大

量取现用于业务员提成,并未用于宣传的投资项目。某实公司以虚构的担保公司为集资参与人投资提供担保。被告人李某某系某实公司法定代表人,其银行账户用于收取集资款及给集资参与人返息,李某某为他人将集资款取现;被告人程某某(别名程某)系某实公司销售负责人,吸收资金并管理公司销售业务,2017年9月12日离职,在此期间,某实公司集资人民币600余万元;被告人张某某自2017年6月20日至2017年9月12日在某实公司任财务,业务员提成进入其账户后由其取现,任职期间,某实公司集资人民币600余万元。

被告人李某某于2018年3月5日自动投案;程某某于2018年8月24日被查获,退缴人民币26万元;张某某于2018年8月17日被查获,退缴人民币1万元。

公安机关扣押李某某手机2部,程某某手机3部。

诉讼过程

1. 审查逮捕阶段

2018年3月28日,北京市公安局朝阳分局以涉嫌集资诈骗罪提请审查逮捕犯罪嫌疑人李某某。经过审查,现有证据能够证实犯罪嫌疑人李某某系按照吕某要求,挂名某实公司法人,提供个人银行账户给公司使用,并办理其他需要法人出面或签字办理的事项。李某某曾陪同吕某、李某等人去过某金铁选有限责任公司,并有投资人指认曾在公司组织去矿场参观时见到过李某某。此外,李某某还帮吕某从自己的卡中预约取现。同时,李某某主观上明知公司有返本付息的行为。根据报捕时证据材料,已报案投资人60余名,投资款共计人民币400余万元,李某某个人获利 10 余万元。

鉴于李某某辩解仅系挂名法人,实际控制人吕某、销售负责人程某某等人均未到案,项目真实性、资金真实流向等情况尚未查明,北京市朝阳区人民检察院故决定以非法吸收公众存款罪对李某某批准逮捕,并通过制作详细的《继续侦查取证意见书》,引导侦查人员全面搜集案件证据,同时对于其他主要犯罪嫌疑人及时向公安机关制发《应当逮捕犯罪嫌疑人建议书》。

后公安机关陆续抓获犯罪嫌疑人吕某、程某某,并先后报请朝阳区人民检察院批准逮捕,但二人对自己的犯罪事实均拒不供认,提出了一系列与李某某供述完全矛盾的辩解。检察官通过对在案其他证据的审查及综合分析,虽为"零口供"案件,但决定以集资诈骗罪对吕某批准逮捕,以非法吸收公众存款罪对程某某批准逮捕。

检察机关充分发挥"捕诉一体"机制优势,在进行实质审查的同时注重审查引导侦查工作。在作出逮捕决定同时,承办检察官为审查起诉阶段准确认定事实、完善证据,围绕主要犯罪嫌疑人供述之间的矛盾点、人员层级结构、项目真实性、资金真实流向、违法所得情况、主观明知程度等关键方面列出侦查提纲,并对后续取证工作全程跟踪、监督、指导,为下一阶段工作奠定了坚实基础。

2. 审查起诉阶段

北京市公安局朝阳分局于 2018 年 9 月 5 日、11 月 21 日分别向朝阳区人民检察院移送审查起诉李某某等人案、程某某案,其间朝阳区人民检察院对同案犯罪嫌疑人吕某以涉嫌集资诈骗罪报送北京市人民检察院第三分院管辖。后朝阳区人民检察院于 2019 年 3 月 5 日对李某某等人以非法吸收公众存款罪向朝阳区人民法院提起公诉,同年4月16日向法院追加起诉本案遗漏事实,同年7月29日向法院变更起诉李某某、程某某的罪名为集资诈骗罪。

(1)依据现有证据,以非法吸收公众存款罪定罪起诉。通过对捕后补侦的引导,公安机关补充了证明吕某构成集资诈骗罪的主要证据,依法将吕某案报送北京市人民检察院第三分院管辖。但对于李某某、程某某是否构成集资诈骗罪,仍欠缺认定二人主观明知的核心证据。故对李某某等3人均以非法吸收公众存款罪向朝阳区人民法院提起公诉。

(2)上下级联动,全面引导侦查完善证据体系。因为案件涉及由上下两级检察院分别管辖,且办案时限上存在一定交叉,为了充分、正确指控犯罪,上下两级承办检察官密切联动,联合制作补充侦查提纲,商议自行补充侦查策略,全面引导侦查,完善证据体系。一是及时共享案件卷宗材料。由于吕某涉及前后两起案件事实,但报送时第二起事实的主要证据材料均在李某某等人案中,且均在鉴定单位进行司法审计,朝阳区人民检察院将此情况及时与上级院承办人沟通,提供了案件的电子卷光盘,并于后期及时复印制作相关纸质卷宗移送上级院。二是联合制作补充侦查提纲。由于案件期限上存在交叉,上下级案件退回公安机关补充侦查的时间节点不同,但补充侦查的目的是相同的,因此上下两级院的承办人在案件拟退补时会先沟通补充侦查的方向及内容,明确现阶段重点补充侦查事项,既避免对公安机关已经或即将要调取的证据再重复列在提纲上,也有利于互相补充待补证事项,使补充侦查提纲更加完善。同时,在一方案件已无法再退回补充侦查时,仍可以充分利用另一方补充侦查机会完善证据。三是共同拟定自行补充侦查策略,充分发挥专业辅助审查优势。对于"零口供"的集资诈骗案件,最终若能顺利拿下犯罪嫌疑人的认罪供述,自然对案件的成功指控起着重要作用,也会进一步印证上下两级承办人对案件性质的正确判断,同时也关乎同案人员的正确处理。通过两级承办人针对案件证据诸多矛盾点的反复沟通,决定再次对犯罪嫌疑人吕某进行有针对性的讯问,并终于在诉前取得了其全面的认罪供述。同时,由于李某某前期曾供述过相关涉案合同上的印章可能是伪造的,该事实关系到犯罪嫌疑人"采取诈骗手段"的认定,同时也关系到从侧面印证李某某前期供述真实性的问题,以及吕某等人辩解的不属实。通过沟通,承办检察官及时联系公安机关向涉案单位、部分投资人调取部分合同原件及相关印章印模,并由上级院承办人统一委托检察技术部门进行同一性鉴定,最终均成功认定不具有同一性。

(3)依法充分履职,及时追加、变更起诉。通过两级检察官的共同努力,被告人李某某、程某某案在诉后补充到了同案人员吕某的有罪供述、全案的司法审计报告、各被告人手机的电子数据、项目方及担保方负责人证言、合同印章同一性的鉴定意见等一系列关键证据,经过审查,检察院认为案件的事实认定及2名被告人的犯罪性质均发生了变化,故依法先后向法院追加起诉本案遗漏事实,变更起诉李某某、程某某的罪名为集资诈骗罪。

对于非公司实际控制人,认定其行为性质的关键,在于能否认定具有主观明知或应当明知他人实施集资诈骗而为其实施非法集资行为,具体应当结合主客观证据综合判断。本案中,通过补充了吕某的有罪供述及合同印章非同一性的鉴定意见,进一步印证了李某某前期供述的真实性与后期辩解的不可采性,证明了其明知吕某让他当法人的目的,也知道吕某伪造印章、文书等行为以及钱款并没有实际投资到项目上的事实,仍然同意并配合吕某等人进行宣传、转账、取现，并且事先还约定了巨额薪酬，实际上也有 10 余万元的获利，可见其主观上对整个集资诈骗的行为及可能造成的损害结果是明知的，至少具有放任的故意。

吕某的有罪供述还证实了程某某一直是职业集资人员，其让程某某来公司主要就是负责募资，并且程某某明知成立某实公司，就是为了给吕某偿还之前同样实施非法集资行为的某诚公司欠款。审计报告及张某某证言显示，大部分赃款均由李某某的账户转到财务张某某的账户上，再由张某某取现交给程某某，张某某账户共计收到 650 余万元赃款，其中有 600 余万元提现。此外，在案其他证据能够证实，程某某与集资参与人签订合同，其对合同约定的给集资参与人年化收益逾 60% 的情况是明知的；作为销售负责人，分配业务员提成，对销售团队逾 50% 的提成比例亦是明知的。在如此高提成和高返息模式下，加上犯罪成本的支出，集资款基本没有剩余能够用于宣传的实体项目，根本不具有返还集资款的可能性，程某某作为具有完全认知能力的成年人，对此应当明知，但其仍使用假名并要求业务员使用假名实施集资行为，足以认定其主观上明知他人实施集资诈骗，具有犯罪故意。

3. 庭审阶段

庭审中，被告人李某某、程某某均表示对变更起诉后所指控的事实和罪名不认可，辩护人亦做罪轻辩护，认为仅构成非法吸收公众存款罪。庭审最终历时 7 个多小时。法庭上，公诉人积极承担指控和证明犯罪的主体责任，严格贯彻证据裁判原则和罪刑法定原则，用完整证据体系证明犯罪事实，用正确法律适用论证刑事责任。

2019 年 8 月 22 日，北京市朝阳区人民法院判决被告人李某某、程某某构成集资诈骗罪，均判处有期徒刑 5 年，并处罚金人民币 15 万元；张某某构成非法吸收公众存款罪，判处有期徒刑 1 年缓刑 1 年，并处罚金人民币 5 万元。判决已生效。

评析意见

近年来，非法集资案件在有些地区呈现激增态势，一些案件部分由基层院管辖、部分由上级院管辖的现象逐渐增多，在这些案件的办理过程中，应充分发挥检察一体优势，上下级检察官充分沟通、协作，及时共享案件证据材料，联合制定案件补充侦查提纲，充分利用好检察机关自身的专业辅助审查机制，研判自行侦查补证的可能性，注意诉后继续引导侦查工作，全面完善案件证据体系，及时追加、变更起诉，发挥好检察机关的审前主导作用和指控主体作用。

对于非公司实际控制人，认定其行为性质的关键，在于能否认定具有主观明知他人实施集资诈骗而为其实施非法集资行为，具体应当结合主客观证据综合判断。实践中争议较多的是对挂名法人、销售负责人是否构成集资诈骗罪的认定。具体而言，对于挂名法人，有证据证明约定了明显畸高的报酬，提供了个人银行账户并协助大量取现，对公司如何经营持放任态度，可以认定其主观上对他人实施集资诈骗行为属于明知。对于销售负责人，有证据证明其根据畸高的收益、提成比例，应当知道集资款可能未用于或只剩小部分能够用于宣传的项目，根本不具有返还投资款可能性，仍参与甚至使用虚假姓名参与其中的，可以认定其主观上对他人实施集资诈骗行为属于明知。

陈某等人集资诈骗、非法吸收公众存款案

关键词

集资诈骗　释法说理　追赃挽损

要旨

非法集资案件严重侵害人民群众权益，影响社会稳定。检察机关在履行好批捕、起诉职能的同时，应当充分保障检察产品质量，把释法说理、追赃挽损工作贯穿始终，最大限度维护人民群众合法权益。对于被告人将集资款用于归还债务的，应特别注重查清债权人是否明知款项的真实来源，对追赃挽损有重要意义。

基本案情

2014年9月，被告人陈某为偿还巨额债务，经与被告人谢某商量后注册成立宁波融某财富投资管理有限公司（以下简称融某公司），股东系陈某、谢某，公司注册经营范围包括实业投资、投资咨询、接受金融机构委托从事金融业务流程外包等，陈某为该公司实际控制人。

融某公司成立后，被告人陈某聘用谢某为公司总经理，又相继招募了被告人张某等多人担任公司中高层管理职位，通过以融

某公司名义在宁波辖区内设立的多家门店或网上平台,在未经金融监管部门批准的情况下,以媒体宣传、散发宣传资料、组织开会等形式,以8.4%至16.8%的年利率为诱饵,虚构所募集资金用于发放小额贷款等事实,大肆向社会公众非法集资,实际将所募集资金转入陈某控制的个人银行账户。之后,陈某指使被告人朱某将募集的资金再转入其指定的银行账户。其间,朱某还负责公司的筹建、提供其个人银行账户用于融某公司募集资金。上述所募集的资金除少部分用于融某公司日常运营、发放小额贷款外,大部分资金被陈某用于归还个人债务、炒股等。

经依法审计,被告人陈某等通过融某公司向徐某高等800余人非法募集资金约1.58亿元,归还本息共计5555万余元,造成损失约1.02亿元。目前共有580余人报案,涉及资金1.17亿余元,已归还本息共计1115万余元,造成实际损失1.06亿余元。

诉讼过程

2016年9月13日,浙江省宁波市公安局海曙分局以被告人陈某、朱某涉嫌集资诈骗罪,被告人谢某等9人涉嫌非法吸收公众存款罪移送宁波市海曙区人民检察院起诉,该院于2016年10月19日报送宁波市人民检察院起诉。

审查起诉阶段,面对投资人强烈的追赃挽损诉求,检察官从多角度与投资者积极沟通,耐心听取意见,并加大追赃挽损力度,降低办案风险,维护人民群众合法权益。

1. 加强联系沟通,耐心细致做好释法说理工作。第一,针对投资人众多、诉求不一、时间安排难以兼顾等实际情况,实行预约接待制度,便于投资者表达诉求。检察官与投资者约定,对需要了解的一些简单情况通过电话沟通,需当面表达诉求的约定具体时间和地点,由承办人当面解答各类问题,避免投资者来回奔波。同时,还联系法律援助机构为投资人指定代理律师,大大提升释法说理效果。第二,与投资者及时沟通案件进展情况。对案件办理进展及追赃情况,及时通过电话等方式与投资者沟通,对于追赃存在的困难也坦诚解释,结合案件实际情况引导投资者合理降低对全额追回损失的心理预期。

2. 注重审查追赃线索,积极开展追赃挽损工作。检察官在接待投资人过程中,注意到一些投资人提出了反映非法集资款项去向的线索。检察官对这些线索予以高度重视,并根据相关线索,仔细审查案卷材料,发现被告人陈某曾经将2100多万元非法集资款转移给第三人陈某国,而且陈某和陈某国关系密切,并对陈某国是否属于善意取得上述款项存在疑问。侦查阶段这一线索未引起足够重视,投资者对此诉求强烈,多次集体上访。为此,检察官在讯问其他属于公司高管的被告人时,重点围绕上述款项支出情况作了针对性核实,初步判断陈某国拿走的2100多万元并非善意取得。为进一步查清上述款项支出性质,宁波市人民检察院两次退回公安机关补充侦查,要求侦查机关核实陈某国在收取上述资金时主观上是否明知资金系非法集资款。经审查公安机关补充侦查的证据后发现,陈某国为融某公司租房提供帮助,还经常在宁波市江北外滩投资中心与陈某等人聊天,多次向该公司总经理谢某了解融某公司运营情况等事实,足以证实陈某国应该明知陈某归还其的资金系非法集资取得。后检察官要求公安机关查明陈某国名下资产情况,并查封其名下房产。

2017年4月27日,宁波市人民检察院以陈某等人涉嫌集资诈骗罪、非法吸收公众存款罪提起公诉。起诉后,检察官继续跟踪陈某国资产情况,并调取相关证据材料,在检察官建议下,法院依法冻结陈某国名下相关股权。庭审阶段,检察官发表公诉意见认为,被告人陈某、朱某构成集资诈骗罪,被告人谢某等9人构成非法吸收公众存款罪,陈某归还陈某国的款项共计2178.6万元,陈某国明知上述款项系非法集资所得,应依法予以追缴。

2017年12月25日,宁波市中级人民法院以被告人陈某犯集资诈骗罪,判处无期徒刑;被告人朱某犯集资诈骗罪,判处有期徒刑8年;被告人谢某等9人犯非法吸收公众存款罪,判处有期徒刑7年至1年不等。同时,判决书认定被告人陈某归还陈某国的款项共计2178.6万元,陈某国明知上述款项系非法集资所得,依法应予追缴。2018年4月16日,浙江省高级人民法院维持原判。

评析意见

近年来,网络借贷平台等新类型非法集资案件频发,涉案金额、投资人数急剧增加,与传统非法集资案件相比出现许多新特点、新问题,尤其是追赃挽损比例不高,投资者集体上访、闹访现象时有发生,给办案机关带来新挑战。检察机关在办理此类案件中,除重视事实认定与法律定性外,还常常面临多方面棘手问题,尤其是如何结合释法说理、追赃挽损等工作息访息诉、化解矛盾。本案办理过程中,检察官积极创新工作方式,秉承依法追缴、应缴尽缴等原则,持续推进涉案财物追缴处置工作,对同类案件的办理有一定参考价值。

1. 高度重视释法说理,增强释法说理效果。P2P模式下的非法集资案件中,投资人少则数百,多则上千甚至更多。投资人信访呈现两方面特点：一是集体信访为主，而且信访比较频繁，易形成巨大办案压力；二是投资人情况差异大，诉求多元，常规性释法说理难度较大。在开展释法说理工作时，应当结合案件所涉及投资人的具体情况和具体诉求，主动加强信息通报和沟通交流，增强投资人对检察机关的信任感，减少因工作方式方法不当引起的矛盾冲突。同时，要根据工作情况，建立预约接访、电话沟通等机制，为投资人反映诉求、了解信息提供便利条件，既能避免投资者来回奔波，也能让检察官合理安排时间来准备释法说理，提高释法说理工作的针对性、有效性。

2. 充分发挥审查职能，积极推动追赃挽损工作。在非法集资案件中，人民群众对追赃挽损的诉求十分强烈，追赃挽损的实际效果直接影响案件办理效果。但是，由于非法集资资金去向复杂，且一些集资款因挥霍、投资失败等原因客观上无法追回，一些集资款因被告人人为转移而追缴难度大，案发时通常可直接查扣的赃款赃物比例低。但是，在本案中检察官注重倾听群众诉求和反映的线索，积极主动作为，通过讯问被告人、补充侦查等方式，查清非法集资款去向，并由法院依法采取强制措施，判决追缴。对同类案件的办理有较大启示：第一，仔细甄别投资者提供的信息，查实资金实际去向。查实资金去向是追赃的基础工作，而投资者人数众多，与犯罪嫌疑人（被告人）接触时间更久，信息来源更广，其对实际资金去向往往比案件承办人更为了解，利用好他们提供的信息，便于查实资金去向。第二，努力查实资金去向的性质。根据相关司法解释，资金受让人明知系非法集资的资金、无偿取得或者基于非法债务而受偿等情形的，应当予以追缴。而在案件办理中，检察官往往容易只停留于调查资金去向，对资金的性质不够重视。本案办理中，检察官结合投资者提供的信息,通过自行侦查和退回补充侦查,查清陈某国系恶意受让2100多万元非法集资款,且查清本人有相关大额资产,成功追回赃款、赃物。

巩某海集资诈骗案

关键词

集资诈骗　农民专业合作社　非法占有目的

要旨

违反农民专业合作社法规定，超出社员范围向社会不特定公众吸收资金，并承诺还本付息，具有非法性。行为人未将集资款用于生产经营活动，主要用于还本付息和个人挥霍的，可以认定具有非法占有目的。

基本案情

被告人巩某海，隆尧县三某农民专业合作社（以下简称三某合作社）理事长、法定代表人。

2007年10月19日，以被告人巩某海为首的38户农民在隆尧县工商局注册成立了三某合作社，巩某海任理事长、法定代表人，刘某统（另案处理）任总经理。刘某统在柏乡县发展社员，先期发展的社员成为骨干成员。2008年，巩某海和刘某统商定免费给社员发放叶面肥，吸收更多群众入社。2009年末，巩某海与刘某统商定，以"入股分红"形式吸收资金。2010年初，以刘某统为主导的三某合作社柏乡县网点,开始吸收社员"股金",让社员"集资入股",并按一定比例对入社社员以实物(米、面、油、香油、化肥等物资)的方式"返利、分红",并承诺年内返还入股的本金,社员"分红"比例为入股股金的20%左右,同时社长可抽取其所吸收资金的5%作为服务费。2012年9月,经巩某海同意,雷某华(另案处理)任三某合作社隆尧县网点负责人,按巩某海和刘某统制定的模式执行,所吸收资金不再上交柏乡三某合作社。2013年社员订货后,巩某海和刘某统商定把物资折成现金给社员,一年之内返还订金。为扩大三某合作社影响力,二人还制定给社员双倍返还会费,吸引社员参加。所有合作社的社长都按巩某海制定的模式以三某合作社的名义吸收社会上不特定对象资金,用后来社员的入社资金给前面社员分红。

自2010年初至2014年12月18日,被告人巩某海明知三某合作社无任何经营实体、无任何盈利、未得到任何中央财政补贴、社会捐赠,明知所有资金开支来源于群众的集资且吸收来的资金大部分未用于生产经营,明知合作社的运作模式会形成巨额亏空的情况下,以高额回报为诱饵,以非法占有为目的,在未经国家有关部门批准的情况下,使用虚假宣传的方法,让刘某统、雷某华等人以三某合作社名义广泛向社会不特定人员非法集资。其中,刘某统吸收人民币60亿余元,雷某华吸收人民币20亿余元,截至案发时未返还资金共计人民币30亿余元。

诉讼过程

2015年12月11日,邢台市人民检察院以巩某海涉嫌集资诈骗罪提起公诉。2016年12月29日，邢台市中级人民法院作出一审判决，以集资诈骗罪对巩某海判处无期徒刑，剥夺政治权利终身，并处没收个人全部财产。一审宣判后，巩某海不服一审判决，提出上诉。2017年4月26日，河北省高级人民法院作出裁定，驳回上诉，维持原判。

评析意见

本案在办理过程中，主要涉及农民专业合作社吸收社员资金是否具有非法性、本案被告人是否构成集资诈骗罪两个核心问题。

1. 准确识别以合法形式为名实施的非法金融活动。从法律的角度来看，依法登记的农民专业合作社属于独立法人。按照法律规定和合作社章程，合作社成员可以对合作社出资，合作社也可以按照一定的方式将合作社盈余分配给合作社成员。但近年来，随着民间融资活动的增加，各地农民专业合作社已成为非法集资高发领域，一些原本从事农业经营的合作社开始向"社员"集资，一些不法分子也开始成立农民合作社，吸收社员，开展非法集资活动。根据农民专业合作社法的有关规定，农民合作社，又叫农民专业合作社，是一种新的农业经营主体。农民合作社是在农村家庭承包经营基础上，农产品的生产经营者或者农业生产经营服务的提供者、利用者，自愿联合、民主管理的互助性经济组织。农民合作社以其成员为主要服务对象，提供农业生产资料的购买，农产品的销售、加工、运输、贮藏以及与农业生产经营有关的技术、信息等服务。农民合作社建立的初衷是发展农村经济，给农民以实惠。但是，本案被告人巩某海成立三某合作社后，作为合作社的理事长制定了非法吸收资金的经营模式，利用合作社的外衣依托刘某统等人的柏乡网点以及雷某华等人的隆尧网点等载体，以高额回报为诱饵，通过报刊等媒体、推介会及在办公地点悬挂假牌匾等形式向社会不特定人进行公开虚假宣传，在吸收公众存款时并没有按照合作社章程进行正常的经营活动，而是通过不间断发展吸收会员的形式，向社会不特定对象吸收资金，承诺还本付息。可见，被告人的行为明显偏离了农业专业合作社的基本特征，不仅突破"社员制""封闭性"这一基本原则，超范围对外吸收资金，而且不论是否有盈余均承诺定期还本付息，具备公开性、社会性、利诱性等非法集资的典型特征，具有非法性。

2. 准确把握非法占有目的。被告人是否具有非法占有目的，是区分非法吸收公众存款罪和集资诈骗罪的关键要件。非法占有目的的判断，归根结底属于证据判断的内容，即在案证据是否足以证明被告人具有非法占有目的。最高人民法院的有关司法解释列举了若干判断非法占有目的的情形，其中被告人是否将集资款用于生产经营活动、是否具有归还能力作为重要的判断要素。本案中，三某合作社以免费给社员发放叶面肥等形式，吸引更多群众入社。后以入股分红的形式吸收资金，让社员集资入股，并按一定比例以实物（米、面、油、化肥）的方式"返利、分红"，逐渐发展成以现金返利，其对外承诺3个月返还本金，分红的比例高达34%。但实际上，三某合作社是一个无任何经营实体，无任何盈利，未得到任何国家补贴的组织，集资后将集资款小部分用于生产活动以及用于支付上线社员的利息和发展下线社员的提成，大部分被个人侵占用于挥霍，生产经营活动的资金与筹集资金规模明显不成比例，随着越来越多群众的加入，资金漏洞越来越大，致使大量集资款不能返还。由此可见，被告人控制的三某合作社未将集资款用于生产经营活动，且资金使用成本畸高，主要通过借新还旧的方法维持运转或者用于个人挥霍，明显不具有归还集资款的能力仍非法吸收公众资金，足以证明被告人具有非法占有目的。

朱某某、陈某某集资诈骗案

关键词

集资诈骗　互联网销售　非法占有目的

要旨

未经依法批准，以互联网销售为名吸收公众资金，符合利诱性、公开性、社会性特征的，属于非法集资。非法占有目的应当结合平台的盈利能力、资金使用成本、资金主要用途等事实综合判断。

基本案情

2015年3月，被告人朱某某、陈某某伙同他人设立上海A电子商务有限公司（以下简称A公司），并以该公司的名义与上海某贸易有限公司等300余家供应商签订协议，利用A公司在腾讯微信平台开设的公众号"一军移动报销商城"（以下简称"一军商城"）销售供应商的产品或服务。A公司在"一军商城"以高出供货价5至10倍的价格出售商品或服务，供应商直接向消费者快递商品或提供服务。"一军商城"以微信公告的形式公开承诺在7天至60天后以商城货币的形式将消费款全额返还至消费者在"一军商城"开设的商城钱包中，消费者可以用于再次消费或申请提现。2016年5月，A公司以系统升级为由关闭"一军商城"，不再支付消费者提现及供应商货款。

经审计，A公司通过财付通、支付宝及深圳华融电子支付科技有限公司三家支付通道及银行转账、现金支付等形式吸收33478个消费账户人民币750673835.69元，用于支付消费者报销款468000249.78元，支付供应商货款224294039.00元。截至案发，实际未兑付金额达58379546.91元。

诉讼过程

2017年11月20日，上海市浦东新区人民检察院将本案报送上海市人民检察院第一分院审查起诉。2017年12月18日，上海市人民检察院第一分院以被告人朱某某、陈某某犯集资诈骗罪提起公诉。上海市第一中级人民法院于2018年10月17日判决被告人朱某某犯集资诈骗罪，判处有期徒刑15年，并处剥夺政治权利4年，并处罚金人民币100万元；被告人陈某某犯集资诈骗罪，判处有期徒刑13年，并处剥夺政治权利4年，并处罚金人民币100万元。被告人朱某某、陈某某分别于2018年10月18日、10月22日提出上诉。上海市高级人民法院于2019年3月18日判决驳回上诉，维持原判。

评析意见

本案在办理过程中，主要有两个争议焦点：一是如何正确区分互联网销售商业模式创新与非法集资行为，二是如何认定是否具有非法占有的主观故意。

1. 被告人的行为是否构成非法集资，应当结合刑法、行政法规和司法解释规定的非法集资的利诱性、公开性、社会性和非法性四个基本特征进行综合判断。

首先，从平台销售模式上看，具备利诱性特征。利诱性，是指承诺在一定期限内以货币、实物、股权等方式还本付息或者给付回报。"一军商城"以高出供货价或者市场价 5 至 10 倍的价格出售商品或服务，并以微信公告的形式公开承诺在 7 天至 60 天后以商城货币的形式将消费款全额返还至消费者在"一军商城"开设的商城钱包中，报销金额可再次用于消费或申请提现。上述模式的经营实质并不是以销售商品、提供服务获取利润为主要目的，而是变相将商城产品作为高额收益进行发放，从而吸引消费者首次消费、循环消费。表面上看，首次消费时，消费者以高于市场价 5 倍甚至 10 倍的价格购买了商品，但因为可以在 7 天至 60 天内全额报销提现，所以相当于消费者在一定期限后免费获得了商城内的商品，用于补偿首次消费时支付的高额货款，一年内如此循环几次，即可获得几倍的收益。一买一卖只是表象行为，保本付息才是其本质特征。

其次，从平台消费者类型及宣传手法上看，具备公开性、社会性特征。根据司法解释的规定，非法集资犯罪需具备公开性、社会性，即通过媒体、推介会、传单、手机短信等途径向社会公开宣传，向社会公众即向社会不特定对象吸收资金。本案中，朱某某、陈某某利用网络社交软件开设网上销售平台，面向所有的普通消费者，通过消费者在朋友圈转发平台链接以及口口相传的方式，吸引不特定消费者成为平台会员进行消费。具备非法集资类犯罪的公开性、社会性特征，最终的报案人分布情况也证实此特征。

最后，根据犯罪嫌疑人的供述及其他相关证据，可以证实"一军商城"的盈利模式主要为沉淀客户资金，将客户高价购买商品的货款以及供应商支付的保证金归集，通过报销的时间差来利用好流动资金，并通过实体产业的盈利来支付厂家的货款和客户报销款。故实质上，该平台收取的高于商品实际价值数倍的货款实质上并非商品的消费款，而是打着高额变相收益的旗号变相吸收的客户资金，客户每次消费表面上获得了商品的所有权，但实质上客户获取的是首次高额消费后的具备实物属性的高额利息，符合吸收存款的特征，在未经主管机关批准、不具备相关资质的情况下，显然具有非法性。

2. 非法占有目的的判断，应当结合实际经营过程及效果进行综合判断。

首先，平台不具备可靠的盈利能力。从吸收资金的去向上看，根据审计意见，大部分资金并未用于生产经营活动，而是用于支付供货商货款、客户报销款以及犯罪嫌疑人挥霍。犯罪嫌疑人朱某某、陈某某也供述在经营平台的过程中并未制定有效的投资方案和计划，也没有测算过平台的经营成本和盈利能力。实际经营过程中，一方面用于实业投资的金额少之又少，另一方面在平台2015年3月运行后，直到2016年2月才开始投资所谓的白酒生意。因此平台本身并不具有足够的盈利能力，无力覆盖成本、维持经营。

其次，平台经营不具备持续性。从高额收益的量化计算上看，按照"一军商城"的报销规则，按照10倍价格最长报销期60+2天的理论年化收益率为58.87%，按照5倍价格最长报销期7+2天的理论年化收益率为811.11%，平台的盈利能力显然难以承受高额资金回报，再加上仍需支付平台本身的运作成本，故平台经营根本不具备持续性。

最后,平台归还本息主要通过借新还旧实现。从平台运营成本上看,平台的进款为客户支付的货款,主要成本系支付供货商货款、客户报销款、平台运营的费用等。因为平台本身销售产品并不能产生收益,因此在收益率如此高昂、实业投资又未产生足够盈利的情况下,支付给供货商和客户的资金只能从新增客户消费以及老客户重复消费的金额中进行支出,因此属于实质上的借新还旧行为,司法审计意见中吸收的资金去向也证实了此点。

综合上述证据和事实,足以证明被告人具有非法占有目的,构成集资诈骗罪。

随着互联网技术的广泛应用,微信、微博等社交平台作为新的营销方式被广泛运用。非法集资类犯罪在手段上借助互联网不断翻新,打着"互联网创新"的旗号,以"消费返利""积分换购"等为名从事非法集资活动。常见的表现形式有:组织者、经营者注册成立电子商务企业,以此名义建立电子商务网站,通过社交平台进行公开宣传,以网络直销的名义,变相收取高额费用,并设置各种返利、报销、提现机制,吸引不特定人群消费,通过时间差进行资金沉淀。此类行为,不管其手段如何翻新,只要符合非法集资类犯罪的公开性、利诱性、社会性本质特征,且未经依法批准的,就构成非法吸收公众存款罪,同时具有非法占有目的的,构成集资诈骗罪。

何某、朱某某、王某某集资诈骗案

关键词

集资诈骗　承继共犯　追捕追诉　区域性股权市场

要旨

对于集资诈骗罪的承继共犯，如果前行为人的"脱离"没有阻断其与危害结果的因果力，那么仍应对整体诈骗犯罪数额承担责任。因果力判断不仅包括先前行为对后续非法集资行为的影响，也包括对资金无法返还这一危害结果的影响；如果后行为人未参与先前的犯罪行为，对于集资参与人前期已经遭受的损失数额，不应归责于后行为人。办理"下捕上诉型"集资诈骗案件过程中，应当充分发挥检察一体的优势，审查是否存在遗漏的犯罪嫌疑人，符合条件的及时追捕追诉。同时，要注重发现区域性股权市场等新兴金融领域的风险隐患，通过发送检察建议等方式，助力防范和化解金融风险。

基本案情

2014年11月，被告人何某伙同朱某某等人成立北京中某某科技有限公司（以下简称中某某公司），二人系公司的实际控制人。2016年3月，王某某加入该公司，并成为公司的股东、法定代表人。2014年11月至2017年10月间，何某先后伙同朱某某、王某某等人，以中某某公司的名义，在北京市东城区南新仓大厦等地，未经有关部门依法批准，采用虚假宣传、承诺保本付息等手段，以高额回报为诱饵，通过发展中某某公司VIP会员或销售未上市的中某某公司、某市吉某粮油股份有限公司（以下简称吉某粮油公司）、某省菲某实业有限公司（以下简称菲某公司）股权的模式，对不特定社会公众募集资金，并将所募集的资金绝大部分用于还本付息、抽逃、转移资金及肆意挥霍等。其中，何某、朱某某参与募集资金达人民币2亿余元，造成1300余名集资参与人实际损失共计人民币1.32亿余元；王某某参与募集资金达人民币1.4亿余元，造成1000余名集资参与人实际损失共计人民币9353.8万元。

何某、朱某某被公安机关查获归案，王某某经公安机关电话通知后主动投案。

诉讼过程

审查起诉阶段，北京市人民检察院第二分院在办理东城区人民检察院报送审查起诉的王某某集资诈骗案中，经依法审查，发现有涉案公司员工证言、电子数据、资金转账记录等显示，犯罪嫌疑人何某安排王某某担任涉案公司法人，本人"隐身于幕后"，负责吸资团队的管理以及公司的实际运营，支配集资款账户的资金使用，系涉案公司的实际控制人。此时何某在其户籍地处于取保候审状态，而且拒不供认犯罪事实，存在毁灭、伪造证据或者串供的可能性。随即北京市人民检察院第二分院建议东城区人民检察院追捕犯罪嫌疑人何某,并以涉嫌集资诈骗罪报送该院审查起诉。后何某于 2019 年 6 月 4 日被依法逮捕,于同年 7 月 11 日由东城区人民检察院报送北京市人民检察院第二分院审查起诉。

2019 年 7 月 26 日,北京市人民检察院第二分院以王某某构成集资诈骗罪向北京市第二中级人民法院提起公诉。同年 10 月 11 日,北京市人民检察院第二分院以何某、朱某某构成集资诈骗罪向北京市第二中级人民法院提起公诉。

法庭审判阶段,庭审过程中,何某、朱某某及其辩护人辩解二人曾中途离开公司直至案发,公司后期行为与二人无关联性,不应当承担法律责任;何某还与同案犯朱某某建立"攻守同盟"拒不如实供述,不承认系涉案公司的实际控制人,亦不交代资金的真实去向。公诉人以客观性证据为中心建立证据体系,形成了三组有力证据:一是系统梳理财务人员发送给何、朱二人的电子邮件,并通过邮箱中的个人信息建立人身关联性,证明二人实际控制涉案公司钱款;二是系统梳理何、朱二人案发期间大额存取现金的规律,证明二人将大量集资款取现、隐匿、转移;三是系统梳理何、朱二人案发期间出入境记录、刷卡消费记录,证明二人将大量集资款用于消费挥霍。上述证据形成完整的证明体系,对被告人的不合理辩解进行反驳,获得了较好的庭审效果。

2020 年 1 月 10 日,北京市第二中级人民法院判处 3 名被告人构成集资诈骗罪,判处被告人何某无期徒刑,剥夺政治权利终身,并处没收个人全部财产;判处被告人朱某某有期徒刑 15 年,并处罚金人民币 50 万元;判处被告人王某某有期徒刑 10 年,并处罚金人民币 10 万元。上诉期内三人均未上诉,判决已生效。

最高人民检察院第十七批指导性案例适用指引

评析意见

1. 依法认定集资诈骗罪的承继共犯前、后行为人的刑事责任。

承继共犯也称承继的共同犯罪，是指先行为人已经实施一部分犯罪实行行为，在实行行为尚未全部终了时，后行为人以共同犯罪的意思参与进来，单独或共同将剩余行为实行完毕。本案属于典型的承继共犯，何某、朱某某于2014年11月成立涉案公司；王某某于2016年3月加入该公司；2016年下半年，何某、朱某某离开公司由王某某单独运营至案发，从而引发如何认定前、后行为人的刑事责任问题。本案确定了以下标准：

（1）关于前行为人的刑事责任。如果前行为人的"脱离"没有阻断其与危害结果的因果力，那么仍应对整体诈骗犯罪数额承担责任。因果力判断不仅包括先前行为对后续非法集资行为的影响，也包括对资金无法返还这一危害结果的影响。一方面，何某、朱某某系公司的实际控制人，涉案公司的吸资模式是二人设立，吸资团队是二人搭建，何某不仅起到决策作用如公司出售股权等，还负责给吸资团队进行培训，对于后续的集资行为具有持续影响力。另一方面，涉案公司采取纯粹的"以新还旧"模式，并无其他盈利项目或者收入，且何、朱二人在"脱离"前已抽逃、转移、挥霍巨额资金，即使二人后期与公司"脱离"，先前行为必然导致王某某无法返还集资款这一结果，与最终损失数额的因果关系并未中断。无论是何某、朱某某本人非法占有还是王某某非法占有，均不影响二人对整体犯罪数额负责。法院采纳了公诉意见，认定二人系公司实际控制人，对全部诈骗犯罪行为承担责任。

（2）关于后行为人的刑事责任。如果后行为人未参与先前的犯罪行为，对于集资参与人前期已经遭受的损失数额，不应归责于后行为人。以王某某入职公司的时间为节点，可以将本案分为前期（2014年11月至2016年3月）和后期（2016年3月至2017年10月）两个区间。本案中，最终遭受损失的集资参与人包括三种情形：①前期有实际投资和返利，后期仅有返利。对于仅在前期投入资金的集资参与人，由于何某、朱某某将其钱款非法占有，损害结果已经产生，王某某后期对上述人员只有返利行为，对于这部分投资人造成的实际损失，王某某与何某、朱某某无共同故意和共同行为，因此该情形不计入王某某的犯罪数额。②前后期均有实际投资和返利。前期投资与返利的差额已被何某等人非法占有，后期投资与王某某的非法集资行为存在因果力，应当将后期投资与返利的差额认定为被告人王某某的犯罪数额。③仅后期有实际投资和返利。被告人王某某入职后，采用虚假宣传、承诺保本付息等手段，以高额回报为诱饵，通过销售股权的方式造成集资参与人损失，理应对该部分数额承担责任。法院采纳了公诉意见，最终认定何某、朱某某为1300余人实际损失共计人民币1.32亿余元负责，王某某为1000余人实际损失共计人民币9353.8万元负责。

2. 结合办案跨地域向区域性股权交易市场发送检察建议，助力防范化解金融风险。

区域性股权交易市场，是为特定区域内的企业提供股权、债权的转让和融资服务的私募市场。作为多层次资本市场的重要组成部分，区域性股权交易市场对于促进企业特别是中小微企业股权交易和融资、鼓励科技创新和激活民间资本、加强对实体经济薄弱环节的支持，具有不可替代的作用。本案中，何某、朱某某、王某某经会员机构推荐，使涉案的中某某公司、吉某粮油公司、菲某公司在两地股权交易中心上线展示或者挂牌，以"挂牌上市"为名骗取上千名集资参与人的信任，得以完成诈骗犯罪行为。检察机关经调查核实，认定有中介机构在推荐企业上线展示或者挂牌的过程未能履行勤勉尽责、诚实守信义务，反映出影响金融安全的苗头性、倾向性问题。为此，首次跨地域向两地股权交易中心发送检察建议：一是建议依规对会员机构进行惩戒；二是加强对市场参与者的自律管理，通过组织学习、警示教育等措施，进一步增强相关企业的责任意识和法律意识；三是建立完善与司法机关、行政执法机关的沟通机制，及时移送自律管理中发现的违法犯罪线索。两地股权交易中心全部采纳检察建议，并将整改落实情况回复检察机关，促进了区域性股权市场健康发展。

苏某来集资诈骗抗诉案

关键词

集资诈骗　非法占有目的　抗诉

要旨

在不具有归还能力的情形下,行为人虚构项目,未经批准向社会公众吸收资金,将集资款用于支付个人巨额债务,可以认定具有非法占有的目的。法院以非法吸收公众存款罪定罪处罚的,检察机关应当依法提出抗诉。

基本案情

2013年底,苏某来因投资失败致巨额债务无法偿还,遂产生了开办投资理财咨询公司向社会集资偿还债务的想法。2014年7月至10月,苏某来注册成立3家投资理财咨询中介公司,并联系了5家需要融资的企业的项目,加上自己的一个房产项目,指示3家中介公司分别制作了上述6家企业项目的宣传资料和广告,向社会宣传、散发,宣称向上述企业投资安全可靠,收益高,没有风险,规定1万元起投,承诺月息1.5%,年息18%,月月兑现。具体由集资人同中介公司签订居间服务合同、闲散资金出借委托书、出借人代表推荐书后,将资金转入苏某来控制的3个个人账户中。苏某来安排这3名个人同6家企业签订借款合同,借款企业提供实物抵押或者股权质押,同时由3家中介公司提供金融担保签订债权转让协议。之后,集资人的资金再从苏某来控制的3个个人账户转入融资企业提供的个人账户。通过上述宣传和操作,3家中介公司分别以为上述6家企业项目融资的名义,共向611名个人集资2920.50万元,吸收的资金用于支付集资人本金187万元,利息66.6737万元,欠付本金2733.50万元,利息折抵本金后余额2666.8263万元。苏某来在利用3家公司非法吸收资金的过程中,通过掌控指定入款账户、借款企业所提供的个人账户,完全控制和占有所吸收资金,并将大部分资金用于偿还个人债务致使吸收资金无法返还。

诉讼过程

2015年6月26日,湖北省沙洋县公安局以被告人苏某来涉嫌集资诈骗罪移送起诉。2016年3月7日,沙洋县人民检察院以集资诈骗罪对苏某来提起公诉。沙洋县人民法院认为,被告人苏某来在获取集资款时,虽然使用了一定的欺骗手段,但尚欠缺充分的证据证明其具有非法占有的目的,不构成集资诈骗罪。被告人苏某来违反国家金融管理法律规定,非法吸收公众存款,扰乱金融秩序,数额巨大,其行为已构成非法吸收公众存款罪。2019年1月24日,沙洋县人民法院作出一审判决,以非法吸收公众存款罪判处被告人苏某来有期徒刑5年,并处罚金人民币15万元,对其违法所得依法予以追缴。

湖北省沙洋县人民检察院依法审查后认为,原审被告人苏某来在自身已无经济实力的情况下，通过公开宣传蒙骗社会公众投资，并隐瞒真相在实际掌握投资款后主要用于偿还个人巨额债务，而不是用于正常的生产经营活动，具有非法占有的主观故意，应以集资诈骗罪定罪处罚，一审判决适用法律错误，导致量刑畸轻，应予纠正。荆门市人民检察院支持上述抗诉理由。2019年6月20日，荆门市中级人民法院公开开庭审理本案。法庭认为，苏某来使用诈骗方法，主观上具有非法占有的目的，其行为构成集资诈骗罪，抗诉机关的抗诉理由成立，予以采纳。2019年7月2日，荆门市中级人民法院作出终审判决，撤销沙洋县人民法院一审判决；原审被告人苏某来犯集资诈骗罪，判处有期徒刑7年，并处罚金人民币25万元；对其违法所得依法予以追缴。

评析意见

集资诈骗罪与非法吸收公众存款罪都以非法集资为外在的表现形式，但二者在犯罪目的、犯罪方法等方面存在根本区别。从犯罪目的方面来看，集资诈骗罪的犯罪目的是非法占有所募集的资金，而非法吸收公众存款罪主观上不具有非法占有公众存款的目的；从犯罪方法来看，集资诈骗罪的行为人必须使用诈骗的方法，而非法吸收公众存款罪则不以行为人是否使用了诈骗方法作为构成犯罪的要件。区分非法吸收公众存款罪和集资诈骗罪，应重点把握两个焦点问题。

1. 行为人是否具有非法占有的目的。认定非法占有目的，属于证据判断的范畴。检察机关应当运用资金去向、归还能力等相关证据，综合判断行为人是否具有非法占有目的。其中，集资后不用于生产经营活动或者用于生产经营活动与筹集资金规模明显不成比例，致使集资款不能返还的，是判断行为人具有非法占有为目的的重要指标。本案中，苏某来仅将小部分集资款用于生产经营活动，与筹集资金规模明显不成比例，同时，苏某来将剩余大部分款项用于偿还个人债务，致集资款不能返还，应当认定为以非法占有为目的。

2. 行为人是否使用诈骗方法。集资诈骗罪属于诈骗罪的特别规定，诈骗手段是构成集资诈骗罪的必要条件之一。本案中，苏某来在利用上述 6 个企业项目集资过程中，虽不存在虚构事实、隐瞒真相的情况，但其在接收集资款后，未按照合同的约定，将集资款投入相关企业，而是向集资参与人和其他 5 个企业项目隐瞒了真相，将大部分集资款进行挪用，用于偿还个人债务，应当认定为使用了诈骗方法。

综上，苏某来使用诈骗方法，主观上具有非法占有的目的，其行为构成集资诈骗罪。

司法实践中，不同办案人员在非法占有目的的证据判断上分歧较多。检察机关应当严把事实关、证据关，善于运用在案证据判断非法占有目的是否成立，准确把握此罪与彼罪的区别，对法院定罪量刑错误的依法提出抗诉，依法打击集资诈骗犯罪行为。

文某某、谭某某等人贷款诈骗案

关键词

贷款诈骗　消费贷款　非法占有目的

要旨

被告人以虚假资料骗取非银行金融机构贷款，并具有非法占有目的的，构成贷款诈骗罪。非法占有目的的认定应当坚持主客观相一致原则，应当根据贷款人申请贷款时的还款能力、诈骗手段、贷款的实际用途、是否积极偿还贷款等相关事实证据综合判断。组织、帮助他人进行贷款诈骗活动的，应当以贷款诈骗罪定罪处罚。

基本案情

2016年7月，马上消费金融股份有限公司（以下简称马上金融公司，系非银行金融机构）与美某医疗美容门诊部有限公司（以下简称美某医院）签订合作协议，约定由马上金融公司为在美某医院购买服务的消费者提供消费贷款，消费者填写贷款申请资料经马上金融公司审核通过后，马上金融公司将贷款发放至美某医院指定账户，用于美某医院为消费者提供医疗服务；且所有贷款只能用于购买贷款协议所注明的医疗服务，美某医院不得有套现、欺诈活动，也不得在明知的情况下参与、容忍套现活动。

合作协议签订后，美某医院实际控制人文某某与工作人员朱某某等3人，为招揽顾客、牟取利益，与中介人员王某某、龙某某等3人共谋，由中介人员寻找假意办理贷款的消费者到医院申请贷款，由朱某某等人协助消费者通过虚报医疗美容项目、费用、消费者收入情况、工作情况等，向马上金融公司申请贷款，美某医院分取贷款额的30%，中介人员再按照与消费者约定的比例对剩余的70%进行分配。截至案发，文某某等人通过上述方式从马上金融公司骗得贷款共计人民币249万余元（未归还本金）。

其中，被不起诉人谭某某通过中介人员谢某某、龙某某（已判决）介绍，在没有实际消费需求的情况下，冒用其姐姐"谭某甲"的身份到美某医院办理美容贷款，在美某医院工作人员的指导下进行操作，虚构美容项目，骗得马上金融公司贷款2.48万元。事后，谭某某与美某医院、中介人员按比例分得该笔款项。谭某某将所获贷款用于偿还个人债务及日常消费，直至案发尚有20149.99元贷款未按期归还。2019年1月16日，被不起诉人谭某某在重庆市主动投案自首。案发后，被不起诉人谭某某结清了在马上金融公司的全部贷款本息及相关费用。

诉讼过程

2016年12月，因消费者与中介人员"分赃"不均，消费者将虚假美容贷款事件投诉至马上金融公司，马上金融公司经调查后报案至重庆市公安局江北区分局,该局于 2017 年 4 月 19 日立案侦查。公安机关于 2018 年 1 月 4 日抓获被告人朱某某等人,2018 年 1 月 14 日、2019 年 1 月 16 日,被告人文某某、谭某某先后主动到公安机关投案自首。公安机关分别于 2018 年 5 月 11 日、2019 年 5 月 14 日以文某某等 10 人涉嫌贷款诈骗罪向重庆市江北区人民检察院移送起诉。重庆市江北区人民检察院于 2018 年 11 月 21 日以文某某等 9 人贷款诈骗罪向江北区人民法院提起公诉。重庆市江北区人民法院于 2019 年 9 月 2 日作出一审判决,以贷款诈骗罪判处文某某等 9 人 1 年至 5 年不等的有期徒刑,并处罚金。2019 年 6 月 19 日,重庆市江北区人民检察院对谭某某作出了相对不起诉决定。

评析意见

1. 准确认定非法占有目的。非法占有目的是行为人的主观心态,既不能单凭口供主观归罪,也不能仅凭客观危害客观归罪,而应当坚持主客观相一致原则。结合本案事实,可以认定被告人具有非法占有的主观故意。理由如下:一是申请贷款时的还款能力。从贷款人、美某医院人员、中介的供述及证人证言来看,大部分贷款人不具备还款能力。大部分贷款人的经济状况不佳,没有美容消费的意愿和能力,申请贷款的目的是套现。美某医院、中介对贷款人的经济状况和申请消费贷的目的是套现是明知的。二是诈骗手段。从申请贷款资料来看,贷款人在中介、美某医院的帮助下,申请贷款时使用虚假证明文件或者虚假身份证明。龙某某等中介的供述和贷款人的证言都证实由于贷款人经济状况不佳,为了顺利贷款,要对贷款人的工作、收入等进行造假。贷款人向金融机构提交的个人美容消费记录是美某医院帮助其伪造的。在贷款人没有进行美容消费的情况下，美某医院出具虚假的《缴费通知》；在贷款人进行低价美容消费的情况下，美某医院出具高价的《缴费通知》。中介、美某医院在明知贷款人不是真实美容消费者的情况下，伪造贷款人征信信息和美容消费记录，积极配合贷款人申请消费贷，从而帮助贷款人成功套现。三是贷款是否按贷款用途使用。贷款大部分没有用于美容消费。根据美某医院和马上金融公司签订的合作协议，消费贷的贷款只能用于美容消费；根据贷款人和马上金融公司签订的消费合同，消费贷的贷款只能用于美容消费。美某医院和贷款人都无视合同约定，没有专款专用，贷款被美某医院、中介、贷款人按照比例共同私分。四是否积极偿还贷款。贷款人按照和美某医院、中介的约定，可以分到贷款的30%~40%。贷款人"贷多得少"，没有积极偿还贷款的主动性。贷款人自身经济状况不佳，不具备偿还贷款的现实性。根据马上金融公司提供的材料，证实谭某某等多名贷款人没有偿还大部分贷款。

2. 准确甄别犯罪金额。公安机关在移送审查时，将秦某某美容贷套现的犯罪金额算入谭某某的犯罪金额中。经审查，检察机关认为，虽然谭某某有介绍秦某某美容贷套现并收取介绍费的行为，但谭某某并非职业中介，谭某某只是把秦某某介绍给龙某某，秦某某如何进行美容贷款、贷款数额多少、是否还贷等，谭某某均不清楚。谭某某虽收取介绍费，但该介绍费是从秦某某贷款金额中提成，谭某某并不明知，也无秦某某的证言予以指证。在案证据不能证明谭某某客观上参与了秦某某的贷款诈骗行为，亦不能认定主观上谭某某与秦某某具有共同犯罪的故意。据此，不能将秦某某贷款诈骗的金额计入谭某某的犯罪数额。

3. 制发检察建议，为合法金融活动保驾护航。马上金融公司是一家经中国银保监会批准，持有消费金融牌照的科技驱动型金融机构，是我国金融业发展过程中出现的新业态，也是金融创新的有益尝试和重要探索。检察机关在办理案件过程中，通过多次走访被害公司，了解消费金融的行业规则、经营模式、操作流程等方式，发现该公司经营中存在管理漏洞。为帮助公司完善内部监督制约和管理机制，杜绝类似案件情况发生，检察机关结合本案向被害公司提出三点检察建议：一是加强贷款审查。除建议完善 App 设置外，要求企业对贷款申请人的征信情况要真实掌握，采取有针对性防范措施，堵塞漏洞，进一步从严审查。二是审慎选择合作。在追求业务发展速度和规模时，关注业务风险，全面了解自己的合作客户，穿透业务风险。三是开展自查自纠。认真分析问题产生的原因，进一步加强自我约束和监管机制，杜绝违规审批。

王某、查某信用卡诈骗案

关键词

恶意透支　以卡养卡　人卡分离

要旨

对以卡养卡、持卡套现犯罪方法和手段，要注重分析该类犯罪的本质特征，准确认定人卡分离状态下各行为人的定罪，防范和打击恶意透支衍生灰黑链条，监督金融机构提高金融管理水平。

基本案情

被告人王某与被告人查某系男女朋友关系。2013年底，查某将自己正在使用的一张招商银行信用卡交予王某套现，套现后王某继续使用该信用卡。王某占有并使用查某的招商银行信用卡之后，继续向查某索要新的信用卡套现消费。因双方关系特殊，查某将自己名下的民生银行信用卡、交通银行信用卡交给王某套现消费。但双方一直默认信用卡借款由实际使用人王某归还。2015年3月前后，王某使用查某的招商银行、民生银行和交通银行的3张信用卡套现消费后无法归还，便要求查某提供其他信用卡。此时查某明知王某索要新卡的目的是套现用于以卡养卡，且知晓王某没有正当的经济来源并有赌博恶习，但是出于害怕承担信用卡逾期的法律责任，以及基于双方关系考虑，又陆续申请了广发银行、中信银行和平安银行3张信用卡交给王某套现养卡。王某使用查某的上述6张信用卡套现、以卡养卡，但仍然无法维持自己的高额消费和赌博恶习，最终无力偿还上述信用卡的欠款。2016年七八月间，王某通过查某手机号码注册的支付宝App申请了浦发银行和光大银行的2张信用卡，但申请成功后仍需查某本人开通。查某为防止信用卡逾期，最终还是以新信用卡套现后先行归还之前的信用卡欠款为条件，将该2张信用卡开通后直接交予王某使用。

另查明，被告人王某还使用自己名下的广发银行、邮储银行、光大银行、华夏银行的4张信用卡套现和消费，透支后经发卡银行多次催收，超过3个月未还。

截至案发时，上述12张银行卡共透支本金324129.84元，其中查某名下的8张信用卡共透支本金252911.21元，王某名下的4张信用卡透支本金71218.63元。

诉讼过程

安徽省泾县公安局以被告人王某、查某涉嫌信用卡诈骗罪向安徽省泾县人民检察院移送起诉。安徽省泾县人民检察院于2018年3月20日以王某、查某涉嫌信用卡诈骗罪向安徽省泾县人民法院提起公诉。2018年4月28日，泾县人民法院依法作出判决：王某犯信用卡诈骗罪，判处有期徒刑5年6个月，并处罚金5万元；查某犯信用卡诈骗罪，判处有期徒刑2年6个月，缓刑3年，并处罚金2万元。现该判决已生效。

评析意见

近年来,信用卡诈骗犯罪案发有所下降,但恶意透支型信用卡诈骗案发比例依然较高。本案被告人以卡养卡、持卡套现系当前信用卡诈骗典型手段。检察机关通过认真审查,准确把握恶意透支型信用卡诈骗罪的本质特征,依法认定了实际使用人、登记持卡人的刑事责任,实现了对该类犯罪的精准打击,并对案件反映出的信用卡管理问题提出了完善建议。

1. 准确认定"人卡分离"情形下各行为人刑事责任。本案二被告人系男女朋友关系,王某系信用卡实际使用人,查某系登记持卡人,此种人卡分离情形下认定二人刑事责任必须解决三个问题:第一,信用卡的申请发放对象系登记持卡人,实际用卡人与银行之间没有民事上的权利义务关系,实际用卡人是否符合本罪"身份";第二,银行催收时只对登记持卡人发送催收信息,在追究实际持卡人刑事责任时如何认定银行的"有效催收";第三,本案恶意透支行为人为实际用卡人,如何认定登记持卡人刑事责任。

安徽省泾县人民检察院研讨后认为:第一,虽然《刑法》第196条规定和相关司法解释中对"持卡人"的范围没有明确的界定,但从刑法实质解释的角度出发,实际用卡人应属于信用卡诈骗罪的主体范围。刑法规定信用卡诈骗罪的主要目的是规范信用卡管理秩序与保护公私财产所有权,只要行为人使用信用卡的行为侵犯了信用卡管理秩序与公私财产所有权,并符合恶意透支等行为要件,其与登记持卡人恶意透支行为的危害性无异。第二,虽然银行催收的对象是登记持卡人,但实际用卡人明确知道,或者基于双方间密切的关系应当知道该催收的事实,应视为对实际持卡人"有效催收"。第三,恶意透支行为人虽为实际用卡人,但基于共犯理论,如果登记持卡人明知实际使用人无正当经济来源、用卡在于套现,且有恶意透支可能,以及在实际恶意透支后继续以卡养卡,仍然将信用卡借出,那么登记持卡人对危害结果的发生存在主观故意,在银行多次催收不还的情况下,可以将登记持卡人与实际使用人认定为共同犯罪。基于以上认识,检察机关在全案事实证据清楚的基础上,对二人以信用卡诈骗罪提起公诉,法院完全采纳公诉意见。

2. 发挥检察监督职能,打击恶意透支的灰黑链条。恶意透支型信用卡诈骗极易衍生灰黑利益链条上的诸多贷款公司、融资中介公司等所谓"养卡人",其利用 POS 机进行虚假交易套现,收取持卡人给付的收取费,谋取非法利益。本案王某利用他人 POS 机刷卡套现 43.14 万元,其中 21 万元系在商店、超市正常消费的产生的欠款部分,其他透支金额系通过查某某的 POS 机套现,查某某涉嫌非法经营罪。泾县人民检察院审查起诉期间发现该涉案线索,及时进行了立案监督。泾县公安局对查某某涉嫌非法经营立案。

3. 积极参与综合治理,为金融机构有效监管建言献策。本案中,王某之所以能同时持有多张信用卡,长期恶意透支,反映出发卡银行特别是新批准设立的银行片面注重拓展信用卡市场份额、轻信用卡风险防范以及对 POS 机申领、使用、跟踪核检等方面存在的监管漏洞,导致犯罪分子有机可乘。针对以上情况,泾县人民检察院结合办案,在被骗 12 家银行请求追讨赃款之际,及时邀集其银行部门负责人召开联席会议,通报了近年该院办理金融犯罪案件整体情况,以及个案反映出的信用卡管理漏洞和风险防范不足等问题,并提出了防范信用卡犯罪的意见。

刘某海等人保险诈骗案

关键词

保险诈骗　情节加重犯　次数　罪责刑相适应

要旨

在刑法、司法解释未对保险诈骗罪中"严重情节"和"特别严重情节"的认定标准作出具体规定的情形下，检察机关在认定情节加重犯时，需要准确判断、综合考虑影响量刑的各种犯罪情节，并通过分析本地区同类案件的判决情况、将保险诈骗罪与其他诈骗罪的量刑做横向对比等手段进行综合判断，做到罪责刑相适应。

基本案情

2017年1月7日，被告人刘某海、张某一、王某经事先商谋，由张某一驾驶王某所有的车牌号为浙DZT×××的宝马牌轿车，由刘某海驾驶车牌号为浙D2X×××的奔驰牌轿车，至绍兴市上虞区驿亭镇和尚桥，后由刘某海驾驶宝马牌轿车故意碰撞奔驰牌轿车，制造一起交通事故，从中国太平洋财产保险股份有限公司骗得保险金人民币16550元。

2017年8月13日，被告人刘某海、王某炯、杜某泉经事先商谋，在绍兴市上虞区百官街道凤山路，由杜某泉驾驶车牌号为浙DZX×××的奔驰牌轿车，故意碰撞车牌号为浙D75×××的大众牌轿车，制造一起交通事故，从安邦财产保险股份有限公司骗得保险金人民币18650元。

2017年9月29日，被告人刘某海伙同石钟海经事先商谋，分别驾驶车牌号为浙DC5×××的丰田牌轿车和车牌号为浙PD7×××的奥迪牌轿车，在余姚市银房附近的路上故意制造一起交通事故，从安邦财产保险股份有限公司骗得保险金人民币7600元。

诉讼过程

2019年8月16日，浙江省绍兴市公安局上虞区分局以刘某海、王某等4人涉嫌保险诈骗罪向上虞区人民检察院移送起诉。检察官审查案件后发现，本案中刘某海等人以故意制造车辆刮擦的交通事故的方式骗取车辆保险赔偿金，其中刘某海骗取保险金3次，涉案金额共计42800元；王某炯骗取1次，涉案金额为18650元，王某、张某一均骗取1次，涉案金额为16550元。

浙江省高级人民法院于2012年出台的《关于部分罪名定罪量刑情节及数额标准的意见》（以下简称《意见》）第46条中规定，个人进行保险诈骗，达到数额较大的标准，并具有"以故意造成保险事故的方式骗取保险金3次以上，尚未构成其他犯罪的"情形的，属于"其他严重情节"。若严格依据该《意见》，被告人刘某海的量刑档次为5年以上10年以下有期徒刑，并处2万元以上20万元以下罚金。

承办检察官认为，本案中，刘某海等人以故意制造车辆刮擦的交通事故的方式骗取车辆保险赔偿金，制造事故时的车速均不快，基本上对车辆内部人员的人身安全没有威胁，虽然刘某海骗取保险金额的作案次数已达3次、涉案数额达4万余元，但其到案后自愿认罪、积极退赃，如果严格依据《意见》，存在量刑过重的问题。

首先，检察官首先通过中国裁判文书网、浙江法院裁判文书检索系统对同类案件进行检索，发现2015年12月以来绍兴市范围内的判决一审保险诈骗案件共计25起59人，除1起1人为故意放火骗取保险金外，其余24起58人均是通过故意制造交通事故或者夸大交通事故损失的方式来骗取保险赔偿金。通过整理分析同类案件被告人的具体定罪、量刑情节，发现共有8名被告人的犯罪次数在3次以上，但仅一人在法院判决时被上升量刑档次并获刑10年（该名被告人的犯罪金额为40.05万元，而浙江省保险诈骗罪"数额特别巨大"标准为50万元以上）。此外，保险诈骗罪适用缓刑的比例较高，在退赃的47名被告人中有34人适用缓刑，比例达72.3%，而非缓刑原因主要集中在具有前科劣迹、多次保险诈骗、宣告刑大于3年等。

其次，检察官将保险诈骗罪与普通诈骗罪的量刑标准进行对比分析。发现在"两高"关于诈骗罪的司法解释中，多次诈骗并未像多次盗窃一样被作为定罪标准或者法定刑升格的依据，仅在实务操作中作为法官量刑时酌情从重的一个参考情节。也就是说，普通诈骗罪定罪时并未考虑多次犯罪要加重刑罚，那么作为特殊罪名的保险诈骗罪将多次作案一律作为量刑档次的依据是否合理也就有待商榷了。此外，考虑到浙江省关于诈骗罪"数额较大""数额巨大""数额特别巨大"的最新标准的执行是从

2013年11月开始的,而《意见》的出台是在2012年,彼时适用的诈骗罪数额标准仍是旧的标准,既然新的诈骗罪数额标准已经开始执行,那么保险诈骗罪等金融诈骗犯罪的数额标准必然也需要进行相应的调整。

最后,与其他特殊诈骗犯罪进行对比分析。贷款诈骗罪、票据诈骗罪等特殊的诈骗罪名,一般仅从犯罪数额上来区分量刑档次,而未对"其他严重情节"和"其他特别严重情节"进行细化。保险诈骗犯罪在实施的过程中可能会造成其他的人身损害或者财产损失,《刑法》第198条第2款中表明,如果行为人以故意造成财产损失的保险事故方式骗取保险金或者故意造成被保险人死亡、伤残或者疾病从而骗取保险金的,其行为若构成故意毁坏财物罪或者故意杀人罪、故意伤害罪等的,则需要与保险诈骗罪数罪并罚。若行为达不到故意毁坏财物罪或者故意杀人罪、故意伤害罪的构罪条件,也需要考虑具体案情的社会危害性,再判断是否需要升格保险诈骗罪的量刑档次。

在进行过上述相关案例分析和量刑标准对比后,承办检察官认为,对刘某海的3次保险诈骗行为适用5年以下有期徒刑的量刑档次,能与其所犯罪行相适应,据此提出量刑建议。后绍兴市上虞区人民法院采纳检察机关的量刑建议,于2020年4月23日作出一审判决,以保险诈骗罪判处刘某海有期徒刑3年,缓刑4年,并处罚金人民币2万元。该判决已生效。

评析意见

提出量刑建议时首先要遵循刑法罪责刑相适应的基本原则。各省级司法机关经常根据"两高"的有关规定出台地方性量刑指导标准，有的属于司法解释明确授权，如诈骗罪、盗窃罪的标准，有的则是各省根据自身的实际情况作出的规定。在执行这些规定时，都需要遵循刑法精神，符合罪责刑相适应的基本原则，不能机械理解和适用造成个案量刑过重。在根据地方指引性规定提出量刑建议明显不符合罪责刑相适应的原则时，检察官可以结合案件中影响量刑的各种犯罪情节，综合运用本地区同类案件的判决情况对比、同类罪名的量刑标准对比等手段，提出适当的量刑建议，从而确保检察机关所提出的量刑建议更具科学性、合理性。通过提出适当的量刑建议，不仅能够做到"罪当其罚"，避免出现刑罚畸重的情况，也能够促使嫌疑人认罪服法，进而有效地适用认罪认罚从宽制度，节约司法资源。

中某机械制造有限公司、卢某旺等人欺诈发行债券、出具证明文件重大失实、非国家工作人员受贿案

关键词

欺诈发行债券　私募债券　出具证明文件重大失实

要旨

私募债券属于《刑法》第160条规定的债券范围，欺诈发行私募债券构成欺诈发行债券罪。在欺诈发行过程中，中介机构出具证明文件重大失实的，应当依法追究刑事责任。

基本案情

卢某旺、卢某煊、卢某光分别系中某机械制造有限公司（以下简称中某公司）的董事长、法定代表人和原财务总监；杨某、陈某、王某和徐某分别系利某会计师事务所某分所副所长、项目经理、主任会计师授权签字人和部门经理；边某系某证券股份有限公司（以下简称某证券公司）固定收益融资总部业务部董事。

2013年下半年，中某公司流动资金不足，卢某旺欲发行私募债券融资，经与卢某煊、卢某光合谋，虚增公司营业收入5.13亿余元、虚增利润总额1.31亿余元、虚增资本公积6555万余元、虚构某银行授信额度500万元、隐瞒外债2025万余元，并通过利某事务所杨某、陈某、徐某和王某出具内容重大失实的审计报告。承销券商某证券公司以此为基础出具了《中某公司非公开发行2014年中小企业私募债券募集说明书》。经向上海证券交易所备案，中某公司于2014年5月至7月间非公开发行两年期私募债券共计1亿元，被相关投资人认购。其中，2位投资人在边某的介绍下分别认购该私募债券2000万元和3000万元，边某收受中某公司给予的贿赂款150万元。2016年该私募债券到期后，中某公司无力偿付债券本金和部分利息，造成投资人重大经济损失。

诉讼过程

上海市公安局分别以边某涉嫌非国家工作人员受贿罪，杨某、陈某、王某、徐某涉嫌出具证明文件重大失实罪，中某公司、卢某旺、卢某煊、卢某光涉嫌欺诈发行债券罪向上海市人民检察院第一分院移送起诉。

2017年8月3日，上海市徐汇区人民检察院以边某涉嫌非国家工作人员受贿罪向法院提起公诉。2017年8月21日、11月21日，上海市人民检察院第一分院分别以杨某、陈某、王某、徐某涉嫌出具证明文件重大失实罪，中某公司、卢某旺、卢某煊、卢某光涉嫌欺诈发行债券罪向法院提起公诉。

2017年8月21日，上海市徐汇区人民法院作出一审判决，以非国家工作人员受贿罪，判处边某有期徒刑 2 年 6 个月，没收违法所得。2017 年 11 月 21 日、2018 年 1 月 31 日，上海市第一中级人民法院分别作出一审判决，以出具证明文件重大失实罪判处杨某有期徒刑 2 年，缓刑 3 年，陈某有期徒刑 1 年 6 个月，缓刑 2 年，王某拘役 6 个月，缓刑 6 个月，徐某有期徒刑 6 个月，缓刑 1 年，并分别判处 5 万元至 10 万元罚金；以欺诈发行债券罪，判处中某公司罚金人民币 300 万元，卢某旺有期徒刑 3 年 6 个月，卢某光有期徒刑 2 年 6 个月，卢某煊有期徒刑 2 年，缓刑 2 年。

评析意见

金融安全是国家安全的重要组成部分，而股票债券市场的市场经济秩序，是维系金融安全的重要阵地之一。当前，欺诈发行债券特别是私募债券案件时有发生，严重危害债券市场运行秩序和投资人合法权益，引起社会高度关注。作为上海首例欺诈发行债券案件，该案不仅对欺诈发行债券的单位及其主管人员、直接责任人员追究刑事责任，而且对出具虚假证明文件的中介机构相关人员追究刑事责任，为此类案件的办理提供了证据审查及法律适用的参照标准，对于司法实践具有一定的指导意义。

1. 私募债券属于刑法调整的"债券"

债券是指依照法定程序发行，约定在一定期限内还本付息的有价证券。在我国证券市场上发行的债券，按募集方式不同，可分为公募债券和私募债券。公募债券，是指经证券主管机构批准向社会公开发行，任何投资者均可购买的债券，它可以在证券市场上转让。私募债券，是指向适格投资者非公开发行和转让的债券，其发行和转让均有一定的局限性。本案例中，涉案公司欺诈发行的债券就是私募债券。

就时间轴而言，由于私募债券出现得比较晚，2012年《证券公司开展中小企业私募债券承销业务试点办法》（以下简称《办法》）实施后，私募债券才开始进入人们的视野。有观点认为，现行《刑法》第160条所规定的"债券"，仅指公开发行的债券，不包括私募债券，此种观点的根基在于刑事立法当时私募债券并不存在。但这个观点从刑法解释论上是站不住脚的。刑法立法原意不可能针对还没有出现的社会现象予以规制，《刑法》第160条规定的债券应该包括私募债券，对于欺诈发行私募债券的行为应当依法追究刑事责任。理由如下：

（1）私募债券符合刑法文义内容。如前所述，公募债券和私募债券是按发行方式不同进行的分类。不可否认，公开发行和非公开发行都是发行的一种方式。非公开发行并未超出"发行"文义。另外，我国刑法规定的欺诈发行债券罪中的"债券"出自证券法等相关法律法规，其含义应当与证券法等相关法律法规的规定保持一致。《证券法》第9条第3款规定："非公开发行证券，不得采用广告、公开劝诱和变相公开方式。"这表明证券法所规范的证券包括非公开发行证券和公开发行证券，私募债券符合刑法文义。

（2）立法的超前性使其没必要对该条文再作出修改。为节约频繁修法的高昂成本，尤其是为避免"刚修完便滞后"的恶性循环，立法者在立法时都会秉持超前立法意识，适度作出前瞻性、预期性的制度安排，以真正实现推动进步、维护正义、保障权利、规制权力等法律功能。即使在立法当时立法者没有考虑到私募债券的出现，私募债券作为金融市场衍生的产物，其出现之后既符合社会需求，也符合人们对债券概念的认知，将其纳入刑法调整的债券范畴，符合国民的可预测性，不违反罪刑法定原则。从另一个角度来说，私募债券出现后，现行刑法经历了两次修正，若立法者认为现行刑法中的"债券"范畴不包含"私募债券"的概念，必然会对其作出相关文义解释，但目前未出现对"债券"的限缩解释意见，故现行刑法中的"债券"范畴必然包含"私募债券"。

因此，从刑法解释论的角度而言，中小企业私募债券当然属于刑法调整的对象。

2. 中介服务机构人员涉罪行为的罪名认定

中小企业私募债券的发行，仅靠发行人的单一行为是难以完成的，中介服务机构的行为也是国家监管的重要环节之一。根据我国债券发行规则，一个债券的发行，离不开公司企业、会计师、券商、律师等相关工作，其中必是环环相扣，缺一不可。本案中，会计师事务所审计人员根据涉案公司提供的虚假财务数据，在未履行必要的审计程序、未尽审计审查义务的情况下，出具了含有重大失实财务数据的审计报告；而该审计报告被完全引用到私募债券募集说明书中，并经向上海证券交易所备案后，据此非公开发行了两年期私募债券。会计师事务所审计人员是否与涉案公司共同构成欺诈发行债券罪还是另定其他罪名？这需要结合案件事实分情形分别认定。

（1）会计师事务所审计人员没有与涉案公司合谋，只是过失提供了虚假证明文件，此时一方是故意，一方是过失，不构成共同犯罪。但是，根据《刑法》第229条的规定，承担资产评估、验资、验证、会计、审计、法律服务等职责的中介组织的人员故意提供虚假证明文件，情节严重的，处5年以下有期徒刑或者拘役，并处罚金；严重不负责任，出具的证明文件有重大失实，造成严重后果的，处3年以下有期徒刑或者拘役，并处或者单处罚金。在具体办案时，应当结合出具虚假证明文件的主观过错性质、情节是否严重、是否造成严重后果等构成要件依法作出认定。

（2）两者合谋，事先有商议，事中有分工，按照商定的计划和分工出具了含有重大虚假内容的审计报告，则双方构成欺诈发行债券罪，且属共同犯罪。在这种情况下，涉案审计人员的行为可能同时符合提供虚假证明文件罪的构成要件，一行为触犯数罪名系想象竞合，应择一重处。

（3）两者虽然没有合谋，但涉案审计人员单方面明知该单位有欺诈发行意图，仍然违背法律规定故意提供虚假证明文件，在整个犯罪过程中，涉案审计人员与涉案公司若无犯意交流，则可能构成欺诈发行债券罪的片面共犯，且此行为亦符合提供虚假证明文件罪的构成要件，一行为触犯数罪名系想象竞合，也是择一重处。

本案中，会计师事务所审计人员没有与中某公司合谋，但是却违反审计准则，在账外收入的相关合同、出入库单、商品明细清单等严重缺失、无法核实认定的情况下，未履行审核及复核义务，对中某公司营业收入、净利润、资本公积进行重大虚假调整，出具了与公司实际财务状况严重不符的审计报告，属于过失，故构成出具证明文件重大失实罪。

3. 其他人员的刑事责任

在私募债券发行的过程中，涉及的机构和人员众多。除了审查涉案人员是否构成欺诈发行债券、提供虚假证明文件、出具证明文件重大失实等犯罪外，还要注意审查相关人员是否涉嫌职务侵占、非国家工作人员受贿等犯罪。本案中，某证券公司本是中某公司的承销券商，双方签订了余额包销协议，但随后申某万国公司与宏某证券公司合并，成立了申某证券公司，余额包销之事不了了之。被告人边某抓住了中某公司要在期限内完成企业私募债券发行的急切心理，利用职务便利收受好处费150万元，联系了某储蓄银行认购2000万元私募债券。对于这种行为，笔者认为，应定非国家工作人员受贿罪。理由如下：（1）行为人利用了职务便利。"利用职务上的便利"，是指公司、企业或者其他单位的工作人员利用自己主管、经营或者参与公司、企业某项工作的便利条件，进而运用手中这种特有的资源，为达到自己的私利而进行权钱交易。边某是某证券公司负责债券发售的工作人员，其手中拥有寻找投资理财客户的资源。（2）行为人收受报酬如何认定为赃金。非国家工作人员受贿罪与收取合理报酬之间的界限，关键在于看行为获取的财物是否为合法的劳动收入，如果行为人不是用劳动换取的报酬，而是利用职务之便，为他人谋取利益，收受财物，且数额较大，应认定为非国家工作人员受贿罪。边某本身就是负责发售债券的，其劳动报酬已由某证券公司支付，故150万元并非合法的劳动收入，属于利用职务之便非法收受的财物。

总之，资本市场财务造假行为的实施，除了市场主体本身外，有的证券公司、会计师事务所、律师事务所等中介机构及其从业人员也参与其中，甚至起到重要作用。为此，检察机关既要严肃惩治欺诈发行行为，又应同步查处在欺诈发行中具有重大过失的中介机构，实现对财务造假的全链条打击。

一是坚持保护创新和打击犯罪并重，促进证券市场健康发展。中小企业私募债券市场是多层次资本市场的重要组成部分，是解决中小企业融资问题有益创新，但一些中小企业的欺诈发行行为严重损害了私募债券市场秩序，侵害了投资者合法权益，导致私募债券市场的功能难以得到有效发挥，影响恶劣。对于私募债券、新三板、科创板等证券市场中的创新活动，检察机关应当坚持保障创新和打击犯罪并重，通过坚决依法惩治财务造假、信息披露违法等严重破坏证券市场秩序的犯罪，防止劣币驱逐良币，为证券市场健康发展创造良好法治环境。二是严肃惩治参与财务造假的中介机构，促进"看门人"责任的全面落实。资本市场中的证券公司、会计师事务所、律师事务所等中介机构，是投资人保护相关制度得以有效实施的"看门人"，中介机构不依法依规履职将严重影响资本市场的健康运行。在惩治市场主体财务造假行为的同时，必须同步审查相关中介机构是否存在提供虚假证明文件、出具证明文件重大失实以及受贿等违法犯罪行为，依法追究法律责任，不能姑息放纵。三是注重结合办案制发检察建议，促进资本市场制度机制不断完善。上海市检察机关通过对本案以及其他同类案件的深入分析，发现这些案件暴露出部分注册会计师事务所及其执业人员监管不严的问题，据此向中国注册会计师协会制发检察建议书，提出加强行业监管的若干建议，得到了中国注册会计师协会的充分肯定，为推进资本市场诚信法治环境建设提供了检察智慧。

史某操纵证券市场案

关键词

操纵证券市场　场外配资　对倒交易

要旨

以实际控制的配资账户组进行对倒交易或者连续买卖，认定操纵期间时，不以每日均有交易为必要。相互独立的操纵证券市场行为的违法所得应当独立计算，盈亏不应相抵。

基本案情

2012年1月至2014年4月期间，被告人史某按照1:5的比例向蔡某某等人配资1.3亿元人民币，蔡某某等人将本人或亲友证券账户交由史某操作，收取固定利息。被告人史某实际控制使用蔡某某等19人证券账户，集中资金优势、持股优势，连续买卖或通过配资账户组对倒交易等手段操纵证券市场，造成股票交易活跃的假象，使散户投资者跟风买入，意图操纵市场拉升股价，并在高价位卖出股票获利。

被告人史某控制使用蔡某某等19人配资账户操纵商业城（ST商城）、上海物贸、湖南发展、山东章鼓、国元证券、西安饮食、中核钛白等 35 只股票，进行 45 次操纵行为，涉案金额达 200 余亿元人民币。其中，13 只股票、15 次操纵行为连续 20 个交易日内对倒成交量累计达到同期总成交量 20% 以上或撤回申报量占当日总申报量 50% 以上，共非法获利 50544100.14 元人民币。

除上述 13 只股票、15 次操纵行为外，2012 年 1 月至 2014 年 4 月期间，被告人史某还使用其控制的蔡某某等 19 人配资账户操纵佳电股份、冀东装备等 22 只股票，进行 30 次操纵行为，非法获利 24942027.05 元人民币。

诉讼过程

2016 年 11 月 25 日，浙江省丽水市公安局以史某涉嫌操纵证券市场罪移送丽水市人民检察院起诉。

审查起诉阶段，史某及辩护人辩称：（1）史某没有造成证券市场人为变动或者影响的主观故意，史某的行为是为扭转亏损而对倒交易，并非意图造成证券市场的人为变动；（2）史某并非每次行为都获利，获利的根本原因是股票市场的总体行情，而不是史某的操纵行为，认为史某不构罪；（3）即使史某构罪，公安机关指控史某非法获利 6600 余万元有误，其 2015 年亏损 1.2 亿元应进行抵扣。

检察机关经审查，将本案退回公安机关要求补充以下证据：（1）其中一个账户"双环科技"的两次交易时间都没有达到 20 个交易日，是否认定犯罪事实；（2）史某在信托部分对倒交易和亏损事实和证据，是否同批账号，亏损资金能否与之前的对倒盈利抵扣；（3）史某配资账户组对倒量未达到占市场累计总交易量的 20% 部分，重新核对交易数量，是否构成犯罪；（4）证监会对史某操纵证券市场案的性质的确认书。

经补充侦查，丽水市公安局补充了出资人陈某兴的证言、钱某、陈某钊按照史某指示操作的聊天记录，进一步证实史某操纵证券市场的主观故意和行为。中国证监会出具了《关于对史某涉嫌操纵证券市场案有关问题进行说明的函》，认为：（1）史某在实际控制的账户之间进行证券交易指标公式分别为连续 20 个交易日累计在实际控制的账户之间进行证券交易量/同期市场累计成交量，特定交易日买入申报撤单量/当日市场买申报总量。其中，在实际控制的账户之间进行证券交易，以首个在实际控制的账户之间进行证券交易日，或首个在实际控制的账户之间进行证券交易日的前一交易日，作为涉案股票计算起始日，向后追算 20 个交易日，分别计算连续 20 个交易日的累计在实际控制的账户之间进行证券交易量和同期市场累计成交量。（2）如何处理未达到立案标准的 30 次交易行为，证监会回复若未达到刑事案件追诉标准，可将上述情形作为史某涉嫌操纵证券市场案的从重情节一并处理。

经审查，检察机关认为：第一，史某有影响证券价量的主观故意。史某与朋友"拉升股价用自己的账户看来是安全的，上次有个票还要夸张，盈利 1 亿多，罚了 50 万""拉涨停"、高抛低吸、把价格"倒上去""抬一下"等聊天记录反映出史某意图影响证券价格以获取经济利益。史某为达到操纵股票价格的目的，精心选择低价位的小盘股，便于操作，且均是短期内密集操作，从开始大量买入建仓，到卖出最后股份，时间持续大多为一两个月，个别股也只有三四个月，可以推断出史某主观上具有影响股票价格或交易量的目的。且史某供述"我寻找一些低价位的小盘股，使用配资来的股票账户分批多次购买一只股票完成建仓阶段，然后在自己控制的账户之间对倒交易，把股票成交量做大。当时证券市场不景气，一旦有一只股票突然成交量放大了，散户投资者就会关注。然后我再慢慢地拉升股价，散户以为这只股票有庄家在拉，马上就会有跟风买入，之后我在高价位减仓出货，从中获利，有些也会亏损"，承认其行为意图影响股价从而获取利益，因此史某及辩护人的意见不成立。

2017年3月23日，丽水市人民检察院以被告人史某犯操纵证券市场罪向丽水市中级人民法院提起公诉。2018年1月23日，丽水市中级人民法院一审判决被告人史某操纵证券市场罪，判处有期徒刑2年，并处罚金人民币4200万元，追缴违法所得人民币7548.61万元。被告人未上诉，判决生效。

评析意见

操纵证券市场行为，人为扭曲证券交易价格，促使证券交易价格向自己期望的价位变化，损害众多投资者的合法投资利益，扰乱了证券市场的正常秩序，甚至可能引发系统性金融风险，必须依法严惩。通过对倒交易"洗售操纵"的方式操纵证券市场，导致证券价格或交易量变化后立即或同时进行反方向操作，从中非法获利或转嫁风险，属于操纵证券市场行为的典型方式。

1. "连续20个交易日"不以20日内每日均有交易行为为必要。最高检、公安部《关于公安机关管辖的刑事案件立案追诉标准的规定（二）》规定：操纵证券、期货市场，连续20个交易日内成交量累计达到同期总成交量的20%以上，应予立案追诉。① 该规定仅要求行为人该证券连续 20 个交易日的累计成交量在同期市场总成交量中占比 20% 以上，并未要求 20 个交易日内每天都要有交易或对倒。操纵证券市场行为并不意味着行为人在每个交易日或每个交易日的每个时间段、每个时点都在实施操纵行为。对于行为人基于同一操纵目的而在不同时点所实施的行为，即使中间存在间隔，只要操纵行为仍在持续之中，不影响操纵期间的认定。本案中，史某的涉案行为均服务于其操纵股票价格和交易量这一不法目的，其在涉案期间部分交易日的交易指标较低甚至没有发生交易，并不影响对操纵证券市场行为和操纵期间的认定。违法所得的计算区间，也应按照整个操纵期间计算。

2. 依法认定和追缴违法所得。本案中，辩护人提出，公安机关指控史某非法获利 6600 余万元有误，其 2015 年亏损 1.2 亿元应进行抵扣。从被告人操纵行为时间上分析，2015 年前后两次操纵行为相隔 1 年多，是两个独立的主观故意支配下的行为，属于相对独立的两个操纵行为。从行为对象分析，两次操作的账户和股票都不是同一批，完全没有关联。从行为客体和结果分析，操纵证券市场罪侵犯的是证券市场的秩序和广大投资者的利益，两次侵害的、受损失的是不同投资者的利益。因此，连续多次操纵多只股票，属于实质上的数个违法行为，对每次操纵行为的社会危害性，均可单独评价，对每次操纵行为的违法所得金额，也可分别认定、分别计算。史某 2015 年的亏损操纵行为不影响其操纵证券市场罪的认定，亏损额也不应折抵。

---

① 2019 年"两高"《关于办理操纵证券、期货市场刑事案件适用法律若干问题的解释》已对相关标准作出修改，如洗售操纵修改为"连续十个交易日的累计成交量达到同期该证券总成交量的百分之二十以上"，但基本原理一致。

聚某公司、黄某岳、辜某玲等人骗取贷款案

关键词

骗取贷款　主观明知　证明方法　抗诉

要旨

对骗取贷款案件中的"资金掮客",通过提供"过桥"资金、编造虚假购销合同等方式,积极帮助贷款人实施欺骗手段取得银行贷款的,可以认定为骗取贷款的共犯。在被告人不承认具有主观故意的情形下,应当组织运用其他证据进行综合判断。

基本案情

2013年6月至7月间,被告人黄某岳系被告单位聚某公司实际控制人,在无实际货物交易的情况下,通过被告人辜某玲介绍,与万某公司签订虚假的《购销合同》,约定聚某公司向万某公司购买木薯淀粉。聚某公司即以此向平安银行股份有限公司泉州分行申请流动资金贷款1000万元。万某公司在取得贷款资金后,根据辜某玲的授意将贷款资金转账至辜某玲控制的账户,用于偿还聚某公司让辜某玲出资还贷而产生的欠款。2014年1月

份的贷款到期后，聚某公司无法偿还贷款。

诉讼过程

2015年4月16日，福建省厦门市公安局思明分局以聚某公司、黄某岳、辜某玲等涉嫌骗取贷款罪向厦门市思明区人民检察院移送起诉。2015年10月23日，思明区人民检察院以聚某公司、黄某岳、辜某玲等涉嫌骗取贷款罪提起公诉。2016年12月23日，思明区人民法院经作出一审判决，宣告被告人辜某玲无罪，判决聚某公司等被告单位、黄某岳等其他被告人构成骗取贷款罪。一审判决后，思明区人民检察院提出抗诉。2017年12月29日，厦门市中级人民法院以原审判决认定的事实不清、证据不足为由，裁定将本案发回重审。2018年11月13日，思明区人民法院作出刑事判决，维持原判。思明区人民检察院再次提出抗诉，厦门市中级人民法院开庭审理本案，厦门市人民检察院出庭支持抗诉。

一审法院对辜某玲作出无罪判决，主要理由包括：第一，购销合同签订时间为2013年6月27日，晚于贷款合同签订时间2013年6月26日，即说明该购销合同并非平安银行被骗取贷款的主要因素。第二，被告人辜某玲先行垫付资金代聚某公司偿还平安银行的到期贷款，该行为本身即避免平安银行无法收回2013年7月1日到期的流动资金贷款，平安银行正是基于聚某公司先行归还该笔贷款，才再发放1000万元的流动资金贷款用以支付万某公司货款，在案证据不足以证明被告人辜某玲的行为与平安银行经济损失有直接因果关系。第三，被告人辜某玲因帮助被告人黄某岳资金过桥，为保证资金安全而找万某公司与聚某公司签订虚假《购销合同》，对于贷款的过程及《购销合同》对银行发放贷款作用、事后聚某公司是否会无法偿还银行贷款，其并不清楚，聚某公司之后无法偿还2013年7月1日申请支付的1000万元流动资金贷款，既非被告人辜某玲可以预见，亦非被告人辜某玲所希望和放任的结果，故在案证据不足以证实被告人辜某玲主观上有帮助聚某公司、黄某岳骗取流动资金贷款的故意。在厦门市中级人民法院审理过程中，辜某玲及辩护人均作无罪辩解。

  对此，厦门市人民检察院派员出庭发表检察意见指出：第一，《购销合同》与骗贷行为具有必然因果关系。辜某玲帮助借款人聚某公司签订虚假《购销合同》是银行放贷的充分且必要条件，是平安银行被骗取贷款的主要因素。（1）在案的书证《贷款合同》明确约定，在满足提交商务合同等证明材料的情况下，聚某公司方可要求平安银行支付贷款资金；（2）平安银行经办人员、平安银行单位代表的证言均证实，《购销合同》是平安银行审批、发放贷款的充分且必要条件，即《购销合同》必须在放款之前提供，至于其与《贷款合同》签订时间的先后顺序不影响银行贷款的审批和发放；（3）中国银行业监督管理委员会《流动资金贷款管理暂行办法》第四章规定了借款合同、第五章规定了贷款的发放和支付。从该规定看，银行在签订借款合同时，仅要求在借款合同中约定由借款人承诺一些事项，并不对相关的证明材料如商务合同等进行审核，而在贷款的发放和支付时，则要求审核借款人提供的信息是否与相应的商务合同等证明材料相符。第二，辜某玲的行为与平安银行经济损失有直接因果关系。涉案的1000万元贷款应为新借贷款，被告单位聚某公司、黄某岳等获取贷款后又改变了贷款时所承诺的资金用途，骗贷时间跨度长、逾期后又没有按约定归还贷款，虽存在相关担保，但至今均未能收回贷款本息，使银行的贷款资金长期处于危险状态，严重扰乱了正常的信贷资金管理秩序，依法应认定为有其他特别严重情节。第三，辜某玲主观上有帮助骗取流动资金贷款的故意。虽然其不承认主观故意，但结合其他证据上能够认定辜某玲在明知黄某岳为向其归还欠款向银行申请贷款，且明知贷款必须提供购销合同的情况下，积极寻找万某公司签订虚假购销合同并提供给银行，具有共同骗取银行贷款的直接故意心态。

2019年6月10日，厦门市中级人民法院作出终审判决，采纳检察机关抗诉意见，撤销一审无罪判决，以骗取贷款罪改判原审被告人辜某玲有罪，并采纳出庭量刑意见。

评析意见

本案中，辜某玲作为"资金掮客"，日常进行高利放贷，其属于一般的民间放贷者还是骗取贷款犯罪的共同参与者，系诉争焦点。对此，检察机关充分运用其他相关证明，推翻被告人的辩解，证明被告人系骗取贷款的共犯。

1. 重视间接证据的使用，证实共犯人员的主观认知。主观明知不以确知为限，也包括可能性认识。在共同犯罪中，由于各参与人分工不同，无法要求知晓每个犯罪环节的过程，因此在多环节的共同犯罪中，在证据上不要求证明明知的必然性，只要求明知的可能性。即便事前没有明确的犯意沟通，以实际行为仍然可以达成共同犯罪的合意。本案中，被告人辜某玲拒不承认主观上具有帮助聚某公司、黄某岳骗取流动资金贷款的故意。公诉人从被告人身份和职业背景、此前与黄某岳多次借款用于"过桥"

业务情况、主动寻找第三方公司签订虚假合同等事实、此次合作的细节和动机、事后未采取任何措施防范和控制金融贷款风险等方面来共同论证认识因素和意志因素，证实被告人辜某玲积极实施了上述虚假购销合同的制作，明知聚某公司骗取贷款，可能导致该贷款不可收回的情况，具有骗取贷款的犯罪故意。

2. 厘清案件事实，解读行业规范，增强因果关系论证。部分被告人辩解银行方面事先知情，银行并未被骗；贷款审查流于表面，《购销合同》并非平安银行被骗取贷款的主要因素，故辜某玲的行为与平安银行经济损失没有直接因果关系等。因本案涉及金融领域的知识，专业化程度高，检察官提请贷款经办人员、核心岗位人员、被害单位代表等多名证人出庭参与诉讼，进一步还原案件事实经过，并结合操作实践解读相关的行业规章制度。证人出庭一方面进一步还原实践操作的规定和制度要旨，证实购销合同系银行审批、发放贷款的充分且必要条件，被告人提供虚假合同的行为对于骗取贷款具有直接的因果关系；另一方面夯实了公诉方对本罪破坏金融秩序的论证基础，有效驳斥了辩方对在案书面证言的片面解读和推定，进一步强化书面证据证明力和证据力，有力支持了指控。

上海荣某国际贸易有限公司、
于某某等人逃汇案

关键词

逃汇　虚构转口贸易　单位犯罪

要旨

违反国家规定，虚构转口贸易向银行申请外汇融资，进行跨境资金流动套利的，系逃汇行为，具有违法性和严重社会危害性，数额较大的，应当依法追究刑事责任。自然人以逃汇为目的而设立的单位或者单位设立后以实施逃汇为主要活动的，仍符合纯正单位犯罪中单位对于形式要件的要求，可成立逃汇犯罪。虽然逃汇罪是纯正单位犯罪，只有单位才能构成逃汇罪，但自然人与单位共谋实施逃汇行为的，自然人可以与单位构成共同犯罪。

基本案情

2014年8月至9月，被告人邱某某、于某某、汪某某为赚取人民币存款与外汇贷款资金成本之间的利差，经事先预谋，以被告人邱某某实际控制的被告单位上海荣某国际贸易有限公司（以下简称荣某公司）名义，虚构转口贸易背景，由被告人汪某某提供伪造、虚假的单证材料,被告人于某某负责联系并将上述材料提交至某银行上海市分行申请外汇贷款,将境内外汇资金非法转移至境外,涉案金额共计 12415970 美元。

诉讼过程

2016 年 11 月,上海市浦东新区人民检察院以被告单位荣某公司、被告人邱某某、于某某、汪某某构成逃汇罪提起公诉。2017 年 4 月 26 日,上海市浦东新区人民法院作出一审判决,以犯逃汇罪分别判处荣某公司罚金 500 万元;邱某某有期徒刑 2 年,缓刑 2 年;于某某有期徒刑 1 年 6 个月,缓刑 1 年 6 个月;汪某某有期徒刑 2 年,缓刑 2 年。判决已生效。

评析意见

本案在办理过程中,主要争议包括:一是以赚取利率差为目的,进行跨境资金流动套利,是否属于《刑法》第 190 条规定的"将境内的外汇非法转移到境外";二是自然人以逃汇为目的而设立的单位或者单位设立后以实施逃汇为主要活动的,是否仍能成立单位犯罪;三是逃汇罪是纯正单位犯罪,只有单位才能构成逃汇罪,于某某、汪某某与单位共谋逃汇,对自然人于某某、汪某某是否可以认定逃汇罪。

1. 虚构转口贸易进行跨境资金流动违反了国家规定,属于逃汇行为。本案中,被告人采取了虚构转口贸易的作案手法,向银行提供虚假的贸易单证材料,将外汇资金非法转移至境外,通过跨境资金的流动来赚取外汇融资保证金利息和融资成本之间的利差，虽然其主观意图是实现套利而非使外汇非法出境，最终外汇资金也流回了国内，但其虚构贸易背景、取得外汇资金对外支付的行为违反了《外汇管理条例》关于经常项目外汇收支应当具有真实、合法的交易基础的规定，且在实现盈利目的的过程中，外汇资金在客观上被非法转移至境外，该期间外汇资金脱离了国家监管，其实质属于逃汇行为，按照《刑法》第190条的规定，犯罪数额巨大，应当对单位判处逃汇数额5%以上30%以下罚金，并对其直接负责的主管人员和其他直接责任人员处5年以上有期徒刑。

2. 自然人以逃汇为目的而设立的单位或者单位设立后以实施逃汇为主要活动的，仍能成立逃汇罪。案件办理过程中，存在两种不同意见。第一种意见认为，根据最高人民法院《关于审理单位犯罪案件具体应用法律有关问题的解释》（以下简称《解释》），个人为进行违法犯罪活动而设立的公司、企业、事业单位实施犯罪的，或者公司、企业、事业单位设立后，以实施犯罪为主要活动的，不以单位犯罪论处。本案中，由于主体不再认定为单位，而逃汇罪的主体又只能是单位，因此，该情形下单位和自然人均难以构成逃汇罪。第二种意见认为，根据《解释》第1条规定，刑法上的单位，实质上是指依法成立的法人。只要经过主管登记部门的形式审查，即具有法人资格，成为刑法意义上的单位。《解释》第2条的规定，仅仅是"不以单位犯罪论处"，而非对其法人资格的否定。故第2条的规定，不构成对于上述情况下单位构成逃汇罪的阻碍。本案采纳了第二种意见，主要理由之一：依照相关法律规定，单位法人资格的取得，只要经过登记主管部门的形式审查，符合公司成立条件并获得了相关的法人营业执照即可。换言之，无论法人设立时以何目的，设立后从事了何种活动，只要该法人是依法成立的，就具有法人的资格。否则就可能会出现如下情况，一个因犯罪为目的而设立的单位，但设立后却从事起了合法的经营，那么该企业从一开始就不具有法人的资格，其事后所从事的合法的经营均无效，这显然是不合理的。主要理由之二：《解释》第2条规定的两种情形，是指不按照单位犯罪予以处罚，而并非否认其实质上实施的就是单位犯罪。在通常情况下，单位和个人均能构成犯罪，但实践中单位犯罪的起刑点往往较高，处罚较轻，因此，为了避免行为人以实施犯罪为目的设立单位作为工具，而以自然人犯罪处。对于逃汇罪这种纯正单位犯罪，自然人无法成为犯罪主体，如对于上述行为不予处罚而放纵犯罪，那明显与设立《解释》的目的背道而驰。所以，纯正单位犯罪的单位只是形式要件，只要符合了单位的形式要件即可，《解释》的上述规定不影响对逃汇罪的认定。

3. 自然人与单位共谋逃汇的，自然人与单位构成共同犯罪，可以对自然人以逃汇罪论处。在对自然人于某某、汪某某的行为进行评价时，存在两种不同意见。第一种意见认为，自然人不能构成逃汇罪的共犯，故不应追究于某某、汪某某的刑事责任。主要理由在于：逃汇罪的主体是特殊主体，即只有公司、企业或其他单位才能构成本罪。在法律无明文规定的情况下，自然人因为主体不适格而不能构成本罪。因此，只能追究单位犯罪直接负责的主管人员和其他直接责任人员，不能追究其他自然人的刑事责任。第二种意见认为，根据共犯理论，自然人可以构成逃汇罪的共犯，故对汪某某、于某某应当以逃汇罪的共犯追究其刑事责任。主要理由是：当单位与自然人共同实施犯罪行为时，单位是作为具有特殊身份的身份犯而构成单位犯罪，而在身份犯与非身份犯构成单位共同犯罪的场合，对自然人行为的定性，应当以身份犯成立的犯罪追究非身份犯的刑事责任，因此，自然人构成单位犯罪的共犯，并依据单位所从事的行为进行处罚。

本案采纳了第二种意见，即自然人可以构成逃汇罪。理由一，尽管逃汇罪是纯正单位犯罪，只有公司、企业或其他单位才能构成本罪，但这仅是刑法分则规定的逃汇罪的特殊主体要求，对于犯罪的评判，仍脱离不开刑法理论。纯正单位犯罪只是对犯罪主体有特殊要求，如同刑法上的身份犯。从法学理论上看，无特殊身份的人可以与有特殊身份的人构成共犯。例如，在受贿罪中，国家工作人员的身份是此罪成立的主体要求，非国家工作人员显然不能单独成立受贿罪，但可以与具备身份的国家工作人员共同实施受贿，成为受贿罪的共犯。单位和自然人作为刑法上的主体，经合谋可以构成共同犯罪已为通说所认可，当单位与自然人共同实施单位犯罪行为时，即身份犯与非身份犯构成单位共同犯罪的场合，应当以身份犯成立的犯罪追究非身份犯的刑事责任。因此，单位作为具有特殊身份的身份犯而构成单位犯罪，自然人构成单位犯罪的共犯，应当依据单位所从事的行为进行处罚。理由二，《关于惩治骗购外汇、逃汇和非法买卖外汇犯罪的决定》第5条规定："海关、外汇管理部门以及金融机构、从事对外贸易经营活动的公司、企业或者其他单位的工作人员与骗购外汇或者逃汇的行为人通谋……以共犯论，依照本决定从重处罚。"根据上述规定，显然自然人理应可以作为逃汇罪的共犯予以处罚。

林某明等人非法经营案

关键词

非法经营　证券期货经纪业务

要旨

未经依法批准，招揽社会公众采用保证金交易，以集中交易方式进行标准化合约交易的，属于非法经营证券期货业务，构成非法经营罪。以上述方式诈骗公私财物的，构成诈骗罪。

基本案情

佳某投资公司成立于2012年10月26日，实际控制人系郑某中（另案处理）。佳某投资公司未经国家有关主管部门批准，依托境外服务器，搭建虚假期货交易平台和账户交易系统，招募业务员通过拨打电话的方式寻找客户，并以低于正规期货交易所的开户和交易条件、帮助客户配资为诱饵，招揽社会公众采用保证金集中交易的方式进行标准化合约交易。佳某投资公司向投资人提供"太极软件"并指导其安装使用期货交易端口，在佳某投资公司提供的"英联""英联300"平台上进行中证500、沪深300等股指期货交易，但交易平台上的数据不与外部系统对接，交易资金未流入国家正规期货市场。客户开户最低额 2 万元。买卖各算一手，每手交易需提供 7000 元保证金，按相应交易股指期货每点指数 300 元盈亏进行结算，并收取每手交易手续费 480 元。经审计，被告人林某明等 12 人非法经营总额为人民币 4000 万余元。其中，被告人林某明 2012 年 12 月起担任佳某投资公司总经理；被告人李某胜 2014 年 1 月起任业务总监，负责公司业务管理、培训业务员股指期货业务知识、督促指导业务员的工作；被告人李某福、李某硕、叶某凡于 2014 年 7 月至 2016 年 5 月，分别担任佳某投资公司行政总监、行政助理、业务经理，参与该公司的非法经营股指期货业务；被告人李某会、陶某静、殷某、郑某燕、张某晨、杜某、姚某庆不具备期货从业资格，仍应聘为佳某投资公司业务员。由于佳某投资公司成立之后所从事的经营内容主要是组织投资人进行非法买卖期货的犯罪活动，根据 1999 年最高人民法院《关于审理单位犯罪案件具体应用法律有关问题的解释》的有关规定，检察机关对林某明等 12 人以自然人共同犯罪提起公诉。

诉讼过程

上海市静安区人民检察院提起公诉后，上海市静安区人民法院以非法经营罪对被告人林某明等人判处有期徒刑 5 年 6 个月至拘役 6 个月不等的刑罚。被告人均未上诉，判决已生效。

评析意见

在国务院要求加强清理整顿各类交易场所、维护金融秩序与安全的背景下,本案对于如何认识此类私设证券期货类交易平台、擅自开展证券期货交易行为的性质及社会危害性,具有借鉴意义。案件办理中,由于实际控制人郑某中未到案,林某明等被告人的主观故意内容与郑某中的主观故意内容存在差异,在案件定性问题上存在不同认识。一种观点认为,本案构成合同诈骗罪。主要理由在于该平台系虚假平台,实际交易方系佳某投资公司与投资人,佳某投资公司构成合同诈骗罪。另一种观点认为,本案构成非法经营罪。主要理由在于被告人林某明等人系佳某投资公司的从业人员,与实际控制人主观认识内容不一致,主观上不存在诈骗故意,但其明知佳某投资公司未经国家有关机关批准,擅自从事证券业务,宜认定为非法经营罪。

1. 被告人不具有合同诈骗的主观故意,不构成合同诈骗罪

现有证据无法证明本案被告人具有诈骗故意。诚然,佳某投资公司依托境外服务器搭建出来的交易平台,本质上是一种封闭的模拟交易系统。这个交易平台的虚假之处,在于本身并未与我国正规的期货交易场所进行对接。事实上,我国目前也不存在正规的证券期货交易场所与外面交易平台对接的证券期货交易市场。但是,交易平台的虚假性并不能直接推论出被告人等人具有诈骗故意。

(1) 交易平台上的数据不与外部系统对接,交易资金未流入国家正规的期货市场,这一情况被实际控制人郑某中严格保密,只有其本人知晓,被告人林某明等人对此并不知情。此类虚假证券期货交易平台的犯罪模式,通常是真正的犯罪嫌疑人躲藏在幕后,将平台服务器置于境外,通过开设公司、招募人员进行发展投资客户。本案的多名被告人系实际控制人郑某中聘任的员工,主要职责是发展投资客户。证据显示实际控制人郑某中并未

告知被告人林某明等人平台的虚假内情，而是谎称公司从事场外配资服务。所谓的场外配资服务，即是将众多投资人的资金归集起来，利用佳某投资公司持有的期货交易账户进行正规期货市场内的交易，以规避投资人因个体投资资金少而无法达到期货交易开户和交易最低资金门槛的限制。因此，被告人林某明等人实际上是相信这一谎言的，也未能辨识出这种说辞的虚假性。可见，这种认识内容说明被告人林某明等人也认为所谓的场外配资业务是真实存在的，因此其主观上对交易平台的虚假性并不明知。

（2）本案被告人对平台存在幕后操纵交易时机导致投资人亏损并不知情，主观上不具有诈骗故意。多名投资人反映，在价格上涨后欲图抛售时却每每遭遇平台所谓的"网络卡滞"，交易受限制不能正常交割而丧失最佳的成交机会，导致成交结果由盈转亏，而佳某投资公司则按相应交易股指每点指数 300 元盈亏进行结算，并收取每手交易手续费 480 元，实现非法获利上的"旱涝保收"。对于这个看似网络平台系统技术故障的问题，投资人多次向佳某投资公司反馈，并质疑存在幕后操纵之嫌。但本案中，被告人林某明等人不了解交易系统的原理和技术问题，经过向郑某中请示后得到的答复是"因为同时交易操作的人过多导致网络通道卡滞"，并将此解释转述给投资人。被告人林某明均非犯罪集团的核心成员，对交易软件的来源和交易平台的运作原理并不清楚，结合其自身并不存在网络技术背景，现有证据无法证明其认识到存在幕后操纵交易的内情。因此，从这个角度也难以认定本案多名被告人主观上存在诈骗故意。

综上所述，我们认为本案的多名被告人作为犯罪集团的下层人员，并不知晓交易平台的虚假性和可操纵性，主观上不具有诈骗故意，不构成诈骗罪。但需要注意的是，对于佳某投资公司幕后的操盘手和实际控制人郑某中等人而言，事实上对平台的虚假交易原理是明知的，应该认定为具有诈骗故意。若平台幕后操纵者到案，相关证据取证到位，可构成诈骗类犯罪。

2. 被告人构成非法经营罪

本案多名被告人是否构成非法经营罪，关键在于此类交易平台的经营模式是否违反相关证券期货管理法规。以股指期货配资为名，模拟股指期货交易规则，降低交易门槛，组织投资人在私自设立的且不对接场内的交易平台上从事股指期货交易的行为构成非法经营期货行为。上述行为违法性主要表现在：

（1）私设交易场所，提供交易设施，违法发布期货交易即时行情，模拟正规期货交易方式，组织投资人非法从事期货交易。《期货交易管理条例》第6条规定："未经国务院批准或者国务院期货监督管理机构批准，任何单位或者个人不得设立期货交易场所或者以任何形式组织期货交易及其相关活动。"被告人通过向投资人提供"太极软件"并指导投资人安装使用期货交易网络端口，引导投资人从端口进入其私设的"英联""英联300"期货交易平台，以保证金和开户资金远低于正规市场交易门槛为诱，组织投资人进行模拟的"中证500""沪深300"股指期货交易，已经构成非法设立期货交易场所和组织期货交易。

（2）不具有从业资质，非法从事期货经纪，投资咨询业务。《期货交易管理条例》第15条规定："未经国务院期货监督管理机构批准，任何单位或者个人不得设立或者变相设立期货公司，经营期货业务。"涉案公司佳某投资公司不属于期货公司，其所有员工亦不具备期货从业资格。佳某投资公司却大肆招募销售人员，通过拨打电话方式向投资人提供分析、介绍、建议期货交易服务，已构成非法期货投资咨询行为。另，佳某投资公司接受投资人委托，为其提供期货开户服务，通过平台软件接受交易指令，已构成非法从事期货经纪业务行为。

综上所述，本案多名被告人未经期货交易监管机构批准，非法经营股指期货业务，情节严重，其行为触犯了《刑法》第225条第3项规定，构成非法经营罪。

孙某某非法经营案

关键词

信用卡套现　非法经营　追诉　自行侦查　源头治理

要旨

近年来,恶意透支型信用卡诈骗犯罪案件持续高发,给银行业造成巨大损失。在查办信用卡诈骗案件的过程中,不断转变惩防思路,强化源头治理意识,注意发现犯罪线索,有效发挥追诉职能,引导公安机关侦查与自行侦查调取关键证据相结合,逐步深挖犯罪事实,对金融黑灰产业的前端犯罪进行严厉打击,从源头防治金融犯罪的发生,全力保障金融机构财产安全。

基本案情

被告人孙某某,男,曾用名孙某、孙某盼,1992年1月出生,案发前系北京某投资有限公司法定代表人。

2013年4月间,孙某某采用填报虚假工作单位及收入、制作存款证明等方式,通过某银行工作人员王某某,为无固定工作及收入的史某办理40万元大额度信用卡一张。办卡后,孙某某将信用卡全额套现并从中截留10万元作为好处费,将30万元直接支付给史某。截至案发，涉案信用卡共拖欠银行本金人民币36万余元，经发卡银行多次催收后超过3个月仍不归还。

后经查明，2013年间，被告人孙某某采用上述方式为其同村村民潘某某以及其他社会人员共计40余人办理该银行信用卡，后孙某某使用POS机，以虚构交易方式，直接从信用卡套取现金共计人民币1000余万元，并按照事先约定的20%左右的比例从中截留部分款项作为"好处费"，将剩余现金直接支付给持卡人。

诉讼过程

1. 线索发现及追诉

北京市西城区人民检察院向法院提起公诉的被告人史某恶意透支某银行信用卡36万余元涉嫌信用卡诈骗罪一案，经法院审理判决，史某犯信用卡诈骗罪，被判处有期徒刑5年8个月，并处罚金6万元。在该案的办理中发现，涉案信用卡系一名外号叫"孙某盼"的男子所办，并发现了该人通过非法途径帮助史某办理信用卡且从中牟利的犯罪线索，遂于2017年8月4日发函建议北京市公安局西城分局对涉嫌犯罪的事实进行调查。

2. 审查起诉

2018年3月19日，北京市公安局西城分局以被告人孙某某涉嫌信用卡诈骗罪向西城区人民检察院移送审查起诉。经审查，孙某某在明知史某无还款能力的前提下，为获取所谓的好处费而帮助史某采用欺骗手段申领信用卡，其主观方面具有对于银行资产非法占有的目的，客观方面实施了大量透支的行为，造成了无法归还的结果，并实际占有了刷卡套现出来的部分钱款，其行为符合信用卡诈骗罪的构成要件且与史某的行为构成共同犯罪。其行为触犯了《刑法》第 196 条第 1 款第 4 项之规定，构成信用卡诈骗罪，应当依法提起公诉。

在查清上述犯罪事实的同时，综合案件证据，还发现了孙某某使用相同方法为其同村的村民以及其他社会人员等 40 余人办卡，其中相当一部分信用卡全额套现后逾期未还，造成银行巨额财产损失。但因本案中银行工作人员王某某在境外，孙某某否认使用 POS 机套现的事实，POS 机对应商户信息与实际不符，套现资金去向不明，对应多名欠款的持卡人均失去联系一时难以到案等客观原因，导致认定孙某某对其余多张卡进行非法套现、帮助他人实施信用卡诈骗的犯罪事实证据不足，该部分事实尚未达到起诉条件，遂建议公安机关继续侦查。

3. 追诉漏罪

北京市西城区人民检察院于 2018 年 9 月 29 日以被告人孙某某涉嫌信用卡诈骗罪一案向法院提起公诉。在法庭审理阶段，检察机关继续深入引导侦查并自行侦查，使侦查工作取得了实质进展，经过补充证据，对被告人孙某某非法经营的犯罪事实进行追诉。主要的做法为：

（1）多个账目比对发现重大疑点，锁定 POS 机信息等关键证据。涉案 40 余张信用卡消费记录显示，这些信用卡均是在第一笔或者前几笔被全额刷卡套现，资金进入了信息不明的第三方，刷卡 POS 机关联的单位为北京某运输公司。公安机关调取了公司工商登记材料，走访登记的办公地址，均未查找到该公司的人员及信息。经初步判断存在更改 POS 机商户名称，刷卡消费记录信息与实际不符，这就导致了现有证据无法确认真实的刷卡人员，使侦查工作一度陷入中断。为此，检察机关引导公安机关继续对孙某某控制的多个账户进行查询,并联合公安机关多次到北京银联了解信用卡商户信息具体查询方法,调取了相关联的10余个信用卡交易记录的商户信息;在对嫌疑人控制的大量账户以及信用卡交易记录进行比对后,发现其本人的多张借记卡不定期从第三方账户收到大额的钱款,疑似套现所得;同时发现其本人银行信用卡账单及借记卡中有一家食品公司的消费记录及转账记录,该公司也出现在其帮助办卡的申卡人工作单位中,于是将该公司的相关信息列为重点侦查对象。经过对该公司关联的信用卡商户编码进行查询后,最终发现了POS机的真实商户实际为这家食品公司。

(2) 关联大量类案,突破取证瓶颈。在查找到POS机真实商户后,仍难以确认该商户与本案被告人之间的联系。为此,综合掌握的在案证据,发现案件中涉及的持卡人众多,可能存在关联案件可以发现侦破线索,在关联比对大量信用卡诈骗案件后,发现了检察院办理的被告人潘某某信用卡诈骗案中,潘某某曾供述自己的卡是一名叫"孙某盼"的人所办,且办卡经过与本案基本一致。查询到这一案件信息后,检察官向当年办理案件的多个承办人了解了情况,并了解到潘某某因犯信用卡诈骗罪在定州监狱服刑。承办人前往定州监狱向潘某某核实情况,潘某某证实某食品公司是其本人经营,其爱人董某某是法定代表人,公司办理的POS机曾被本案被告人借走使用,而且被告人还曾经借走该公司的印章及法人代表的证件。综上,根据潘某某的证言将POS机和本案被告人进行了关联,相关证据进一步指向本案被告人孙某某。

(3) 从资金流转各个环节夯实证据,建立完善的客观证据链条。在掌握上述重要信息后,检察官对该食品公司办理的用于收取信用卡款项的两个对公账户的开户信息及交易记录进行了调取,发现这两个账户均系由被告人孙某某代办,账户内收取的POS机刷卡的资金也流向了孙某某控制的银行账户内。经过对关键证据的调取比对,发现从信用卡刷卡后套出的资金流向了食品公司POS机对应的第三方收款银行,收款银行再将资金转入食品公司的对公账户,之后资金被转入被告人控制的账户,由被告人取现后将其中一部分支付给持卡人,最终,复盘了信用卡资金层层流转的路径。根据上述资金流向,结合被告人在办理信用卡、办理收款账户以及转移并支付资金各环节的相关证据以及证人证言,形成完整的证据链条,能够证明被告人实施了为他人进行信用卡套现1000余万元并牟利的犯罪事实。

综上,北京市西城区人民检察院于2019年8月2日以被告人孙某某涉嫌非法经营罪向西城区人民法院追加起诉。

4. 审判情况

北京市西城区人民法院经审理后认为,被告人孙某某违反国家规定,使用销售点终端机具(POS机),以虚构交易方式向信用卡持卡人直接支付现金,情节特别严重,其行为构成非法经营罪。检察机关指控被告人孙某某信用卡诈骗事实中涉及的违法手段与非法经营违法手段一致,一并以非法经营罪定罪处罚,并于2019年12月6日判决被告人孙某某犯非法经营罪,判处有期徒刑6年,并处罚金人民币15万元。判决宣告后被告人上诉,北京市第二中级人民法院于2020年3月10日裁定驳回上诉,维持原判。

西城区人民检察院对判决进行审查后认为,本案中信用卡诈骗犯罪案件事实与非法经营事实系手段和目的的关系,具有一定的关联性,非法经营罪虽不能完全评价其使用虚假手段帮助史某办卡骗取信用卡资金的行为，但因非法经营罪能够全面评价其办理的全部信用卡以及套现的犯罪事实，且法定刑比单起信用卡诈骗犯罪的法定刑更重，据此，以非法经营罪一并评价并无不妥，且判决量刑适当，没有抗诉必要，故未提出抗诉。

评析意见

近年来，北京市西城区人民检察院受理的恶意透支型信用卡诈骗案件居高不下。办案中发现部分信用卡诈骗案件的持卡人是通过办卡中介等第三方办理信用卡。这些中间人掌握相关资源，犯罪成本低，容易得手，同时，诱使没有办卡能力和条件的人骗取银行财产，其行为对金融秩序的破坏远比普通的恶意透支型信用卡诈骗犯罪更大。但该类行为较为隐蔽，套现资金流转复杂，取证困难，导致实践中难以对该类行为进行有效打击。

本案中检察院在查办大量信用卡诈骗犯罪案件的基础上，注意发现犯罪线索，有效发挥追诉职能，引导公安机关侦查与自行侦查相结合，逐步深挖犯罪事实，对信用卡诈骗类案件的源头犯罪进行有效打击。一是不断增强源头治理意识，有效发挥追诉职能。注重在办案中分析金融犯罪的风险点，发挥办案集成优势，对办理的大量信用卡诈骗案件进行类案分析，不放过每一个细节，注意发现金融犯罪风险源头以及产业链条的前端犯罪行为，针对发现的犯罪线索积极引导公安机关立案侦查，从源头上遏制信用卡诈骗案件的高发趋势。二是引导侦查与自行侦查相结合，不断完善证据体系。本案涉及的信用卡数量多、资金流转复杂、POS机等客观证据难以调取，为此，在办案中检察机关采取引导公安侦查并自行侦查相结合的方式，联合公安机关对涉案的200

余张银行卡进行查询,并通过对多张银行卡交易记录以及案例进行关联比对发现了涉案 POS 机的真实信息,对相关信息进行了调取,同时多次赴外地监狱向多名办卡人核实情况,不断完善证据体系,有效解决了取证难的问题。最终,在作案工具 POS 机无法调取以及被告人拒不认罪的情况下,构建了完善的证据体系,还原了客观事实,获得了法院的有罪判决,对被告人实施的破坏金融秩序、套取金融机构财产的行为进行了有力打击。三是敢于检察担当,专业化服务社会治理。在案件办理过程中,面临了很多困难,导致案件的处理遇到瓶颈,甚至犯罪深挖工作一度中断。鉴于该类行为对金融秩序严重的破坏性,以及对其进行严厉打击的必要性,检察机关敢于担当,迎难而上,及时调整思路,针对金融案件的特殊性,运用专业化思路和方法,解决了案件办理难题。同时,对涉案银行涉及的相关案件进行了类案分析,梳理了信用卡环节存在的管理和制度漏洞,及时向该银行发出检察建议,并收到了回函,助力银行完善内部风险防控机制,有效防范金融犯罪风险。

第三部分

金融犯罪重要法律文件及解读

最高人民法院、最高人民检察院、公安部关于办理非法集资刑事案件若干问题的意见

(高检会〔2019〕2号)

为依法惩治非法吸收公众存款、集资诈骗等非法集资犯罪活动，维护国家金融管理秩序，保护公民、法人和其他组织合法权益，根据刑法、刑事诉讼法等法律规定，结合司法实践，现就办理非法吸收公众存款、集资诈骗等非法集资刑事案件有关问题提出以下意见：

一、关于非法集资的"非法性"认定依据问题

人民法院、人民检察院、公安机关认定非法集资的"非法性"，应当以国家金融管理法律法规作为依据。对于国家金融管理法律法规仅作原则性规定的，可以根据法律规定的精神并参考中国人民银行、中国银行保险监督管理委员会、中国证券监督管理委员会等行政主管部门依照国家金融管理法律法规制定的部门规章或者国家有关金融管理的规定、办法、实施细则等规范性文件的规定予以认定。

二、关于单位犯罪的认定问题

单位实施非法集资犯罪活动，全部或者大部分违法所得归单

位所有的,应当认定为单位犯罪。

个人为进行非法集资犯罪活动而设立的单位实施犯罪的,或者单位设立后,以实施非法集资犯罪活动为主要活动的,不以单位犯罪论处,对单位中组织、策划、实施非法集资犯罪活动的人员应当以自然人犯罪依法追究刑事责任。

判断单位是否以实施非法集资犯罪活动为主要活动,应当根据单位实施非法集资的次数、频度、持续时间、资金规模、资金流向、投入人力物力情况、单位进行正当经营的状况以及犯罪活动的影响、后果等因素综合考虑认定。

三、 关于涉案下属单位的处理问题

办理非法集资刑事案件中,人民法院、人民检察院、公安机关应当全面查清涉案单位,包括上级单位(总公司、母公司)和下属单位(分公司、子公司)的主体资格、层级、关系、地位、作用、资金流向等,区分情况依法作出处理。

上级单位已被认定为单位犯罪,下属单位实施非法集资犯罪活动,且全部或者大部分违法所得归下属单位所有的,对该下属单位也应当认定为单位犯罪。上级单位和下属单位构成共同犯罪的,应当根据犯罪单位的地位、作用,确定犯罪单位的刑事责任。

上级单位已被认定为单位犯罪,下属单位实施非法集资犯罪活动,但全部或者大部分违法所得归上级单位所有的,对下属单位不单独认定为单位犯罪。下属单位中涉嫌犯罪的人员,可以作为上级单位的其他直接责任人员依法追究刑事责任。

上级单位未被认定为单位犯罪,下属单位被认定为单位犯罪的,对上级单位中组织、策划、实施非法集资犯罪的人员,一般

可以与下属单位按照自然人与单位共同犯罪处理。

上级单位与下属单位均未被认定为单位犯罪的，一般以上级单位与下属单位中承担组织、领导、管理、协调职责的主管人员和发挥主要作用的人员作为主犯，以其他积极参加非法集资犯罪的人员作为从犯，按照自然人共同犯罪处理。

四、关于主观故意的认定问题

认定犯罪嫌疑人、被告人是否具有非法吸收公众存款的犯罪故意，应当依据犯罪嫌疑人、被告人的任职情况、职业经历、专业背景、培训经历、本人因同类行为受到行政处罚或者刑事追究情况以及吸收资金方式、宣传推广、合同资料、业务流程等证据，结合其供述，进行综合分析判断。

犯罪嫌疑人、被告人使用诈骗方法非法集资，符合《最高人民法院关于审理非法集资刑事案件具体应用法律若干问题的解释》第四条规定的，可以认定为集资诈骗罪中"以非法占有为目的"。

办案机关在办理非法集资刑事案件中，应当根据案件具体情况注意收集运用涉及犯罪嫌疑人、被告人的以下证据：是否使用虚假身份信息对外开展业务；是否虚假订立合同、协议；是否虚假宣传，明显超出经营范围或者夸大经营、投资、服务项目及盈利能力；是否吸收资金后隐匿、销毁合同、协议、账目；是否传授或者接受规避法律、逃避监管的方法，等等。

五、关于犯罪数额的认定问题

非法吸收或者变相吸收公众存款构成犯罪，具有下列情形之一的，向亲友或者单位内部人员吸收的资金应当与向不特定对象吸收的资金一并计入犯罪数额：

（一）在向亲友或者单位内部人员吸收资金的过程中，明知亲友或者单位内部人员向不特定对象吸收资金而予以放任的；

（二）以吸收资金为目的，将社会人员吸收为单位内部人员，并向其吸收资金的；

（三）向社会公开宣传，同时向不特定对象、亲友或者单位内部人员吸收资金的。

非法吸收或者变相吸收公众存款的数额，以行为人所吸收的资金全额计算。集资参与人收回本金或者获得回报后又重复投资的数额不予扣除，但可以作为量刑情节酌情考虑。

六、关于宽严相济刑事政策把握问题

办理非法集资刑事案件，应当贯彻宽严相济刑事政策，依法合理把握追究刑事责任的范围，综合运用刑事手段和行政手段处置和化解风险，做到惩处少数、教育挽救大多数。要根据行为人的客观行为、主观恶性、犯罪情节及其地位、作用、层级、职务等情况，综合判断行为人的责任轻重和刑事追究的必要性，按照区别对待原则分类处理涉案人员，做到罚当其罪、罪责刑相适应。

重点惩处非法集资犯罪活动的组织者、领导者和管理人员，包括单位犯罪中的上级单位（总公司、母公司）的核心层、管理层和骨干人员，下属单位（分公司、子公司）的管理层和骨干人员，以及其他发挥主要作用的人员。

对于涉案人员积极配合调查、主动退赃退赔、真诚认罪悔罪的，可以依法从轻处罚；其中情节轻微的，可以免除处罚；情节显著轻微、危害不大的，不作为犯罪处理。

七、关于管辖问题

跨区域非法集资刑事案件按照《国务院关于进一步做好防范和处置非法集资工作的意见》(国发〔2015〕59号)确定的工作原则办理。如果合并侦查、诉讼更为适宜的,可以合并办理。

办理跨区域非法集资刑事案件,如果多个公安机关都有权立案侦查的,一般由主要犯罪地公安机关作为案件主办地,对主要犯罪嫌疑人立案侦查和移送审查起诉;由其他犯罪地公安机关作为案件分办地根据案件具体情况,对本地区犯罪嫌疑人立案侦查和移送审查起诉。

管辖不明或者有争议的,按照有利于查清犯罪事实、有利于诉讼的原则,由其共同的上级公安机关协调确定或者指定有关公安机关作为案件主办地立案侦查。需要提请批准逮捕、移送审查起诉、提起公诉的,由分别立案侦查的公安机关所在地的人民检察院、人民法院受理。

对于重大、疑难、复杂的跨区域非法集资刑事案件,公安机关应当在协调确定或者指定案件主办地立案侦查的同时,通报同级人民检察院、人民法院。人民检察院、人民法院参照前款规定,确定主要犯罪地作为案件主办地,其他犯罪地作为案件分办地,由所在地的人民检察院、人民法院负责起诉、审判。

本条规定的"主要犯罪地",包括非法集资活动的主要组织、策划、实施地,集资行为人的注册地、主要营业地、主要办事机构所在地,集资参与人的主要所在地等。

八、关于办案工作机制问题

案件主办地和其他涉案地办案机关应当密切沟通协调,协同推进侦查、起诉、审判、资产处置工作,配合有关部门最大限度追赃挽损。

案件主办地办案机关应当统一负责主要犯罪嫌疑人、被告人涉嫌非法集资全部犯罪事实的立案侦查、起诉、审判,防止遗漏犯罪事实;并应就全案处理政策、追诉主要犯罪嫌疑人、被告人的证据要求及诉讼时限、追赃挽损、资产处置等工作要求,向其他涉案地办案机关进行通报。其他涉案地办案机关应当对本地区犯罪嫌疑人、被告人涉嫌非法集资的犯罪事实及时立案侦查、起诉、审判,积极协助主办地处置涉案资产。

案件主办地和其他涉案地办案机关应当建立和完善证据交换共享机制。对涉及主要犯罪嫌疑人、被告人的证据,一般由案件主办地办案机关负责收集,其他涉案地提供协助。案件主办地办案机关应当及时通报接收涉及主要犯罪嫌疑人、被告人的证据材料的程序及要求。其他涉案地办案机关需要案件主办地提供证据材料的,应当向案件主办地办案机关提出证据需求,由案件主办地收集并依法移送。无法移送证据原件的,应当在移送复制件的同时,按照相关规定作出说明。

九、关于涉案财物追缴处置问题

办理跨区域非法集资刑事案件,案件主办地办案机关应当及时归集涉案财物,为统一资产处置做好基础性工作。其他涉案地办案机关应当及时查明涉案财物,明确其来源、去向、用途、流转情况,依法办理查封、扣押、冻结手续,并制作详细清单,对扣押款项应当设立明细账,在扣押后立即存入办案机关唯一合规账户,并将有关情况提供案件主办地办案机关。

人民法院、人民检察院、公安机关应当严格依照刑事诉讼法和相关司法解释的规定，依法移送、审查、处理查封、扣押、冻结的涉案财物。对审判时尚未追缴到案或者尚未足额退赔的违法所得，人民法院应当判决继续追缴或者责令退赔，并由人民法院负责执行，处置非法集资职能部门、人民检察院、公安机关等应当予以配合。

人民法院对涉案财物依法作出判决后，有关地方和部门应当在处置非法集资职能部门统筹协调下，切实履行协作义务，综合运用多种手段，做好涉案财物清运、财产变现、资金归集、资金清退等工作，确保最大限度减少实际损失。

根据有关规定，查封、扣押、冻结的涉案财物，一般应在诉讼终结后返还集资参与人。涉案财物不足全部返还的，按照集资参与人的集资额比例返还。退赔集资参与人的损失一般优先于其他民事债务以及罚金、没收财产的执行。

十、关于集资参与人权利保障问题

集资参与人，是指向非法集资活动投入资金的单位和个人，为非法集资活动提供帮助并获取经济利益的单位和个人除外。

人民法院、人民检察院、公安机关应当通过及时公布案件进展、涉案资产处置情况等方式，依法保障集资参与人的合法权利。集资参与人可以推选代表人向人民法院提出相关意见和建议；推选不出代表人的，人民法院可以指定代表人。人民法院可以视案件情况决定集资参与人代表人参加或者旁听庭审，对集资参与人提起附带民事诉讼等请求不予受理。

十一、关于行政执法与刑事司法衔接问题

处置非法集资职能部门或者有关行政主管部门，在调查非法

集资行为或者行政执法过程中，认为案情重大、疑难、复杂的，可以商请公安机关就追诉标准、证据固定等问题提出咨询或者参考意见；发现非法集资行为涉嫌犯罪的，应当按照《行政执法机关移送涉嫌犯罪案件的规定》等规定，履行相关手续，在规定的期限内将案件移送公安机关。

人民法院、人民检察院、公安机关在办理非法集资刑事案件过程中，可商请处置非法集资职能部门或者有关行政主管部门指派专业人员配合开展工作，协助查阅、复制有关专业资料，就案件涉及的专业问题出具认定意见。涉及需要行政处理的事项，应当及时移交处置非法集资职能部门或者有关行政主管部门依法处理。

十二、关于国家工作人员相关法律责任问题

国家工作人员具有下列行为之一，构成犯罪的，应当依法追究刑事责任：

（一）明知单位和个人所申请机构或者业务涉嫌非法集资，仍为其办理行政许可或者注册手续的；

（二）明知所主管、监管的单位有涉嫌非法集资行为，未依法及时处理或者移送处置非法集资职能部门的；

（三）查处非法集资过程中滥用职权、玩忽职守、徇私舞弊的；

（四）徇私舞弊不向司法机关移交非法集资刑事案件的；

（五）其他通过职务行为或者利用职务影响，支持、帮助、纵容非法集资的。

最高人民检察院
关于办理涉互联网金融犯罪案件
有关问题座谈会纪要

（高检诉〔2017〕14号）

互联网金融是金融与互联网相互融合形成的新型金融业务模式。发展互联网金融，对加快实施创新驱动发展战略、推进供给侧结构性改革、促进经济转型升级具有积极作用。但是，在互联网金融快速发展过程中，部分机构、业态偏离了正确方向，有些甚至打着"金融创新"的幌子进行非法集资、金融诈骗等违法犯罪活动，严重扰乱了金融管理秩序，侵害了人民群众合法权益。2016年4月，国务院部署开展了互联网金融风险专项整治工作，集中整治违法违规行为，防范和化解互联网金融风险。各级检察机关积极参与专项整治工作，依法办理进入检察环节的涉互联网金融犯罪案件。针对办案中遇到的新情况、新问题，高检院公诉厅先后在昆明、上海、福州召开座谈会，对办理涉互联网金融犯罪案件中遇到的有关行为性质、法律适用、证据审查、追诉范围等问题进行了深入研究。纪要如下：

一、 办理涉互联网金融犯罪案件的基本要求

促进和保障互联网金融规范健康发展，是检察机关服务经济

社会发展的重要内容。各地检察机关公诉部门应当充分认识防范和化解互联网金融风险的重要性、紧迫性和复杂性，立足检察职能，积极参与互联网金融风险专项整治工作，有效预防、依法惩治涉互联网金融犯罪，切实维护人民群众合法权益，维护国家金融安全。

1. 准确认识互联网金融的本质。互联网金融的本质仍然是金融，其潜在的风险与传统金融没有区别，甚至还可能因互联网的作用而被放大。要依据现有的金融管理法律规定，依法准确判断各类金融活动、金融业态的法律性质，准确界定金融创新和金融违法犯罪的界限。在办理涉互联网金融犯罪案件时，判断是否符合"违反国家规定""未经有关国家主管部门批准"等要件时，应当以现行刑事法律和金融管理法律法规为依据。对各种类型互联网金融活动，要深入剖析行为实质并据此判断其性质，从而准确区分罪与非罪、此罪与彼罪、罪轻与罪重、打击与保护的界限，不能机械地被所谓"互联网金融创新"表象所迷惑。

2. 妥善把握刑事追诉的范围和边界。涉互联网金融犯罪案件涉案人员众多，要按照区别对待的原则分类处理，综合运用刑事追诉和非刑事手段处置和化解风险，打击少数、教育挽救大多数。要坚持主客观相统一的原则，根据犯罪嫌疑人在犯罪活动中的地位作用、涉案数额、危害结果、主观过错等主客观情节，综合判断责任轻重及刑事追诉的必要性，做到罪责适应、罚当其罪。对犯罪情节严重、主观恶性大、在犯罪中起主要作用的人员，特别是核心管理层人员和骨干人员，依法从严打击；对犯罪情节相对较轻、主观恶性较小、在犯罪中起次要作用的人员依法从宽处理。

3. 注重案件统筹协调推进。涉互联网金融犯罪跨区域特征明显,各地检察机关公诉部门要按照"统一办案协调、统一案件指挥、统一资产处置、分别侦查诉讼、分别落实维稳"(下称"三统两分")的要求分别处理好辖区内案件,加强横向、纵向联系,在上级检察机关特别是省级检察院的指导下统一协调推进办案工作,确保辖区内案件处理结果相对平衡统一。跨区县案件由地市级检察院统筹协调,跨地市案件由省级检察院统一协调,跨省案件由高检院公诉厅统一协调。各级检察机关公诉部门要加强与公安机关、地方金融办等相关单位以及检察机关内部侦监、控申等部门的联系,建立健全案件信息通报机制,及时掌握重大案件的立案、侦查、批捕、信访等情况,适时开展提前介入侦查等工作,并及时上报上级检察院。省级检察院公诉部门要发挥工作主动性,主动掌握社会影响大的案件情况,研究制定工作方案,统筹协调解决办案中遇到的问题,重大、疑难、复杂问题要及时向高检院报告。

4. 坚持司法办案"三个效果"有机统一。涉互联网金融犯罪影响广泛,社会各界特别是投资人群体十分关注案件处理。各级检察机关公诉部门要从有利于全案依法妥善处置的角度出发,切实做好提前介入侦查引导取证、审查起诉、出庭公诉等各个阶段的工作,依法妥善处理重大敏感问题,不能机械司法、就案办案。同时,要把办案工作与保障投资人合法权益紧密结合起来,同步做好释法说理、风险防控、追赃挽损、维护稳定等工作,努力实现司法办案的法律效果、社会效果、政治效果有机统一。

二、准确界定涉互联网金融行为法律性质

5. 互联网金融涉及 P2P 网络借贷、股权众筹、第三方支付、互联网保险以及通过互联网开展资产管理及跨界从事金融业务等

多个金融领域，行为方式多样，所涉法律关系复杂。违法犯罪行为隐蔽性、迷惑性强，波及面广，社会影响大，要根据犯罪行为的实质特征和社会危害，准确界定行为的法律性质和刑法适用的罪名。

（一）非法吸收公众存款行为的认定

6. 涉互联网金融活动在未经有关部门依法批准的情形下，公开宣传并向不特定公众吸收资金，承诺在一定期限内还本付息的，应当依法追究刑事责任。其中，应重点审查互联网金融活动相关主体是否存在归集资金、沉淀资金，致使投资人资金存在被挪用、侵占等重大风险等情形。

7. 互联网金融的本质是金融，判断其是否属于"未经有关部门依法批准"，即行为是否具有非法性的主要法律依据是《商业银行法》、《非法金融机构和非法金融业务活动取缔办法》（国务院令第247号）等现行有效的金融管理法律规定。

8. 对以下网络借贷领域的非法吸收公众资金的行为，应当以非法吸收公众存款罪分别追究相关行为主体的刑事责任：

（1）中介机构以提供信息中介服务为名，实际从事直接或间接归集资金、甚至自融或变相自融等行为，应当依法追究中介机构的刑事责任。特别要注意识别变相自融行为，如中介机构通过拆分融资项目期限、实行债权转让等方式为自己吸收资金的，应当认定为非法吸收公众存款。

（2）中介机构与借款人存在以下情形之一的，应当依法追究刑事责任：①中介机构与借款人合谋或者明知借款人存在违规情形，仍为其非法吸收公众存款提供服务的；中介机构与借款人合谋，采取向出借人提供信用担保、通过电子渠道以外的物理场所开展借贷业务等违规方式向社会公众吸收资金的；②双方合谋通过拆分融资项目期限、实行债权转让等方式为借款人吸收资金的。在对中介机构、借款人进行追诉时，应根据各自在非法集资中的地位、作用确定其刑事责任。中介机构虽然没有直接吸收资金，但是通过大肆组织借款人开展非法集资并从中收取费用数额巨大、情节严重的，可以认定为主犯。

（3）借款人故意隐瞒事实，违反规定，以自己名义或借用他人名义利用多个网络借贷平台发布借款信息，借款总额超过规定的最高限额，或将吸收资金用于明确禁止的投资股票、场外配资、期货合约等高风险行业，造成重大损失和社会影响的，应当依法追究借款人的刑事责任。对于借款人将借款主要用于正常的生产经营活动，能够及时清退所吸收资金，不作为犯罪处理。

9. 在非法吸收公众存款罪中，原则上认定主观故意并不要求以明知法律的禁止性规定为要件。特别是具备一定涉金融活动相关从业经历、专业背景或在犯罪活动中担任一定管理职务的犯罪嫌疑人，应当知晓相关金融法律管理规定，如果有证据证明其实际从事的行为应当批准而未经批准，行为在客观上具有非法性，原则上就可以认定其具有非法吸收公众存款的主观故意。在证明犯罪嫌疑人的主观故意时，可以收集运用犯罪嫌疑人的任职情况、职业经历、专业背景、培训经历、此前任职单位或者其本人因从事同类行为受到处罚情况等证据，证明犯罪嫌疑人提出的"不知道相关行为被法律所禁止，故不具有非法吸收公众存款的主观故意"等辩解不能成立。除此之外，还可以收集运用以下证据进一步印证犯罪嫌疑人知道或应当知道其所从事行为具有非法性，比如犯罪嫌疑人故意规避法律以逃避监管的相关证据：自己或要求下属与投资人签订虚假的亲友关系确认书，频繁更换宣传用语逃避监管，实际推介内容与宣传用语、实际经营状况不一致,刻意向投资人夸大公司兑付能力,在培训课程中传授或接受规避法律的方法,等等。

10. 对于无相关职业经历、专业背景,且从业时间短暂,在单位犯罪中层级较低,纯属执行单位领导指令的犯罪嫌疑人提出辩解的,如确实无其他证据证明其具有主观故意的,可以不作为犯罪处理。另外,实践中还存在犯罪嫌疑人提出因信赖行政主管部门出具的相关意见而陷入错误认识的辩解。如果上述辩解确有证据证明,不应作为犯罪处理,但应当对行政主管部门出具的相关意见及其出具过程进行查证,如存在以下情形之一,仍应认定犯罪嫌疑人具有非法吸收公众存款的主观故意:

(1)行政主管部门出具意见所涉及的行为与犯罪嫌疑人实际从事的行为不一致的;

(2)行政主管部门出具的意见未对是否存在非法吸收公众存款问题进行合法性审查,仅对其他合法性问题进行审查的;

(3)犯罪嫌疑人在行政主管部门出具意见时故意隐瞒事实、弄虚作假的;

(4)犯罪嫌疑人与出具意见的行政主管部门的工作人员存在利益输送行为的;

(5)犯罪嫌疑人存在其他影响和干扰行政主管部门出具意见公正性的情形的。

对于犯罪嫌疑人提出因信赖专家学者、律师等专业人士、主流新闻媒体宣传或有关行政主管部门工作人员的个人意见而陷入错误认识的辩解,不能作为犯罪嫌疑人判断自身行为合法性的根据和排除主观故意的理由。

11. 负责或从事吸收资金行为的犯罪嫌疑人非法吸收公众存款金额,根据其实际参与吸收的全部金额认定。但以下金额不应计入该犯罪嫌疑人的吸收金额：

（1）犯罪嫌疑人自身及其近亲属所投资的资金金额；

（2）记录在犯罪嫌疑人名下，但其未实际参与吸收且未从中收取任何形式好处的资金。

吸收金额经过司法会计鉴定的，可以将前述不计入部分直接扣除。但是，前述两项所涉金额仍应计入相对应的上一级负责人及所在单位的吸收金额。

12. 投资人在每期投资结束后，利用投资账户中的资金（包括每期投资结束后归还的本金、利息）进行反复投资的金额应当累计计算，但对反复投资的数额应当作出说明。对负责或从事行政管理、财务会计、技术服务等辅助工作的犯罪嫌疑人，应当按照其参与的犯罪事实，结合其在犯罪中的地位和作用，依法确定刑事责任范围。

13. 确定犯罪嫌疑人的吸收金额时，应当重点审查、运用以下证据：（1）涉案主体自身的服务器或第三方服务器上存储的交易记录等电子数据；（2）会计账簿和会计凭证；（3）银行账户交易记录、POS机支付记录；（4）资金收付凭证、书面合同等书证。仅凭投资人报案数据不能认定吸收金额。

（二）集资诈骗行为的认定

14. 以非法占有为目的，使用诈骗方法非法集资，是集资诈骗罪的本质特征。是否具有非法占有目的，是区分非法吸收公众存款罪和集资诈骗罪的关键要件，对此要重点围绕融资项目真实性、资金去向、归还能力等事实进行综合判断。犯罪嫌疑人存在以下情形之一的，原则上可以认定具有非法占有目的：

（1）大部分资金未用于生产经营活动，或名义上投入生产经营但又通过各种方式抽逃转移资金的；

（2）资金使用成本过高，生产经营活动的盈利能力不具有支付全部本息的现实可能性的；

（3）对资金使用的决策极度不负责任或肆意挥霍造成资金缺口较大的；

（4）归还本息主要通过借新还旧来实现的；

（5）其他依照有关司法解释可以认定为非法占有目的的情形。

15. 对于共同犯罪或单位犯罪案件中，不同层级的犯罪嫌疑人之间存在犯罪目的发生转化或者犯罪目的明显不同的，应当根据犯罪嫌疑人的犯罪目的分别认定。

（1）注意区分犯罪目的发生转变的时间节点。犯罪嫌疑人在初始阶段仅具有非法吸收公众存款的故意，不具有非法占有目的，但在发生经营失败、资金链断裂等问题后，明知没有归还能力仍然继续吸收公众存款的，这一时间节点之后的行为应当认定为集资诈骗罪，此前的行为应当认定为非法吸收公众存款罪。

（2）注意区分犯罪嫌疑人的犯罪目的的差异。在共同犯罪或单位犯罪中，犯罪嫌疑人由于层级、职责分工、获取收益方式、对全部犯罪事实的知情程度等不同，其犯罪目的也存在不同。在非法集资犯罪中，有的犯罪嫌疑人具有非法占有的目的，有的则不具有非法占有目的，对此，应当分别认定为集资诈骗罪和非法吸收公众存款罪。

16. 证明主观上是否具有非法占有目的，可以重点收集、运用以下客观证据：

（1）与实施集资诈骗整体行为模式相关的证据：投资合同、宣传资料、培训内容等；

（2）与资金使用相关的证据：资金往来记录、会计账簿和会计凭证、资金使用成本（包括利息和佣金等）、资金决策使用过程、资金主要用途、财产转移情况等；

（3）与归还能力相关的证据：吸收资金所投资项目内容、投资实际经营情况、盈利能力、归还本息资金的主要来源、负债情况、是否存在虚构业绩等虚假宣传行为等；

（4）其他涉及欺诈等方面的证据：虚构融资项目进行宣传、隐瞒资金实际用途、隐匿销毁账簿；等等。司法会计鉴定机构对相关数据进行鉴定时，办案部门可以根据查证犯罪事实的需要提出重点鉴定的项目，保证司法会计鉴定意见与待证的构成要件事实之间的关联性。

17. 集资诈骗的数额，应当以犯罪嫌疑人实际骗取的金额计算。犯罪嫌疑人为吸收公众资金制造还本付息的假象，在诈骗的同时对部分投资人还本付息的，集资诈骗的金额以案发时实际未兑付的金额计算。案发后，犯罪嫌疑人主动退还集资款项的，不能从集资诈骗的金额中扣除，但可以作为量刑情节考虑。

（三）非法经营资金支付结算行为的认定

18. 支付结算业务（也称支付业务）是商业银行或者支付机构在收付款人之间提供的货币资金转移服务。非银行机构从事支付结算业务，应当经中国人民银行批准取得《支付业务许可证》，成为支付机构。未取得支付业务许可从事该业务的行为，违反《非法金融机构和非法金融业务活动取缔办法》第四条第一款第（三）、（四）项的规定，破坏了支付结算业务许可制度，危害支付市场秩序和安全，情节严重的，适用刑法第二百二十五条第（三）项，以非法经营罪追究刑事责任。具体情形：

（1）未取得支付业务许可经营基于客户支付账户的网络支付业务。无证网络支付机构为客户非法开立支付账户，客户先把资金支付到该支付账户，再由无证机构根据订单信息从支付账户平台将资金结算到收款人银行账户。

（2）未取得支付业务许可经营多用途预付卡业务。无证发卡机构非法发行可跨地区、跨行业、跨法人使用的多用途预付卡，聚集大量的预付卡销售资金，并根据客户订单信息向商户划转结算资金。

19. 在具体办案时，要深入剖析相关行为是否具备资金支付结算的实质特征，准确区分支付工具的正常商业流转与提供支付结算服务、区分单用途预付卡与多用途预付卡业务，充分考虑具体行为与"地下钱庄"等同类犯罪在社会危害方面的相当性以及刑事处罚的必要性，严格把握入罪和出罪标准。

三、依法认定单位犯罪及其责任人员

20. 涉互联网金融犯罪案件多以单位形式组织实施，所涉单位数量众多、层级复杂，其中还包括大量分支机构和关联单位，集团化特征明显。有的涉互联网金融犯罪案件中分支机构遍布全国，既有具备法人资格的，又有不具备法人资格的；既有受总公司直接领导的，又有受总公司的下属单位领导的。公安机关在立案时做法不一，有的对单位立案，有的不对单位立案，有的被立案的单位不具有独立法人资格，有的仅对最上层的单位立案而不对分支机构立案。对此，检察机关公诉部门在审查起诉时，应当从能够全面揭示犯罪行为基本特征、全面覆盖犯罪活动、准确界定区分各层级人员的地位作用、有利于有力指控犯罪、有利于追缴违法所得等方面依法具体把握，确定是否以单位犯罪追究。

21. 涉互联网金融犯罪所涉罪名中，刑法规定应当追究单位刑事责任的，对同时具备以下情形且具有独立法人资格的单位，

可以以单位犯罪追究：

（1）犯罪活动经单位决策实施；

（2）单位的员工主要按照单位的决策实施具体犯罪活动；

（3）违法所得归单位所有，经单位决策使用，收益亦归单位所有。但是，单位设立后专门从事违法犯罪活动的，应当以自然人犯罪追究刑事责任。

22. 对参与涉互联网金融犯罪，但不具有独立法人资格的分支机构，是否追究其刑事责任，可以区分两种情形处理：

（1）全部或部分违法所得归分支机构所有并支配，分支机构作为单位犯罪主体追究刑事责任；

（2）违法所得完全归分支机构上级单位所有并支配的，不能对分支机构作为单位犯罪主体追究刑事责任，而是应当对分支机构的上级单位（符合单位犯罪主体资格）追究刑事责任。

23. 分支机构认定为单位犯罪主体的，该分支机构相关涉案人员应当作为该分支机构的"直接负责的主管人员"或者"其他直接责任人员"追究刑事责任。仅将分支机构的上级单位认定为单位犯罪主体的，该分支机构相关涉案人员可以作为该上级单位的"其他直接责任人员"追究刑事责任。

24. 对符合追诉条件的分支机构（包括具有独立法人资格的和不具有独立法人资格）及其所属单位，公安机关均没有作为犯罪嫌疑单位移送审查起诉，仅将其所属单位的上级单位作为犯罪嫌疑单位移送审查起诉的，对相关分支机构涉案人员可以区分以下情形处理：

（1）有证据证明被立案的上级单位（比如总公司）在业务、财务、人事等方面对下属单位及其分支机构进行实际控制，下属单位及其分支机构涉案人员可以作为被移送审查起诉的上级单位的"其他直接责任人员"追究刑事责任。在证明实际控制关系时，应当收集、运用公司决策、管理、考核等相关文件，OA系统等电子数据，资金往来记录等证据。对不同地区同一单位的分支机构涉案人员起诉时，证明实际控制关系的证据体系、证明标准应基本一致。

（2）据现有证据无法证明被立案的上级单位与下属单位及其分支机构之间存在实际控制关系的，对符合单位犯罪构成要件的下属单位或分支机构应当补充起诉，下属单位及其分支机构已不具备补充起诉条件的，可以将下属单位及其分支机构的涉案犯罪嫌疑人直接起诉。

四、综合运用定罪量刑情节

25. 在办理跨区域涉互联网金融犯罪案件时，在追诉标准、追诉范围以及量刑建议等方面应当注意统一平衡。对于同一单位在多个地区分别设立分支机构的，在同一省（自治区、直辖市）范围内应当保持基本一致。分支机构所涉犯罪嫌疑人与上级单位主要犯罪嫌疑人之间应当保持适度平衡，防止出现责任轻重"倒挂"的现象。

26. 单位犯罪中，直接负责的主管人员和其他直接责任人员在涉互联网金融犯罪案件中的地位、作用存在明显差别的，可以区分主犯和从犯。对起组织领导作用的总公司的直接负责的主管人员和发挥主要作用的其他直接责任人员，可以认定为全案的主犯，其他人员可以认定为从犯。

27. 最大限度减少投资人的实际损失是办理涉互联网金融犯罪案件特别是非法集资案件的重要工作。在决定是否起诉、提出量刑建议时，要重视对是否具有认罪认罚、主动退赃退赔等情节的考察。分支机构涉案人员积极配合调查、主动退还违法所得、真诚认罪悔罪的,应当依法提出从轻、减轻处罚的量刑建议。其中,对情节轻微、可以免予刑事处罚的,或者情节显著轻微、危害不大、不认为是犯罪的,应当依法作出不起诉决定。对被不起诉人需要给予行政处罚或者没收违法所得的,应当向行政主管部门提出检察意见。

五、 证据的收集、审查与运用

28. 涉互联网金融犯罪案件证据种类复杂、数量庞大、且分散于各地,收集、审查、运用证据的难度大。各地检察机关公诉部门要紧紧围绕证据的真实性、合法性、关联性,引导公安机关依法全面收集固定证据,加强证据的审查、运用,确保案件事实经得起法律的检验。

29. 对于重大、疑难、复杂涉互联网金融犯罪案件,检察机关公诉部门要依法提前介入侦查,围绕指控犯罪的需要积极引导公安机关全面收集固定证据,必要时与公安机关共同会商,提出完善侦查思路、侦查提纲的意见建议。加强对侦查取证合法性的监督,对应当依法排除的非法证据坚决予以排除,对应当补正或作出合理解释的及时提出意见。

30. 电子数据在涉互联网金融犯罪案件的证据体系中地位重要,对于指控证实相关犯罪事实具有重要作用。随着互联网技术的不断发展,电子数据的形式、载体出现了许多新的变化,对电子数据的勘验、提取、审查等提出了更高要求,处理不当会对电子数据的真实性、合法性造成不可逆转的损害。检察机关公诉部门要严格执行《最高人民法院、最高人民检察院、公安部关于办理刑事案件收集提取和审查判断电子数据问题的若干规定》

（法发〔2016〕22号），加强对电子数据收集、提取程序和技术标准的审查，确保电子数据的真实性、合法性。对云存储电子数据等新类型电子数据进行提取、审查时，要高度重视程序合法性、数据完整性等问题，必要时主动征求相关领域专家意见，在提取前会同公安机关、云存储服务提供商制定科学合法的提取方案，确保万无一失。

31. 落实"三统两分"要求，健全证据交换共享机制，协调推进跨区域案件办理。对涉及主案犯罪嫌疑人的证据，一般由主案侦办地办案机构负责收集，其他地区提供协助。其他地区办案机构需要主案侦办地提供证据材料的，应当向主案侦办地办案机构提出证据需求，由主案侦办地办案机构收集并依法移送。无法移送证据原件的，应当在移送复制件的同时，按照相关规定作出说明。各地检察机关公诉部门之间要加强协作，加强与公安机关的协调，督促本地公安机关与其他地区公安机关做好证据交换共享相关工作。案件进入审查起诉阶段后，检察机关公诉部门可以根据案件需要，直接向其他地区检察机关调取证据，其他地区检察机关公诉部门应积极协助。此外，各地检察机关在办理案件过程中发现对其他地区案件办理有重要作用的证据，应当及时采取措施并通知相应检察机关，做好依法移送工作。

六、投资人合法权益的保护

32. 涉互联网金融犯罪案件投资人诉求复杂多样，矛盾化解和维护稳定工作任务艰巨繁重，各地检察机关公诉部门在办案过程中要坚持刑事追诉和权益保护并重，根据《刑事诉讼法》等相关法律规定，依法保证互联网金融活动中投资人的合法权益，坚持把追赃挽损等工作贯穿到侦查、起诉、审判各个环节，配合公安、法院等部门最大限度减少投资人的实际损失,加强与本院控申部门、公安机关的联系沟通,及时掌握涉案动态信息,认真开展办案风险评估预警工作,周密制定处置预案,并落实责任到位,避免因部门之间衔接不畅、处置不当造成工作被动。发现重大风险隐患的,及时向有关部门通报情况,必要时逐级上报高检院。

随着互联网金融的发展,涉互联网金融犯罪中的新情况、新问题还将不断出现,各地检察机关公诉部门要按照会议纪要的精神,结合各地办案实际,依法办理涉互联网金融犯罪案件;在办好案件的同时,要不断总结办案经验,加强对重大疑难复杂案件的研究,努力提高办理涉互联网金融犯罪案件的能力和水平,为促进互联网金融规范发展、保障经济社会大局稳定作出积极贡献。在办案过程中遇到疑难问题的,要及时层报高检院公诉厅。

附：

《关于办理涉互联网金融犯罪案件有关问题座谈会纪要》理解和适用[*]

聂建华　陈鸳成　贝金欣　罗　曦[**]

为保障互联网金融规范发展，有效防范化解金融风险，依法办理涉互联网金融犯罪案件，最高人民检察院（以下简称高检院）公诉厅于2017年6月1日印发了《关于办理涉互联网金融犯罪案件有关问题座谈会纪要》（高检诉〔2017〕14号，以下简称《会议纪要》），指导各地检察机关公诉部门依法处理这一类案件。为了便于更好地理解和适用，结合近一年司法实践情况，笔者对《会议纪要》涉及的有关问题作出如下阐释。

一、制定背景和经过

互联网金融是金融与互联网相互融合形成的新型金融业务模式，近年来发展迅速，但同时出现了"野蛮生长"的现象，部分机构、业态偏离了正确方向，有些甚至打着"金融创新"的幌子进行非法集资、非法经营等违法犯罪活动。这不仅违背了金融创新的初衷，还严重扰乱了金融管理秩序，侵害了人民群众合

---

[*] 本文原载《刑事司法指南》2018年第1集（总第73集）。
[**] 聂建华，最高人民检察院检察委员会委员、一级高级检察官；陈鸳成，最高人民检察院第十检察厅副厅长、二级高级检察官；贝金欣，最高人民检察院第四检察厅主办检察官、三级高级检察官；罗曦，最高人民检察院第四检察厅三级高级检察官。

法权益。2016年4月,国务院部署开展了互联网金融风险专项整治工作,集中整治违法违规行为,防范和化解互联网金融风险。各级检察机关积极参与专项整治工作,依法办理进入检察环节的涉互联网金融犯罪案件。办案中,各地检察机关普遍遇到法律适用、追诉范围、证据审查运用、跨区域办案协调、投资人权益保护等方面的新情况、新问题,需要统一认识、研究解决。这些问题主要表现为:以互联网金融名义实施非法集资行为的违法性认定和证明;犯罪嫌疑人的主观故意认定;单位犯罪的处理特别是分支机构人员的处理;犯罪数额的认定、各地分别处理的关联案件的协调平衡;等等。针对这些问题,高检院公诉厅开展专题调研,并进行了集中研究分析,多次组织召开座谈会,征求部分检察院办案人员、检察实务专家、相关领域法学专家意见,最终形成了六个方面32条意见,以《会议纪要》的形式,下发各地检察机关公诉部门,作为办案工作的指导。

　　《会议纪要》形成了以下基本共识。一是明确办理涉互联网金融犯罪案件的基本要求。针对互联网金融犯罪案件的特点,提出办理此类案件四个方面的基本要求,特别是从互联网金融的本质出发,提出了准确把握金融法律政策界限的基本理念和方法。二是明确互联网金融行为法律性质认定的基本思路与方法。针对互联网金融犯罪案件中常见的非法吸收公众存款、集资诈骗、非法经营资金支付结算三个罪名适用中的疑难问题,分别提出指导意见。在非法吸收公众存款罪部分,明确行政法律依据、违法性认识辩解处理、数额认定等方面的处理意见;在集资诈骗罪部分,重点明确"非法占有目的"的认定问题,并对相关证据的收集、审查、运用方法提出工作思路和方向;在非法经营支付结算部分,明确此类犯罪所违反的"国家规定"依据,并对司实践中遇到的有关非法经营支付结算业务形式是否可以作为非法经营罪处理作出了释明。三是规范单位犯罪及其责任人员的认定和处理。针对互联网金融犯罪中单位层次复杂、实践操作不一等问题，重申了认定单位犯罪的基本条件，并对单位犯罪案件中出现的各种复杂情形分别提出了处理意见。四是规范定罪量刑情节的运用。针对互联网金融犯罪涉案人员众多的特点，对如何贯彻宽严相济刑事政策，依法追究单位及其责任人员的刑事责任、区分责任轻重等问题提出处理意见，防止不当扩大追究范围。五是强化证据的收集、审查、运用工作。针对跨区域涉众型案件中侦查取证面临的主要问题，提出解决路径，重点对提前介入侦查活动、跨区域证据交换共享、电子数据侦查取证提出要求。六是强调投资人合法权益保护的重要性。针对此类犯罪投资人诉求复杂多样、追赃挽损意愿强烈的特点，强调办案人员必须坚持刑事追诉与投资人保护并重，切实把保护投资人合法权益的责任落实到位。

二、办理涉互联网金融犯罪案件的基本要求

涉互联网金融犯罪案件行为新颖，跨区域、涉众型特征明显，投资人权益保护难度大，虽然法律及相关司法解释多次就查办非法集资等非法金融活动作出规定，但由于这些规定都是在互联网金融出现之前制定的，需要办案人员统一办案思路和认识，准确评价一些新的行为模式，准确区分互联网金融创新与违法犯罪之间的界限。为此，《会议纪要》围绕办理涉互联网金融犯罪案件中突出的共性问题，提出了四项基本要求。

（一）准确认识互联网金融的本质

互联网与金融的结合，推动了金融活动的创新发展，形成了

许多新的金融业态。对这些新的金融业态如何进行有效监管,在互联网金融发展之初存在许多不同认识。比如,有的观点认为,互联网金融领域属于金融创新,在国家没有作出专门规定之前属于"法无禁止即可为"的领域,不能用现行金融管理法律规定对其进行监管和处理;有的观点认为,国家认同和鼓励金融创新,应当对互联网金融领域触及刑事法网的行为,予以适当宽宥,避免将"试错"的刑事责任风险让社会个体来承担。从办理涉互联网金融犯罪案件的情况来看,产生这些观点的原因是没有抓住互联网金融的本质属性。

互联网金融是金融创新发展的表现形式之一,主流观点认为,互联网金融并没有改变金融的本质,互联网金融的本质仍然是金融。而且,互联网金融活动中存在的风险与传统金融没有区别,信用风险和信息不对称风险仍然是监管部门需要防范的重点,甚至这些风险还可能因互联网的作用而被放大。特别是,当前大部分互联网金融活动主要表现为经营方式上的创新,即利用互联网这一载体,将传统的金融活动从线下运营扩展到线上运营或者线上、线下共同运营。对这些金融活动不加强监管,容易成为金融犯罪的高发地带,甚至引发系统性风险。实践中,一些犯罪分子往往以"互联网金融创新"为幌子,把传统金融违法犯罪活动从线下搬到线上,企图掩盖其违法本质迷惑公众,这种行为是不折不扣的"挂羊头卖狗肉"式的伪创新,是伪"互联网金融",更应作为打击金融违法犯罪的重点对象,"e租宝"集资诈骗案就是其中的典型。

为了维护金融秩序,防控各类金融风险,各国都通过立法对金融活动实施严格监管,我国也是如此。现行金融管理法律规定针对各类金融活动,制定了一系列的审批和监管措施,这是开展各类金融活动要遵守的基本法律规定。由于互联网金融的本质及其风险没有发生质的变化,这些法律规定当然应当对其适用。由此可见,互联网金融不是"无法可依"的法律真空地带,除非现行法律规定确实无法涵盖互联网金融所涉业务。

基于上述考虑,《会议纪要》第1条明确提出,准确认识互联网金融的本质。在金融本质没有改变的情形下,判断是否符合"违反国家规定""未经有关国家主管部门批准"等要件时,现行刑事法律和金融管理法律法规就是基本依据。实践中由于互联网金融形式多样易变,会造成不易准确识别行为性质和适用法律的问题。对此,金融监管部门提出了"穿透式"监管的理念,"就是要透过表面现象看清业务实质,把资金来源、中间环节与最终投向穿透联接起来,综合全程信息来判断业务性质,并执行相应的监管规定"[①]。事实上,通过对当前互联网金融活动的"穿透",几乎所有互联网金融活动都能在现行法律规定上找到监管根据。在办理涉互联网金融犯罪案件时,也要引入"穿透式"监管的理念。为此,《会议纪要》第1条提出运用实质判断的基本方法,即对各种类型互联网金融活动,要深入剖析行为实质并据此判断其性质,结合法律规定发现案件中的构成要件事实,从而准确适用法律,准确区分罪与非罪、此罪与彼罪、罪轻与罪重、打击与保护的界限。办理这类案件时,绝不能机械地被所谓"互联网金融创新"表象所迷惑。

(二)妥善把握刑事追诉的范围和边界

涉互联网金融犯罪案件通常涉案人员数量较多,有的地方在

[①] 2016年10月13日,通过互联网开展资产管理及跨界从事金融业务风险专项整治工作答记者问。

查办案件时对打击范围认识不一、把握不准，司法机关之间、不同地域之间存在打击范围不一致的现象。对此，要按照打击少数、教育挽救大多数的基本原则，运用好宽严相济刑事政策，该严则严，当宽则宽，合理把握打击范围。《会议纪要》第2条提出，对涉案人员要区别对待、分类处理，综合运用刑事追诉及非刑事手段处置和化解风险，对部分不需要追究刑事责任的涉案人员，可以通过行政手段进行处罚。在具体把握上，要坚持主客观相统一，根据犯罪嫌疑人在犯罪活动中的地位作用、涉案数额、危害结果、主观过错、认罪悔罪态度等主客观情节，综合判断责任轻重及刑事追诉的必要性，对于符合不起诉条件的，要依法作出不起诉决定。对于实践中存在打击范围不一致问题，要正确看待。在坚持案件处理总体平衡的前提下，对涉案人员的处理，不能简单以层级或数额作为标准，而要结合事实证据以及在当地造成的现实危害等因素进行综合判断。

（三）注重案件统筹协调推进

大多数涉互联网金融犯罪案件都是跨区域的，主要犯罪嫌疑人与分属各地的犯罪嫌疑人一般要分别侦查起诉，如何保证案件的整体办案效果是个难题，实践中容易出现不同地方在办案要求、办案进度、办案标准方面不一致的现象，对全案依法妥善处理造成不良影响。对此，国务院《关于进一步做好防范和处置非法集资工作的意见》（国发〔2015〕59号）明确提出了"三统两分"（统一指挥协调、统一办案要求、统一资产处置、分别侦查诉讼、分别落实维稳）原则，各地办理跨区域涉众型案件必须严格执行这一规定。为此，《会议纪要》第3条要求各地检察机关按照"三统两分"的要求分别处理好主案和辖区内案件，并从横向、纵向两个方面加强工作机制建设：一是要明确上下级检察院之间、检察院内设机构之间的职责任务，落实上级检察院的统筹协调责任；二是要明确检察院与其他部门之间的职责分工，做到相互配合、相互制约。

（四）坚持司法办案"三个效果"有机统一

涉互联网金融犯罪案件涉及利益群体众多，牵一发而动全身，必须从整体效果出发做好每一阶段的工作，不能就案办案。《会议纪要》第4条强调指出，要把办案工作与保障投资人合法权益紧密结合起来，同步做好释法说理、风险防控、追赃挽损、维护稳定等工作，保证案件得到妥善处理，使投资人合法权益得到最大限度的保护，实现司法办案的法律效果、社会效果、政治效果有机统一。

三、准确界定涉互联网金融行为的法律性质

互联网金融涉及P2P网络借贷、股权众筹、第三方支付、互联网保险以及通过互联网开展资产管理及跨界从事金融业务等多个金融领域，行为方式多样，所涉法律关系复杂，对相关领域的金融犯罪行为在具体构成要件的认定上容易出现不同认识。对此，《会议纪要》结合涉互联网金融犯罪的特点，分别就实践中亟须解决的非法吸收公众存款罪、集资诈骗罪、非法经营罪（支付结算业务）认定有关问题提出了解决思路和方法。

（一）非法吸收公众存款行为的认定

非法性、公开性、利诱性、社会性是认定非法吸收公众存款罪的"四要件"，鉴别涉互联网金融活动是否触犯刑法而构成本罪，同样需要据此判断。

1. 归集资金是判断互联网金融活动是否触犯非法吸收公众存款罪的关键

吸收公众存款是非法吸收公众存款罪的实行行为。互联网金融活动法律关系和资金情况相对复杂，极易影响对实行行为的判断。在判断时，要抓住资金流向这一关键环节，重点审查判断犯罪嫌疑人是否存在归集资金、沉淀资金，致使投资人资金存在被挪用、侵占等重大风险的情形。归集资金的本质就是自融行为，故是判断构成非法吸收公众存款罪的关键。《会议纪要》第6条对此作出了明确。相反，如果不存在归集资金、沉淀资金情形的，一般不能认定非法吸收公众存款罪。比如，网络借贷信息中介平台在法律规定的范围内单纯地从事信息中介活动，撮合借贷双方通过信息中介平台达成网络借贷目的，平台自身不归集、沉淀资金的，就不是犯罪。

2. 判断"非法性"的法律依据

在判断互联网金融活动是否"非法"时，有的办案人员把审查重点放在国家关于互联网金融的专门规定上，有的甚至因找不到这方面的专门规定就认为不符合"非法"这一要件。这种判断方法存在问题。如前所述，互联网金融的本质仍然是金融，在国家没有制定新法排除现行法律规定适用的情形下，只要业务性质属于现行法律规定规制的，就要按照现行法律规定办理。因此，《会议纪要》第7条规定，在适用法律时，首先要判断涉案互联网金融活动是否违反商业银行法和《非法金融机构和非法金融业务活动取缔办法》等现有法律法规规定，未经批准从事了吸收公众存款业务；然后再审查是否存在其他不作为违法处理的特别规定，如果没有特别规定的，应当认定符合"非法性"这一构成要件。

3. 网络借贷相关主体构成非法吸收公众存款罪的主要情形

网络借贷是互联网金融活动中容易触犯非法吸收公众存款罪的主要领域。针对网络借贷发展之初的乱象，2016年8月17日，银监会等部门出台了《网络借贷信息中介机构业务活动管理暂行办法》（以下简称《暂行办法》），对网络借贷信息中介机构（以下简称中介机构）及融资主体的权利义务作出规范。应当看到，《暂行办法》基本没有突破现行法律规定对金融活动的规制。

（1）《暂行办法》将中介机构定性为信息中介。中介机构只能从事网络借贷的信息中介业务，不得从事或接受委托从事自融、变相自融、设立资金池、提供担保或承诺保本保息、发售金融理财产品、开展类资产证券化等形式的债券转让等超出信息中介范围的活动。中介机构必须严格遵守其业务范围，如果违反这些禁止性规定，行为就具有非法性。

（2）《暂行办法》规范了借款人的权利义务。一方面，考虑到单位和个人通过中介机构进行小额融资的行为，具有小额分散的特点，有利于普惠金融的发展，《暂行办法》允许借款人通过中介机构向公众进行规定范围内的借款活动，这种融资行为性质上属于民间借贷，故不需要经过批准，也就不能作为犯罪处理；另一方面，出于限制借款集中风险的考虑，《暂行办法》又规定了借款人通过中介机构融资的最高限额、利用平台的数量和资金用途等限制条件，如果借款人违反《暂行办法》规定利用中介机构开展借款活动，行为也具有非法性。

总的来说，对符合《暂行办法》的规定开展网络借贷活动，应当依法予以保护。对违反《暂行办法》的规定开展网络借贷活动，应当依照商业银行法等相关法律规定作出性质认定；构成犯罪的，依法追究刑事责任。为便于办案时把握，《会议纪要》第8条对中介机构和借款人违反《暂行办法》可能构成非法吸收公众存款罪的情形作了列举：①中介机构自身超出信息中介业务范围，实际从事直接或间接归集资金、甚至自融或变相自融的；②中介机构与借款人合谋，帮助借款人从事违法融资活动的；③借款人故意隐瞒事实，违反《暂行办法》规定开展融资活动，情节严重的。但是，在具体适用时，要注意判断行为的实质社会危害性程度，并注意区分行政处罚和刑事处罚的合理界限。

4. 主观故意的判断

办案中，一些犯罪嫌疑人及其辩护人常以不明知所从事的行为违反法律规定为由，否认其具有非法吸收公众存款的主观故意。这种辩解在分支机构涉案人员中较为多见，办案人员对此有不同认识。《会议纪要》第9条、第10条对主观故意的内容、违法性认识错误辩解的处理和证明提出了具体意见。

刑法规定的"故意"是指明知自己的行为会发生危害社会的结果，并且希望或者放任这种结果发生。行为人对行为违法性的认识不是犯罪故意的内容。犯罪嫌疑人对法律认识的错误并不影响对其主观故意的判断，即犯罪主观故意不受所谓违法性认识的影响。而且，法律一经公布即视为公众应当明知，在涉互联网金融犯罪案件中，具备一定相关金融活动从业经历、专业背景或在犯罪活动中担任一定管理职务的犯罪嫌疑人，对法律法规应当有相应了解，因此只要其实际从事的行为属于应当批准而未经批准，行为在客观上具有违法性，其犯罪主观故意即能成立。为了减少庭审中的争议、增强指控犯罪的效果，在具体办案过程中，要注意收集运用犯罪嫌疑人的任职情况、职业经历、专业背景、培训经历、此前任职单位或者其本人因从事同类行为受到处罚情况等证据，以更有力地反驳犯罪嫌疑人的辩解。除此之外，如果收集到证明犯罪嫌疑人存在故意规避法律等虚构事实、隐瞒真相方面的证据，则更能进一步印证其辩解不成立。

鉴于实践中涉案人员情形复杂、层级差别大，为保证罪责刑相适应，对于单位犯罪中层级较低、确实无法明知整体单位犯罪行为且所起作用较小的，可以情节显著轻微不作为犯罪处理。为此，《会议纪要》第10条规定了两种不作为犯罪处理的例外情形：一是犯罪嫌疑人无相关职业经历、专业背景，且从业时间短暂，在单位犯罪中层级较低，纯属执行单位领导指令的；二是犯罪嫌疑人因信赖行政主管部门出具的相关意见而陷入错误认识的。但需要注意的是，犯罪嫌疑人所信赖的行政主管部门的意见不论正确与否，该意见必须是依法独立公正作出的，且不是审批过程中的意见。如果犯罪嫌疑人与出具意见的单位或个人存在不法合谋等不正当行为影响行政意见出具的情形，则该意见不能作为否定违法性认识的依据，这方面的证据反而更有利于推翻犯罪嫌疑人的辩解。《会议纪要》据此列举了5种不能排除违法性认识的具体情形。

此外，有的犯罪嫌疑人辩解其因信赖主流媒体、专家学者的观点而从事相关活动，否定其具有违法性认识，对此不应采信。无论媒体还是专家都不是判断相关金融活动合法与否的权威部门，他们的意见与行政主管部门的意见效力不同，不能以此否认行为本身的违法性和行为人的违法性认识。

5. 非法吸收公众存款数额的计算方法

由于犯罪嫌疑人具体吸收资金的情形十分复杂，实践中，对吸收亲友资金进行投资、员工之间互投、员工挂名记账等方式吸收的资金是否应当扣除，存在不同认识。《会议纪要》第 11~13 条对此提出了处理意见。

负责或从事吸收资金行为的犯罪嫌疑人非法吸收公众存款金额，通常应根据其实际参与吸收的全部金额认定。在具体认定时，要根据犯罪嫌疑人吸收资金和集资参与人投入资金的行为性质、动机、目的等因素，正确判断记录在犯罪嫌疑人名下资金的真实来源性质。（1）犯罪嫌疑人自身投入的资金，不属于其向公众吸收的资金，不应计入其自身的吸收金额。（2）犯罪嫌疑人近亲属投入的资金，如果犯罪嫌疑人辩解其近亲属的主要目的是为支持犯罪嫌疑人工作业绩而自愿投入，可以视为其自身的投资；在没有证据推翻其辩解的情形下，可以作有利于犯罪嫌疑人的认定，将这部分资金予以扣除，但一般应限制在法律规定的近亲属范围以内。（3）由于其他员工离职、满足业绩指标等原因，部分资金虽记录在犯罪嫌疑人名下，但其未实际参与吸收且未从中收取任何形式好处，这与犯罪嫌疑人主动吸收资金存在本质差别，也可以扣除。（4）对投资人在每期投资结束后，利用投资账户中的资金（包括每期投资结束后归还的本金、利息）进行反复投资的金额应当累计计算。这是因为，每期投资结束后，相应的资金已经处于投资人实际控制之下，其具有选择继续投资或者提取到自己银行账户的主动权，再次投资与首次投资没有本质区别。但是，如果投资人对投资结束后返还的资金不具有实际控制可能性，相关资金仍在集资主体的完全控制之下的，则不予累计计算。比如，有的犯罪嫌疑人因到期后无法还款，通过续签投资合同等方式要求集资参与人继续投资，投资人实际上无法取回投资款的，不应累计计算。

需要注意的是，一些仅负责或从事行政管理、财务会计、技术服务等辅助工作的犯罪嫌疑人帮助单位或者主要犯罪嫌疑人吸收资金，在认定数额时以单位或主要犯罪嫌疑人吸收资金作为其犯罪金额，但这并不表明其刑事责任与单位的主管人员或主要犯罪嫌疑人相同，必须按照其参与的犯罪事实，结合其在犯罪中的地位和作用，依法确定刑事责任。

（二）集资诈骗行为的认定

在涉互联网金融犯罪案件中，涉案资金巨大、资金流向复杂、造成资金链断裂的原因复杂，能否证明犯罪嫌疑人具有非法占有目的，是区分非法吸收公众存款罪和集资诈骗罪的关键。由于两罪量刑差距很大，往往成为庭审中的争议焦点。《会议纪要》重点对集资诈骗案件中非法占有目的的认定等问题提出了具体意见。

1. 非法占有目的的认定思路

2010年，最高人民法院《关于审理非法集资刑事案件具体应用法律若干问题的解释》第4条规定了8种可以认定犯罪嫌疑人具有非法占有目的的情形，对司法实践起到了积极指导作用。但一些办案人员也反映，实践中具体情形复杂，有的情形相互交织，依据现有司法解释规定仍难以作出认识一致的判断，故成为办案的难点。

就该司法解释列举的情形来看，认定具有非法占有目的可以归纳为两类情形：一是存在逃避返还资金的情形；二是存在不负责任地使用资金、致使资金不能返还的情形。相对而言，证明第一种逃避返还资金的情形的要求比较明确，只要证据收集到位，就较容易证明。由于涉互联网金融犯罪案件涉案资金巨大、资金情况十分复杂，后一种情形的证明相对困难。在没有证据证明犯罪嫌疑人逃避返还资金时，可以围绕融资项目真实性、资金去向、归还能力等事实证据,重点审查犯罪嫌疑人对资金能否归还是否具有不负责任的主观态度和相关行为,并作出综合判断。《会议纪要》第14条列举了涉互联网集资诈骗案件中几种常见情形:(1)大部分资金未用于生产经营活动,或名义上投入生产经营但又通过各种方式转移资金的;(2)资金使用成本过高,生产经营活动的盈利能力不具有支付全部本息的现实可能性的;(3)对资金使用的决策极度不负责任或肆意挥霍造成资金缺口较大的;(4)归还本息主要通过借新还旧来实现的;等等。

2. 犯罪目的的区别判断

对于共同犯罪或单位犯罪案件中,不同层级的犯罪嫌疑人之间存在犯罪目的发生转化或者犯罪目的明显不同的,应当根据主客观统一的原则,对犯罪嫌疑人的犯罪目的分别认定。《会议纪要》第15条列举了两种常见情形:(1)根据犯罪目的转化的时间节点予以区分。在集资诈骗犯罪案件中,经常存在犯罪嫌疑人的犯罪目的因资金情况的变化发生转变。比如,起初不具有非法占有的目的,但在出现资金链断裂等问题后,明知资不抵债仍然继续非法吸收公众存款的,对后一阶段的行为可以认定犯罪嫌疑人具有非法占有的目的。(2)注意审查同案犯之间的犯罪目的差异。在涉案人员众多的犯罪案件中,不同的犯罪嫌疑人由于所处层级不同,对全案犯罪事实的认识不同,在犯罪目的上就会存在差异。比如,主要犯罪嫌疑人具有非法占有目的,但其他同案犯只是实施了非法吸收公众存款行为,对资金去向存在错误认识,不明知主要犯罪嫌疑人以非法占有目的吸收资金,在这种情形下,这些犯罪嫌疑人就不能认定具有非法占有目的。

3. 非法占有目的的证明

非法占有目的作为一种主观心理活动,除了犯罪嫌疑人的供述之外，必须结合其他主客观证据来推定。办案时，要高度重视与证明非法占有目的相关证据的收集和运用，努力形成完整的证明链条。《会议纪要》第 16 条就此提出了相关意见。实施集资诈骗犯罪的整体行为模式、资金使用过程、资金的归还能力以及其他欺诈行为等方面的证据，对证明主要犯罪嫌疑人是否有非法占有目的具有重要作用，对这些证据要全面收集，充分挖掘其中与证明非法占有目的相关有效信息，进行综合分析、判断。实践中，一些集资诈骗案件资金吸收、使用等方面证据十分庞杂，证明时需要依靠司法会计鉴定机构对相关问题作出审计。如果审计工作没有围绕证明非法占有目的的思路展开，很容易造成证据中的有效信息没有挖掘出来。因此，在开展审计工作时，办案人员应根据指控犯罪的思路，提前向鉴定人员明确需要审计的重点项目，使审计工作有的放矢，把海量证据中的有价值信息通过审计工作提取固定下来，更好地发挥这些证据的证明作用。

4. 集资诈骗数额的计算方式

集资诈骗的金额以案发时实际未兑付的金额计算。案发后，犯罪嫌疑人主动退还集资款项的，属于事后退赃，不能从集资诈骗的金额中扣除，但可以作为量刑情节考虑。

（三）非法经营资金支付结算行为的认定

当前网络支付结算业务迅速发展，根据《支付结算办法》《非金融机构支付服务管理办法》《非银行支付机构网络支付业务管理办法》《银行卡收单业务管理办法》等规定，支付结算，是指支付组织在收付款人之间提供的货币资金转移服务，是独立于吸收存款、发放贷款业务之外的通道业务；网络支付结算，是指依托于公共网络信息系统的支付结算业务。参与支付结算的支付组织包括：商业银行、非银行支付机构（支付宝、财付通等第三方机构)、清算机构（中国银联、中国网联、票据清算所等）、结算机构（中国人民银行）。

《刑法》第225条第3项规定了非法从事资金支付结算业务，情节严重的应当以非法经营罪定罪处罚。但由于2009年《刑法修正案（七）》增加该规定的主要目的在于打击地下钱庄，对于近几年来出现的未经批准从事网络支付结算业务的行为是否能认定为该罪，仍存在不同认识。我们认为，只要行为符合刑法规定的构成要件就可以定罪处罚，《会议纪要》第18条对"违反国家规定""非法从事支付结算业务"两个构成要件作了说明。

"违反国家规定"，是指违反《非法金融机构和非法金融业务活动取缔办法》（国务院令第588号）第4条第1款第3项、第4项规定的"未经中国人民银行批准，擅自从事……办理结算……及中国人民银行认定的其他非法金融业务活动"。

"非法从事支付结算业务"是另一个构成要件。商业银行的基本业务包括了支付结算业务；非银行支付机构经中国人民银行批准取得《支付业务许可证》的，可以从事支付结算业务。目前市场上非法从事网络支付结算业务主要指，第三方非银行机构未取得中国人民银行颁发的《支付业务许可证》，依托互联网等公共网络擅自进行资金转移服务，实践中的主要形式有：为客户开立支付账户提供网络支付服务，基于银行卡为客户提供网络支付服务、预付卡。对于无证经营这些网络支付结算业务是否构成非法经营罪，高检院区分不同情形作出了规定：

（1）为客户开立支付账户提供网络支付服务。支付账户是客户在支付机构开立的账户，该账户资金余额不同于客户本人的银行存款，以支付机构名义存放在银行，并且由支付机构向银行发起资金调拨指令。对于没有取得《支付业务许可证》的支付机构，从事为客户开立支付账户、办理银行账户与支付账户之间资金划扣、转账业务以及在不同支付账户之间进行资金转移等支付业务，属于非法从事支付结算业务，符合非法经营罪的特征。

（2）基于银行卡为客户提供网络支付服务（银行卡网络收单业务）。银行卡网络收单业务是支付机构为网络特约商户提供银行卡受理并完成资金结算服务的业务，由于银行卡清算系统（中国银联、中国网联清算系统）的封闭性，该系统只能由获得《支付业务许可证》的支付机构的网络支付端口接入。就一笔"无证"支付交易而言，无证机构实际上从事了有证支付机构支付业务的一部分，即前期支付市场的开发和最后的与商家结算（有证支付机构将资金结算至无证机构银行账户，再由无证机构与商家进行二次结算），网络支付端口接入、参加系统清算则由有证支付机构完成。从行为完整性来看，该支付结算行为并不是一个完整的无证经营行为，其中关键的系统清算是有证经营，无证部分实质是有证支付机构将最后与商户结算的这部分支付业务违规外包。对于能否将一个支付行为中的部分违规环节单独拆出作为非法从事支付结算业务认定仍存在较大争议，因此《会议纪要》未将该类行为列为可以非法经营罪追究的情形。

（3）预付卡的发行与受理。预付卡分为多用途预付卡与单用途预付卡。多用途预付卡是专营发卡机构发行，可跨地区、跨行业、跨法人使用的预付卡，具有较为明显的资金性质。支付机构聚集大量的预付卡销售资金，根据客户订单信息提交备付金存管银行结算指令，划转结算资金，实现了资金由客户向商户的转移，该业务属于支付结算业务，开展该业务应当经中国人民银行批准取得《支付业务许可证》；无证从事该业务的行为属于非法从事支付结算业务，符合非法经营罪的特征。单用途预付卡是商业企业发行，只在本企业或同一品牌连锁商业企业购买商品、服务的预付卡。由于开展单用途预付卡业务无须经国家主管部门批准，不涉及非法经营的问题。

网络支付结算属于新兴业务，在具体办案时相关行为是否属于非法资金支付结算行为往往是重点和难点，《会议纪要》第18条规定了可以非法经营罪认定的具体情形。《会议纪要》第19条则是从避免刑事过度打击的角度提出，要充分考虑具体行为与"地下钱庄"等同类犯罪在社会危害方面的相当性以及刑事处罚的必要性，严格把握入罪和出罪标准。

四、依法认定单位犯罪及其责任人员

涉互联网金融犯罪案件多以单位形式组织实施，所涉单位数量众多、层级复杂，其中还包括大量分支机构和关联单位，集团化特征明显。有的涉互联网金融犯罪案件中分支机构遍布全国，既有具备法人资格的，又有不具备法人资格的；既有受总公司直接领导的，又有受总公司的下属单位领导的。公安机关在立案时做法不一，有的对单位立案，有的不对单位立案，有的被立案的单位不具有独立法人资格，有的仅对最上层的单位立案而不对分支机构立案。传统单位犯罪主要涉及一个单位的犯罪，对这些复杂情形处理难度较大。各地追究的犯罪主体不一致也会造成全案处理的不平衡。因此，《会议纪要》对各种情形中单位犯罪及其责任人员的认定作出了相对系统的规定。总的原则是，在审查是否以单位犯罪起诉时，应当从全面揭示犯罪行为基本特征、全面覆盖犯罪活动、准确界定区分各层级人员的地位作用、有利于有力指控犯罪、有利于追缴违法所得等方面出发，依法具体分析和把握。《会议纪要》第 21 条、第 22 条根据刑法及相关司法解释的规定，对分支机构是否构成单位犯罪的条件作了重申；第 23 条、第 24 条则是对实践中遇到的特殊情形提出了处理意见。

一是仅将分支机构的上级单位认定为单位犯罪主体的，该分支机构相关涉案人员可以作为该单位的"其他直接责任人员"追究刑事责任。

二是对符合追诉条件的分支机构（包括具有独立法人资格的和不具有独立法人资格的）及其所属单位，公安机关均没有作为犯罪嫌疑单位移送审查起诉，仅将其所属单位的上级单位作为犯罪嫌疑单位移送审查起诉，没有将分支机构涉案人员作为单位犯罪的主管人员和直接责任人员的，在审查起诉阶段可以按照以下方式处理：（1）有证据证明被立案的上级单位（如总公司）在业务、财务、人事等方面对下属单位及其分支机构进行实际控制，下属单位及其分支机构涉案人员可以作为被移送审查起诉的上级单位的"其他直接责任人员"追究刑事责任。在这种情形下，层级众多的下属单位或分支机构本质上相当于该上级单位的部门，不具有独立性，其相关涉案人员可以认定为上级单位的其他直接责任人员。在证明实际控制关系时，应当收集、运用公司决策、管理、考核等相关文件，OA 系统等电子数据，资金往来记录等证据。对不同地区同一单位的分支机构涉案人员起诉时，证明实际控制关系的证据体系、证明标准应基本一致。（2）现有证据无法证明被立案的上级单位与下属单位及其分支机构之间存在前述的实际控制关系的，对符合单位犯罪构成要件的下属单位或分支机构应当补充起诉，下属单位及其分支机构已不具备补充起诉条件的，可以将下属单位及其分支机构的涉案犯罪嫌疑人直接起诉。这是根据刑事诉讼法的有关规定采取的一种便宜措施。

五、综合运用定罪量刑情节

跨区域涉互联网金融犯罪涉案人员众多，且由不同地区司法机关办理。对这类案件，在追诉标准、追诉范围以及量刑建议等方面应当注意统一平衡。《会议纪要》第25条、第26条明确了这一基本要求：（1）对于同一单位在多个地区分别设立分支机构的，在同一省（自治区、直辖市）范围内应当保持基本一致。分支机构所涉犯罪嫌疑人与上级单位主要犯罪嫌疑人之间应当保持适度平衡，防止出现责任轻重"倒挂"的现象。但同时，也要避免唯层级论、唯数额论。（2）单位犯罪中，直接负责的主管人员和其他直接责任人员在涉互联网金融犯罪案件中的地位、作用存在明显差别的，可以区分主犯和从犯。受此前有关规定的影响，办案人员在办理单位犯罪时往往以不区分主从犯为基本原则，但在涉案人员层级十分复杂的案件中，从罪责刑相适应原则出发，应当注重主从犯的区分，将总公司中起组织领导等作用的直接负责的主管人员和发挥主要作用的其他直接责任人员，认定为全案的主犯，将其他人员认定为从犯。

非法集资案件中，集资参与人对追赃挽损的诉求十分强烈。最大限度减少投资人的实际损失是办理这类案件的重要工作。实践中，追赃挽损工作的顺利开展，需要犯罪嫌疑人的积极配合。犯罪嫌疑人主动退赃退赔、配合司法机关追赃挽损，既体现了其认罪悔罪的主观态度，也有利于节约司法资源，在定罪量刑时可以作为从宽处理的情节予以考虑。《会议纪要》第27条就此提出了具体处理意见：在决定是否起诉、提出量刑建议时，要重视对是否具有认罪认罚、主动退赃退赔等情节的考察。分支机构涉案人员积极配合调查、主动退还违法所得、真诚认罪悔罪的，应当依法提出从轻、减轻处罚的量刑建议。其中，对情节轻微、可以免予刑事处罚的，或者情节显著轻微、危害不大、不认为是犯罪的，应当依法作出不起诉决定。对被不起诉人需要给予行政处罚或者没收违法所得的，应当向行政主管部门提出检察意见。

六、关于证据的收集、审查与运用

以审判为中心的刑事诉讼制度改革对侦查取证、出庭指控等工作提出了更高要求。尤其是，涉互联网金融犯罪案件证据种类复杂、数量庞大且分散于各地，如何高质、高效地收集、审查和运用证据，进而有力地指控犯罪，是亟待破解的难题。《会议纪要》针对涉互联网金融犯罪案件的特点，就证据收集、审查与运用中的主要困难和问题提出了初步意见。

（一）对重大、疑难、复杂案件依法提前介入侦查、引导侦查取证

侦查取证工作的目的在于指控犯罪，应当围绕指控犯罪的需要而展开。办理涉众型跨区域案件等重大、疑难、复杂案件，侦查取证工作任务十分繁重，往往需要耗费大量司法资源。如果侦查取证工作不围绕指控犯罪思路开展，可能会走弯路，做许多无用功，浪费司法资源，影响办案效率，甚至因证据没有及时收集、固定影响案件的最终处理。因此，在办理这类重大、疑难、复杂案件时，应当重视侦诉部门之间的工作衔接，通过提前介入侦查活动，引导侦查机关围绕指控犯罪思路有针对性地侦查取证。比如，北京市检察机关公诉部门在办理"e租宝"集资诈骗案中，提前介入侦查活动，提出一系列侦查取证的意见，引导公安机关有针对性地收集符合指控犯罪思路的重要证据，对案件成功办理起到了重要作用。为此，《会议纪要》第29条提出，在

办理此类案件时，检察机关公诉部门要积极协调公安机关提前介入，在了解全案基本情况的前提下，提出关于侦查思路、方向的意见建议，并坚决依法排除非法证据。值得注意的是，2017年11月，高检院、公安部共同制定下发《关于公安机关办理经济犯罪案件的若干规定》，对提前介入侦查、引导取证工作进一步作出明确规定："公安机关办理重大、疑难、复杂的经济犯罪案件，可以听取人民检察院的意见，人民检察院认为确有必要时，可以派员适时介入侦查活动，对收集证据、适用法律提出意见，监督侦查活动是否合法。"检察机关可以通过做好这项工作，努力从源头上提高案件质量。

（二）规范电子数据侦查取证工作

电子数据在涉互联网金融犯罪案件的证据体系中地位重要，对于证明相关犯罪事实具有重要作用。随着互联网技术的不断发展，电子数据的形式、载体出现了许多新的变化，对电子数据的勘验、提取、审查等提出了更高的专业性要求，处理不当会对电子数据的真实性、合法性造成不可逆转的损害。《会议纪要》第30条对这一问题作出了重点强调。2016年9月，最高人民法院、最高人民检察院、公安部专门制定下发《关于办理刑事案件收集提取和审查判断电子数据若干问题的规定》，这是当前电子数据侦查取证工作的基本遵循，必须严格执行。对于实践中遇到的新情况、新问题，也应根据该规定的精神严格把握侦查取证要求，特别是注重听取专家意见，科学制定工作方案，确保万无一失。

（三）落实"三统两分"要求，健全证据交换共享机制，协调推进跨区域案件办理

司法实践中，由于机制、人力、物力等各方面的制约，主案

侦办地与分案侦办地在证据交换共享方面存在协调不顺、配合不畅等问题，影响了相应案件的办理进展。《会议纪要》第31条对健全证据交换共享机制提出了要求，要求主案侦办地和分案侦办地检察机关明确各自的职责任务，共同做好侦查取证、证据交换等工作，不得相互推诿。这项工作还涉及侦查机关的职责，需要进一步共同研究制定相关制度机制，切实提高跨区域案件的质量和效率。

七、关于投资人合法权益的保护

保护投资人的合法权益，及时防范和化解社会矛盾和风险是办理涉众型涉互联网金融犯罪案件的重要工作任务。这类案件投资人诉求复杂多样，有的投资人对办案工作不理解、不支持，有的投资人之间意见观点相左，矛盾纠纷化解工作开展难度较大。虽然涉众型案件办案工作本身已经较为繁重，但检察机关在办案时必须坚持刑事追诉和权益保障并重，这样才能有助于实现司法办案法律效果、政治效果、社会效果的有机统一。《会议纪要》第32条对此作了进一步强调，要求检察机关把追赃挽损等工作贯穿到侦查、起诉、审判各个环节，配合公安、法院等部门最大限度减少投资人的实际损失，最大限度挽回投资人的损失，从而有效地化解矛盾纠纷，维护社会稳定。

当前，中央把防范化解重大风险作为今后三年决胜全面建成小康社会的三大攻坚战之一，作出了一系列重大决策部署。打好防范化解重大风险攻坚战，重点是防控金融风险，互联网金融是其中一个重要领域。对检察机关而言，贯彻落实中央的部署要求，就要严格依法惩治和有效预防包括互联网金融在内的金融犯罪活动。必须看到，随着互联网金融等金融创新活动的深入开展，办理金融犯罪案件的新情况、新问题还会不断出现，对办案工作提出新的挑战。我们认为，无论金融犯罪手段、类型如何翻新，最关键的是要树立办理这类案件的正确理念和方法，特别是要准确把握各类金融创新的本质，实质评价其社会危害性，正确适用法律规定，从而实现有效惩治金融犯罪与依法保障金融创新的有机统一。

最高人民法院、最高人民检察院关于办理操纵证券、期货市场刑事案件适用法律若干问题的解释

（法释〔2019〕9号）

为依法惩治证券、期货犯罪，维护证券、期货市场管理秩序，促进证券、期货市场稳定健康发展，保护投资者合法权益，根据《中华人民共和国刑法》《中华人民共和国刑事诉讼法》的规定，现就办理操纵证券、期货市场刑事案件适用法律的若干问题解释如下：

第一条 行为人具有下列情形之一的，可以认定为刑法第一百八十二条第一款第四项规定的"以其他方法操纵证券、期货市场"：

（一）利用虚假或者不确定的重大信息，诱导投资者作出投资决策，影响证券、期货交易价格或者证券、期货交易量，并进行相关交易或者谋取相关利益的；

（二）通过对证券及其发行人、上市公司、期货交易标的公开作出评价、预测或者投资建议，误导投资者作出投资决策，影响证券、期货交易价格或者证券、期货交易量，并进行与其评价、预测、投资建议方向相反的证券交易或者相关期货交易的；

（三）通过策划、实施资产收购或者重组、投资新业务、股

权转让、上市公司收购等虚假重大事项,误导投资者作出投资决策,影响证券交易价格或者证券交易量,并进行相关交易或者谋取相关利益的;

(四)通过控制发行人、上市公司信息的生成或者控制信息披露的内容、时点、节奏,误导投资者作出投资决策,影响证券交易价格或者证券交易量,并进行相关交易或者谋取相关利益的;

(五)不以成交为目的,频繁申报、撤单或者大额申报、撤单,误导投资者作出投资决策,影响证券、期货交易价格或者证券、期货交易量,并进行与申报相反的交易或者谋取相关利益的;

(六)通过囤积现货,影响特定期货品种市场行情,并进行相关期货交易的;

(七)以其他方法操纵证券、期货市场的。

第二条 操纵证券、期货市场,具有下列情形之一的,应当认定为刑法第一百八十二条第一款规定的"情节严重":

(一)持有或者实际控制证券的流通股份数量达到该证券的实际流通股份总量百分之十以上,实施刑法第一百八十二条第一款第一项操纵证券市场行为,连续十个交易日的累计成交量达到同期该证券总成交量百分之二十以上的;

(二)实施刑法第一百八十二条第一款第二项、第三项操纵证券市场行为,连续十个交易日的累计成交量达到同期该证券总成交量百分之二十以上的;

(三)实施本解释第一条第一项至第四项操纵证券市场行为,证券交易成交额在一千万元以上的;

(四)实施刑法第一百八十二条第一款第一项及本解释第一条第六项操纵期货市场行为,实际控制的账户合并持仓连续十个交易日的最高值超过期货交易所限仓标准的二倍，累计成交量达到同期该期货合约总成交量百分之二十以上，且期货交易占用保证金数额在五百万元以上的；

（五）实施刑法第一百八十二条第一款第二项、第三项及本解释第一条第一项、第二项操纵期货市场行为，实际控制的账户连续十个交易日的累计成交量达到同期该期货合约总成交量百分之二十以上，且期货交易占用保证金数额在五百万元以上的；

（六）实施本解释第一条第五项操纵证券、期货市场行为，当日累计撤回申报量达到同期该证券、期货合约总申报量百分之五十以上，且证券撤回申报额在一千万元以上、撤回申报的期货合约占用保证金数额在五百万元以上的；

（七）实施操纵证券、期货市场行为，违法所得数额在一百万元以上的。

第三条　操纵证券、期货市场，违法所得数额在五十万元以上，具有下列情形之一的，应当认定为刑法第一百八十二条第一款规定的"情节严重"：

（一）发行人、上市公司及其董事、监事、高级管理人员、控股股东或者实际控制人实施操纵证券、期货市场行为的；

（二）收购人、重大资产重组的交易对方及其董事、监事、高级管理人员、控股股东或者实际控制人实施操纵证券、期货市场行为的；

（三）行为人明知操纵证券、期货市场行为被有关部门调查，仍继续实施的；

（四）因操纵证券、期货市场行为受过刑事追究的；

（五）二年内因操纵证券、期货市场行为受过行政处罚的；

（六）在市场出现重大异常波动等特定时段操纵证券、期货市场的；

（七）造成恶劣社会影响或者其他严重后果的。

第四条 具有下列情形之一的，应当认定为刑法第一百八十二条第一款规定的"情节特别严重"：

（一）持有或者实际控制证券的流通股份数量达到该证券的实际流通股份总量百分之十以上，实施刑法第一百八十二条第一款第一项操纵证券市场行为，连续十个交易日的累计成交量达到同期该证券总成交量百分之五十以上的；

（二）实施刑法第一百八十二条第一款第二项、第三项操纵证券市场行为，连续十个交易日的累计成交量达到同期该证券总成交量百分之五十以上的；

（三）实施本解释第一条第一项至第四项操纵证券市场行为，证券交易成交额在五千万元以上的；

（四）实施刑法第一百八十二条第一款第一项及本解释第一条第六项操纵期货市场行为，实际控制的账户合并持仓连续十个交易日的最高值超过期货交易所限仓标准的五倍，累计成交量达到同期该期货合约总成交量百分之五十以上，且期货交易占用保证金数额在二千五百万元以上的；

（五）实施刑法第一百八十二条第一款第二项、第三项及本解释第一条第一项、第二项操纵期货市场行为，实际控制的账户连续十个交易日的累计成交量达到同期该期货合约总成交量百分之五十以上，且期货交易占用保证金数额在二千五百万元以上的；

（六）实施操纵证券、期货市场行为，违法所得数额在一千万元以上的。

实施操纵证券、期货市场行为，违法所得数额在五百万元以上，并具有本解释第三条规定的七种情形之一的，应当认定为"情节特别严重"。

第五条 下列账户应当认定为刑法第一百八十二条中规定的"自己实际控制的账户"：

（一）行为人以自己名义开户并使用的实名账户；

（二）行为人向账户转入或者从账户转出资金，并承担实际损益的他人账户；

（三）行为人通过第一项、第二项以外的方式管理、支配或者使用的他人账户；

（四）行为人通过投资关系、协议等方式对账户内资产行使交易决策权的他人账户；

（五）其他有证据证明行为人具有交易决策权的账户。

有证据证明行为人对前款第一项至第三项账户内资产没有交易决策权的除外。

第六条 二次以上实施操纵证券、期货市场行为，依法应予行政处理或者刑事处理而未经处理的，相关交易数额或者违法所得数额累计计算。

第七条 符合本解释第二条、第三条规定的标准，行为人如实供述犯罪事实，认罪悔罪，并积极配合调查，退缴违法所得的，可以从轻处罚；其中犯罪情节轻微的，可以依法不起诉或者免予刑事处罚。

符合刑事诉讼法规定的认罪认罚从宽适用范围和条件的，依照刑事诉讼法的规定处理。

第八条 单位实施刑法第一百八十二条第一款行为的，依照本解释规定的定罪量刑标准，对其直接负责的主管人员和其他直接责任人员定罪处罚，并对单位判处罚金。

第九条 本解释所称"违法所得",是指通过操纵证券、期货市场所获利益或者避免的损失。

本解释所称"连续十个交易日",是指证券、期货市场开市交易的连续十个交易日,并非指行为人连续交易的十个交易日。

第十条 对于在全国中小企业股份转让系统中实施操纵证券市场行为,社会危害性大,严重破坏公平公正的市场秩序的,比照本解释的规定执行,但本解释第二条第一项、第二项和第四条第一项、第二项除外。

第十一条 本解释自2019年7月1日起施行。

附：

最高人民法院、最高人民检察院《关于办理操纵证券、期货市场刑事案件适用法律若干问题的解释》理解与适用

绿　杰　吴峤滨[*]

2019年6月27日，最高人民法院、最高人民检察院联合公布《关于办理操纵证券、期货市场刑事案件适用法律若干问题的解释》（以下简称《解释》），自2019年7月1日起施行。《解释》明确了操纵证券、期货市场罪的定罪量刑标准和有关法律适用问题，对于依法惩治证券、期货违法犯罪活动，防范化解重大金融风险，保护投资者合法权益，促进资本市场稳定健康发展，将发挥积极作用。为便于深入理解和掌握《解释》的基本精神和主要内容，现就《解释》的有关问题解读如下：

一、起草背景及过程

近年来，证券、期货市场不断发展完善，为我国实体经济建设提供了重要的金融支持。与此同时，操纵证券、期货市场等违法犯罪行为也频频发生，花样不断翻新，破坏了资本市场正常秩序和金融市场稳定。2015年股市出现重大异常波动，一些案件

---

[*] 绿杰，最高人民检察院机关党委常务副书记；吴峤滨，最高人民检察院法律政策研究室办公室副主任。

造成恶劣的社会影响，人民群众对此反映强烈。2017年7月全国金融工作会议要求提高防范金融风险能力，防止发生系统性金融风险，坚决整治严重干扰金融市场秩序的行为，严格规范金融市场交易行为。依法惩治操纵证券、期货市场犯罪，对维护证券、期货市场管理秩序，防范化解金融风险，维护国家金融安全，具有重大意义。

1997年《刑法》第182条规定了操纵证券市场罪，1999年《刑法修正案》修改为操纵证券、期货市场罪，2006年《刑法修正案（六）》又作了进一步修改完善，为依法惩治操纵证券、期货市场犯罪提供了法律依据。2010年5月，最高人民检察院、公安部印发《关于公安机关管辖的刑事案件立案追诉标准的规定（二）》（以下简称《立案追诉标准（二）》），对操纵证券、期货市场罪的立案追诉标准作了规定。据统计，全国检察机关2008年至2018年办理操纵证券、期货市场案件，批捕35件75人，起诉34件62人。总体来看，由于刑法条文规定比较原则，证券、期货市场环境发生明显变化，导致一些新型操纵证券、期货市场的行为如何定性，定罪量刑标准如何把握等均不明确，对该罪的刑事打击存在较大困难和障碍，迫切需要出台专门司法解释。

2016年7月，"两高"共同启动了司法解释的研究起草工作，在认真梳理总结司法实践中有关情况和问题的基础上，起草了司法解释初稿。经深入调查研究、广泛听取意见、反复研究讨论，提出了征求意见稿，书面征求了有关中央单位以及全国法院、检察院系统的意见。2017年9月，"两高"共同召开专家论证会，邀请有关刑法、证券法专家对解释稿进行论证研讨。

经综合各方面的意见，多次研究修改，2018年9月3日由最高人民法院审判委员会第1747次会议、2018年12月12日由最高人民检察院第十三届检察委员会第十一次会议分别审议通过了该《解释》。

二、主要内容及其适用

《解释》共11条，主要包括三方面内容：一是操纵证券、期货市场罪的定罪量刑标准；二是操纵证券、期货市场罪涉及的"以其他方法操纵证券、期货市场""自己实际控制的账户"等用语的含义和认定问题；三是操纵证券、期货市场罪的单位犯罪、认罪认罚从宽、违法所得数额计算等问题。

（一）关于"以其他方法操纵证券、期货市场"的认定问题

《解释》第1条明确了操纵证券、期货市场罪中"以其他方法操纵证券、期货市场"的认定问题。《刑法》第182条第1款第1项至第3项分别对连续交易操纵，即单独或者合谋，集中资金优势、持股或者持仓优势或者利用信息优势联合或者连续买卖，操纵证券、期货交易价格或者证券、期货交易量的行为；约定交易操纵，即与他人串通，以事先约定的时间、价格和方式相互进行证券、期货交易，影响证券、期货交易价格或者证券、期货交易量的行为；自买自卖操纵（洗售操纵），即在自己实际控制的账户之间进行证券交易，或者以自己为交易对象，自买自卖期货合约，影响证券、期货交易价格或者证券、期货交易量的行为等三种传统操纵手段作了规定。鉴于实践中新型操纵手段不断出现，有必要对《刑法》第182条第1款第4项"以其他方法操纵证券、期货市场"进行解释，以满足司法实践的需要。在2007年《中国证券监督管理委员会证券市场操纵行为认定指引（试行）》（以下简称《操纵认定指引》）和2010年《立案追诉

标准（二）》规定基础上，结合司法实践和实际案例，《解释》第1条规定了七种操纵证券、期货市场的其他方法：

第1项是"蛊惑交易操纵"。属于传统型、信息型操纵，在《操纵认定指引》中作了规定。其行为特征是：行为人利用虚假或者不确定的重大信息，诱导投资者作出投资决策，影响证券、期货交易价格或者证券、期货交易量，并进行相关交易或者谋取相关利益。需要注意的是，实践中应当注意把握《刑法》第181条第1款编造并传播证券、期货交易虚假信息罪与蛊惑交易操纵的界限：一是行为方式不同。前者表现为行为人本人编造并传播影响证券、期货交易的虚假信息，如果行为人只是编造而没有传播，或者道听途说又散布给他人，不构成该罪；后者表现为行为人利用虚假或者不确定的重大信息进行操纵，既包括行为人本人编造并传播信息，也包括行为人传播他人编造的信息。二是主观目的不同。后者的主观目的一般是通过操纵行为从中谋取利益，而前者是否具有从中谋取利益的主观目的，不影响该罪的构成。三是信息特点不同。前者是凭空捏造、虚构事实的虚假信息，后者是虚假信息或者不准确、不完整、不确定的信息。

第2项是"抢帽子交易操纵"，即利用"黑嘴"荐股操纵。属于传统型、信息型操纵，在《立案追诉标准（二）》和《操纵认定指引》中均有规定。其行为特征是：行为人通过对证券及其发行人、上市公司、期货交易标的公开作出评价、预测或者投资建议，误导投资者作出投资决策，影响证券、期货交易价格或者证券、期货交易量，并进行与其评价、预测、投资建议方向相反的证券交易或者相关期货交易。需要注意的是，《立案追诉标准（二）》和《操纵认定指引》中均将该类型操纵限定为特殊主体，即行为人必须是"证券公司、证券投资咨询机构、专业中介机构或者从业人员"。《解释》将其修改为一般主体，主要考虑是：随着互联网和自媒体的发展，很多网络大V、影视明星、公众人物借助各类媒体参与评价、推荐股票，他们甚至具有明显优于特殊主体的信息发布优势和影响力优势，原有规定限定为特殊主体不具有合理性，也不能满足当前司法实践的需要。比如，2018年4月，某知名证券节目主持人廖某某因"抢帽子"操纵行为，被证监会没收违法所得4310余万元，并处8620余万元罚款，但因其不符合特殊主体而未被追究刑事责任。此外，还需要注意的是，行为人通过"抢帽子"操纵证券时，自己的交易只能是与其对证券的评价、预测、建议方向相反的交易，不能是同向交易，故表述为"方向相反的证券交易"；通过"抢帽子"操纵期货时，其交易方向也与其对期货的评价、分析、预测存在背离，但不一定是完全相反，故表述为"相关期货交易"。

第3项是"重大事件操纵"，即"编故事、画大饼"型操纵行为，属于新型、行为型操纵。其行为特征是：行为人通过策划、实施资产收购或者重组、投资新业务、股权转让、上市公司收购等虚假重大事项，误导投资者作出投资决策，影响证券交易价格或者证券交易量，并进行相关交易或者谋取相关利益。需要注意的是，实践中应当注意把握本项与第1项的区别：第1项是信息型操纵，行为人主要是利用虚假、不确定的重大信息进行操纵；本项是行为型操纵，行为人主要是通过策划、实施虚假重大事项进行操纵。

第4项是"利用信息优势操纵"，属于新型、信息型操纵。其行为特征是：行为人通过控制发行人、上市公司信息的生成或者控制信息披露的内容、时点、节奏，误导投资者作出投资决策，影响证券交易价格或者证券交易量，并进行相关交易或者谋取相关利益。需要注意的是，《立案追诉标准（二）》中将该类型操纵限定为特殊主体，即行为人必须是"上市公司及其董事、监事、高级管理人员、控股股东、实际控制人或其他关联人员"。《解释》将其修改为一般主体，主要考虑是：从近年查办的案件来看，大量出现的是其他人员与上述人员内外勾结，共同通过控制发行人、上市公司信息的生成与发布，误导投资者，进行市场操纵，参与的主体身份越来越广泛，限定为特殊主体不具有合理性。比如，在徐某操纵证券市场案中，私募基金经理徐某与13家上市公司董事长、实际控制人合谋，通过控制这些上市公司的信息生成或发布（如高送转、高分红、业绩大增、热点题材等利好消息），大肆操纵证券市场，谋取不法利益。

第5项是"虚假申报操纵"（"幌骗交易操纵"），属于传统型、交易型操纵，在《立案追诉标准（二）》和《操纵认定指引》中均有规定。"虚假申报操纵"是国外证券、期货市场中的主要操纵方式之一，在中国市场也比较常见。其行为特征是：行为人不以成交为目的，频繁申报、撤单或者大额申报、撤单，误导投资者作出投资决策，影响证券、期货交易价格或者证券、期货交易量，并进行与申报相反的交易或者谋取相关利益。

第6项是"跨期、现货市场操纵"，属于传统型、交易型操纵。《期货交易管理条例》第70条第1款第4项对此类期货操纵行为也作了禁止性规定。其行为特征是：行为人通过囤积现货，影响特定期货品种市场行情，并进行相关期货交易。

第7项是兜底条款。

（二）关于操纵证券、期货市场罪"情节严重"的认定标准

《解释》第2条明确了操纵证券、期货市场罪"情节严重"

的认定标准。本条结合执法司法实践，针对《刑法》第182条第1款第1项至第3项规定的三种操纵手段，以及《解释》第1条规定的七种其他操纵方法，分别规定了七项数额数量标准作为"情节严重"的入罪标准：

第1项是"连续交易操纵"证券市场行为的入罪标准，即持有或者实际控制证券的流通股份数量达到该证券的实际流通股份总量10%以上，连续十个交易日的累计成交量达到同期该证券总成交量20%以上的。持股比例、交易期限和成交量是影响证券交易价格、交易量的关键因素，行为人连续交易操纵达到上述标准时，已经严重危害该证券的自由市场定价机制，扰乱证券市场正常交易秩序，有必要予以刑事处罚。本项规定与《立案追诉标准（二）》相比，主要有三个方面调整：一是将持股优势比例由30%调整为10%。主要考虑是：过去个股盘子普遍比较小，且并非全部为流通股，30%的持股比例有一定合理性。随着股权分置改革落地，目前个股盘子普遍比较大，且大部分为全流通股，30%的持股比例在现实中很难达到。根据证券法的规定，持股5%以上的属于大股东。鉴于目前仍有部分股票没有实现全流通，同时也为行政处罚预留空间，本项将持股优势的比例确定为10%。二是将"连续二十个交易日"调整为"连续十个交易日"。考虑到当前短线操纵越来越普遍，以十个交易日为标准，符合当前短线操纵的一般规律，也符合证券交易所的统计方式。三是将累计成交量占比由30%调整为20%。

第2项是"约定交易操纵""自买自卖操纵"证券市场行为的入罪标准，即连续十个交易日的累计成交量达到同期该证券总成交量20%以上的。约定交易操纵、自买自卖操纵的行为实质是通过虚假交易制造假象，抬高或者打压特定证券的价格，行为人乘机买入或者卖出，从中谋利或者转嫁风险。同样考虑到短线操纵的实际情况，本项也将"连续二十个交易日"调整为"连续十个交易日"。

第3项是"蛊惑交易操纵""抢帽子交易操纵""重大事件操纵""利用信息优势操纵"证券市场行为的入罪标准。综合考虑这些操纵手段的行为特点和发案态势，从严密刑事法网和便于司法认定等角度出发，本项以证券交易成交额在1000万元以上作为入罪标准。

第4项、第5项是操纵期货市场行为的入罪标准。操纵期货市场行为对期货市场正常交易秩序的危害性主要体现在资金优势，即期货交易占用保证金数额；持仓优势，即持仓量超过限仓标准的数量；交易规模，即连续交易时间和累计成交量占比等几方面因素。经研究并征求各方面意见建议，第4项、第5项对《立案追诉标准（二）》规定的上述几方面标准作了修改：第4项将"连续交易操纵""跨期、现货市场操纵"期货市场行为的入罪标准重新调整确定为：实际控制的账户合并持仓连续十个交易日的最高值超过期货交易所限仓标准的2倍，累计成交量达到同期该期货合约总成交量20%以上，且期货交易占用保证金数额在500万元以上的。第5项将"约定交易操纵""自买自卖操纵""蛊惑交易操纵""抢帽子交易操纵"期货市场行为的入罪标准重新调整确定为：实际控制的账户连续十个交易日的累计成交量达到同期该期货合约总成交量20%以上，且期货交易占用保证金数额在500万元以上的。

第6项是"虚假申报操纵"证券、期货市场行为的入罪标准，即当日累计撤回申报量达到同期该证券、期货合约总申报量50%以上，且证券撤回申报额在1000万元以上、撤回申报的期货合约占用保证金数额在 500 万元以上的。本项规定与《立案追诉标准（二）》相比，在原有撤回申报量占比标准的基础上，增加规定了证券撤回申报额和占用期货保证金数额的标准，将单一的比例标准调整为"比例＋数额"标准。主要是为了避免交易不活跃证券或者期货合约较少量即达到相关比例入罪标准，更加准确评价虚假申报操纵行为的社会危害性。

第 7 项是各类操纵证券、期货市场行为的违法所得数额标准。经研究并征求各方面意见建议，根据资本市场执法司法实践的具体情况，本项将违法所得数额标准确定为 100 万元。

为了进一步严密刑事法网，更加有力惩治此类犯罪，《解释》第 3 条在第 2 条规定的基础上，规定了七项"数额＋情节"标准作为第 2 条数额数量标准的补充。本条中的数额标准是违法所得数额在 50 万元以上，按照第 2 条违法所得数额标准的 50% 掌握，具体情节分别从四个方面对实践中常见的情形作了规定：一是特殊主体，即发行人、上市公司及其董事、监事、高级管理人员、控股股东或者实际控制人，或者收购人、重大资产重组的交易对方及其董事、监事、高级管理人员、控股股东或者实际控制人实施操纵行为的。二是特殊时期，即行为人明知操纵证券、期货市场行为被有关部门调查，仍继续实施，或者在市场出现重大异常波动等特定时段实施操纵行为的。三是行为人主观恶性，即行为人因操纵证券、期货市场行为受过刑事追究，或者 2 年内因操纵证券、期货市场行为受过行政处罚的。四是造成恶劣社会影响或者其他严重后果的。

（三）关于操纵证券、期货市场罪"情节特别严重"的认定标准

《解释》第 4 条明确了操纵证券、期货市场罪"情节严重"

的认定标准，分为两款。本条第 1 款是《解释》第 2 条数额数量标准的升档标准，本条第 2 款是《解释》第 3 条"数额＋情节"标准的升档标准。考虑到当前经济社会发展和资本市场执法司法实践的实际情况，为合理控制第二档量刑档次的适用，本条中证券成交量占比按照入罪标准的 2.5 倍掌握，证券交易成交额和期货交易占用保证金数额按照入罪标准的 5 倍掌握，违法所得数额按照入罪标准的 10 倍掌握。

需要注意的是，本条中未对"虚假申报操纵"证券、期货市场行为规定升档标准。主要考虑是：以"虚假申报操纵"证券市场行为为例，其主要特点是行为人是在同一交易日内，在同一证券的有效竞价范围内，按照同一买卖方向完成操纵行为的，而且由于一般情况下没有成交或者成交很少，往往没有违法所得。因此，在撤回申报比例达到 50% 的入罪标准后，即使比例再高，社会危害性差别也不大，也不宜以更高的撤回申报比例来规定升档标准。

（四）关于"自己实际控制的账户"的认定问题

《解释》第 5 条明确了操纵证券、期货市场罪中"自己实际控制的账户"的认定问题。

资本市场执法司法实践中，行为人操纵证券、期货市场时，为逃避有效监管，绝大多数不使用自己名下的账户，而利用他人账户实施操纵行为，且在被调查时往往拒不承认对他人账户的实际控制权。随着证券交易方式的信息化、电子化程度越来越高，行为人操纵手段日益网络化、智能化，调查取证难度不断加大，账户究竟由谁实际控制已经成为认定此类犯罪的难点问题。本条以行为人对账户内资产是否具有交易决策权作为判断标准，明确列举了五种可以认定为"自己实际控制的账户"的情形：第 1

项是行为人以自己名义开户并使用的实名账户;第2项是行为人向账户转入或者从账户转出资金,并承担实际损益的他人账户;第3项是行为人通过第1项、第2项以外的方式管理、支配或者使用的他人账户;第4项是行为人通过投资关系、协议等方式对账户内资产行使交易决策权的他人账户;第5项是其他有证据证明行为人具有交易决策权的账户。同时,还规定了"自己实际控制的账户"的例外情形,即有证据证明行为人对第1项至第3项账户内资产没有交易决策权的除外。

(五)关于相关交易数额和违法所得数额的计算问题

《解释》第6条明确了相关交易数额和违法所得数额的计算问题,即两次以上实施操纵证券、期货市场行为,依法应予行政处理或者刑事处理而未经处理的,相关交易数额或者违法所得数额累计计算。本条规定参照了"两高"《关于办理内幕交易、泄露内幕信息刑事案件具体应用法律若干问题的解释》(以下简称《内幕交易解释》)第8条的规定,实践中应注意从以下几方面加以把握:一是"相关交易数额"包括《解释》规定的"证券交易成交额""期货交易占用保证金"等交易数额。二是明确应当累计计算的原则,是考虑到操纵证券、期货市场犯罪中,相关交易数额和违法所得数额直接影响到其行为扰乱证券、期货市场管理秩序和侵害投资者合法权益的程度,如不累计计算则不能全面评价其行为的社会危害性。三是明确累计计算的范围是"依法应予行政处理或者刑事处理而未经处理的"行为,包括单次尚未构成犯罪且未超过行政处罚时效期限的违法行为,以及单次构成犯罪且未超过追诉时效的犯罪行为。

(六)关于认罪认罚从宽处理的情形

《解释》第7条明确了操纵证券、期货市场罪的认罪认罚从宽处理的情形，分为两款。第1款明确对于刚达到《解释》第2条、第3条规定的入罪标准的行为人，如果其如实供述犯罪事实，认罪悔罪，并积极配合调查，退缴违法所得的，可以从轻处罚；其中犯罪情节轻微的，可以依法不起诉或者免予刑事处罚。第2款明确对于符合刑事诉讼法规定的认罪认罚从宽适用范围和条件的行为人，依照刑事诉讼法的规定处理。

（七）关于单位实施操纵证券、期货市场犯罪的处罚问题

《解释》第8条明确了单位实施操纵证券、期货市场犯罪的处罚问题，即依照《解释》规定的相应自然人犯罪的定罪量刑标准，对直接负责的主管人员和其他直接责任人员定罪处罚，并对单位判处罚金。

（八）关于"违法所得"和"连续十个交易日"的认定问题

《解释》第9条明确了"违法所得"和"连续十个交易日"的认定问题，分为两款。第1款参照《内幕交易解释》第10条第1款的规定，明确"违法所得"既包括通过操纵证券、期货市场所获利益，也包括避免的损失。第2款针对执法司法实践中对"连续十个交易日"的不同认识，明确其是指证券、期货市场开市交易的连续十个交易日，并非指行为人连续交易的十个交易日。因此，实践中在适用《解释》中以"连续十个交易日"为前提的数额数量标准时，只需要查实行为人在证券、期货市场开市交易的某一个"连续十个交易日"中，操纵行为累计达到相应数额数量标准，而不要求行为人必须连续交易。

(九) 关于《解释》的适用范围

目前我国证券市场包括主板、中小板、创业板、"新三板"(全国中小企业股份转让系统)以及新设立的科创板。操纵主板、中小板、创业板、科创板证券,构成操纵证券市场犯罪的,依照《解释》的规定定罪处罚。

《解释》第10条明确了《解释》对"新三板"市场的适用问题,主要考虑到,根据国务院《关于全国中小企业股份转让系统有关问题的决定》(国发〔2013〕49号)的规定,"新三板"具有区别于深交所、上交所的特点:一是服务对象不同。"新三板"主要为创新型、创业型、成长型中小微企业发展服务,在"新三板"挂牌交易的公司,一般规模较小,公司业绩不稳定,不符合在主板上市的条件。二是投资者不同。"新三板"对投资者设置较高门槛(如要求自然人投资人日均金融资产500万元人民币以上),投资者必须具有较强的风险识别能力与承受能力。三是股票转让方式不同。"新三板"股票转让可以采取协议方式、做市方式、竞价方式或其他证监会批准的转让方式。但是,"新三板"市场对证券交易的诚实信用原则、公开公正公平交易原则、稳定有序市场秩序的要求,与深交所、上交所是完全相同的。因此,本条明确对于操纵"新三板"市场的行为原则上应当比照执行《解释》的规定。同时,考虑到"新三板"市场中挂牌公司体量较小,股票流通性较低,为防止不当扩大刑事打击面,本条排除《解释》第2条第1项、第2项和第4条第1项、第2项规定的证券成交量占比标准的适用。

最高人民法院、最高人民检察院关于办理利用未公开信息交易刑事案件适用法律若干问题的解释

(法释〔2019〕10号)

为依法惩治证券、期货犯罪,维护证券、期货市场管理秩序,促进证券、期货市场稳定健康发展,保护投资者合法权益,根据《中华人民共和国刑法》《中华人民共和国刑事诉讼法》的规定,现就办理利用未公开信息交易刑事案件适用法律的若干问题解释如下:

第一条 刑法第一百八十条第四款规定的"内幕信息以外的其他未公开的信息",包括下列信息:

(一)证券、期货的投资决策、交易执行信息;

(二)证券持仓数量及变化、资金数量及变化、交易动向信息;

(三)其他可能影响证券、期货交易活动的信息。

第二条 内幕信息以外的其他未公开的信息难以认定的,司法机关可以在有关行政主(监)管部门的认定意见的基础上,根据案件事实和法律规定作出认定。

第三条 刑法第一百八十条第四款规定的"违反规定",是指违反法律、行政法规、部门规章、全国性行业规范有关证券、

期货未公开信息保护的规定，以及行为人所在的金融机构有关信息保密、禁止交易、禁止利益输送等规定。

第四条　刑法第一百八十条第四款规定的行为人"明示、暗示他人从事相关交易活动"，应当综合以下方面进行认定：

（一）行为人具有获取未公开信息的职务便利；

（二）行为人获取未公开信息的初始时间与他人从事相关交易活动的初始时间具有关联性；

（三）行为人与他人之间具有亲友关系、利益关联、交易终端关联等关联关系；

（四）他人从事相关交易的证券、期货品种、交易时间与未公开信息所涉证券、期货品种、交易时间等方面基本一致；

（五）他人从事的相关交易活动明显不具有符合交易习惯、专业判断等正当理由；

（六）行为人对明示、暗示他人从事相关交易活动没有合理解释。

第五条　利用未公开信息交易，具有下列情形之一的，应当认定为刑法第一百八十条第四款规定的"情节严重"：

（一）违法所得数额在一百万元以上的；

（二）二年内三次以上利用未公开信息交易的；

（三）明示、暗示三人以上从事相关交易活动的。

第六条　利用未公开信息交易，违法所得数额在五十万元以上，或者证券交易成交额在五百万元以上，或者期货交易占用保证金数额在一百万元以上，具有下列情形之一的，应当认定为刑法第一百八十条第四款规定的"情节严重"：

（一）以出售或者变相出售未公开信息等方式，明示、暗示他人从事相关交易活动的；

（二）因证券、期货犯罪行为受过刑事追究的；

（三）二年内因证券、期货违法行为受过行政处罚的；

（四）造成恶劣社会影响或者其他严重后果的。

第七条 刑法第一百八十条第四款规定的"依照第一款的规定处罚"，包括该条第一款关于"情节特别严重"的规定。

利用未公开信息交易，违法所得数额在一千万元以上的，应当认定为"情节特别严重"。

违法所得数额在五百万元以上，或者证券交易成交额在五千万元以上，或者期货交易占用保证金数额在一千万元以上，具有本解释第六条规定的四种情形之一的，应当认定为"情节特别严重"。

第八条 二次以上利用未公开信息交易，依法应予行政处理或者刑事处理而未经处理的，相关交易数额或者违法所得数额累计计算。

第九条 本解释所称"违法所得"，是指行为人利用未公开信息从事与该信息相关的证券、期货交易活动所获利益或者避免的损失。

行为人明示、暗示他人利用未公开信息从事相关交易活动，被明示、暗示人员从事相关交易活动所获利益或者避免的损失，应当认定为"违法所得"。

第十条 行为人未实际从事与未公开信息相关的证券、期货交易活动的，其罚金数额按照被明示、暗示人员从事相关交易活动的违法所得计算。

第十一条 符合本解释第五条、第六条规定的标准，行为人如实供述犯罪事实，认罪悔罪，并积极配合调查，退缴违法所得的，可以从轻处罚；其中犯罪情节轻微的，可以依法不起诉或者免予刑事处罚。

符合刑事诉讼法规定的认罪认罚从宽适用范围和条件的，依照刑事诉讼法的规定处理。

第十二条 本解释自 2019 年 7 月 1 日起施行。

第四部分

金融犯罪司法实务研究

关于发挥刑事检察职能防范化解金融风险的几个问题

郑新俭[*]

所谓"金融",传统上是指与货币流通和银行信用有关的一切活动,包括银行、证券、保险、信托等行业。发展到当代,金融更倾向于指经营活动的资本化过程,包括资本市场的运营、资产的供给与定价等。金融越来越成为经济发展和社会生活的重要组成部分,金融安全也越来越成为国家安全的重要因素。本文拟从回应当前金融形势,如何发挥刑事检察的职能作用,服务打好防范化解金融风险攻坚战作一探讨。

一、当前金融检察工作面临的形势

(一) 金融安全形势复杂严峻

金融是国家的核心竞争力。金融业看似只是千万行业中的一业,但由于其作为资本工具和信用工具形成了囊括货币、信用、投资、银行、资金的流动、分配与增值的经济体系,已成为现代经济的核心。一直以来,党中央高度重视防控金融风险、保障金融安全。党的十八大以来,在以习近平同志为核心的党中央的领

---

[*] 郑新俭,最高人民检察院第四检察厅厅长、一级高级检察官。

导下，面对国际金融危机持续影响和国内经济"三期叠加"的严峻挑战，我国大力推进金融体系改革创新，切实加强宏观调控和金融监管，金融体系防控风险的能力不断增强。

但是，我们也清醒地认识到，当前金融安全仍然面临着严峻而复杂的形势。一方面，国内外形势相当复杂严峻，特别是面对"中美贸易摩擦"等挑战，我国经济下行压力加大，金融市场存在不少乱象，积累了不少风险和隐患。另一方面，我国金融市场和管理体制中存在一些问题，既有体制性的，也有机制性的；既有历史性的，也有现实性的。为了应对2008年国际金融危机，我国采取了特别的应对措施，在取得明显效果的同时，也积累了不少金融风险。到今天，这些历史积累的风险逐渐"水落石出"。而新生风险则主要集中在互联网金融创新领域，与金融机构相比体量相对较小，基本不会引发系统性金融风险，但由于受害者众多，直接影响社会稳定。面对兼具隐蔽性、复杂性、历史性、突发性、传染性、危害性等各种风险的金融市场风险易发高发期，我们使命重大，任务艰巨，既要防止"黑天鹅"事件发生，也要防止"灰犀牛"风险发生。

(二) 新型金融犯罪高发

由于前面所述原因，我国金融领域出现了不少问题，其中一个突出的问题就是金融犯罪案件高发。除信用卡诈骗犯罪案件因对证据标准的严格把握、司法解释的修改出现明显下降外，其他金融犯罪案件高位运行，特别是非法集资等涉众型犯罪案件高发。总体上看，当前金融犯罪手段不断翻新，隐蔽性、欺骗性增强，涉案金额、人数攀升，对金融安全、社会稳定构成严重威胁，突出表现在以下四个方面：

一是借"金融创新"之名掩盖违法犯罪本质，网贷平台等互联网金融领域非法集资犯罪高发。近年来，随着我国互联网经济的发展，涌现出了一批打着"互联网金融"的旗号，宣传采用普惠金融、数字货币、ICO、融资租赁、商业保理、慈善互助等各种"高大上"的包装模式，行庞氏骗局、非法集资之实的违法犯罪案件。这类非法集资案件，既以金融创新的名号吸引了大量投资者，又借助网络摆脱了地域限制，网上登录、网上划转资金、网上收取利息，投资人遍布全国各地动辄数百万人，非法集资数额动辄数百亿元，既造成严重经济损失，又带来社会稳定隐患和巨大的维稳压力。

二是部分金融控股集团（以下简称金控集团）违法操控金融机构，埋下系统性风险的巨大隐患。金控集团是随着我国金融业发展而形成的新金融业态，一般是指金融控股公司对两个或两个以上不同类型的持牌金融机构拥有实质控制权。相对于单体金融机构，金控集团资产规模较大、综合实力较强，拥有多类金融牌照，可以综合利用债权、股权、基金等多种方式提供金融产品，带来经营效率的提升，其综合经营布局也有利于平滑经济周期波动，分散和抵御风险。因此，随着我国金融体制改革的深入，从中央到地方逐步形成了工农中建四大国有银行、中国人寿、中国保险、中信集团、北京金控集团、上海国际集团、招商局等金控集团以适用金融行业发展需求。与此同时，实践中也出现了一些民营金控集团。在这些民营金控集团中，有的野蛮生长，盲目向金融业扩张，并利用金控集团对下属金融机构的控制力大肆"抽血"，风险不断积累和暴露。

三是金融机构从业人员内外勾结骗取金融机构资金，给相关金融机构造成巨大损失。金融具有很高的专业性，许多金融犯罪都是内外人员勾结，巧妙利用金融机构内部工作流程或者管理漏洞，造成巨大损失。

四是贷款、信用卡等业务欺诈问题突出，持续破坏金融市场诚信体系，蛀蚀金融市场健康发展根基。大部分贷款案件因银行遭受损失而移送司法机关，客观上还存在许多没有造成实际损失或者造成损失数额较小的欺诈行为没有受到任何处罚。同时，大量信用卡类案件反映出银行重视业绩而忽视风险防控的趋势明显，有的银行发卡、催收不规范，与信用卡用卡人的不诚信行为互为恶性循环。这些问题严重破坏了金融市场诚信体系，摧毁金融市场健康可持续发展的根基，对金融安全构成潜在威胁。

（三）应对策略和措施

习近平总书记指出："金融是国家重要的核心竞争力，金融安全是国家安全的重要组成部分，金融制度是经济社会发展中重要的基础性制度。"党的十八大以来，中央高度重视防范化解金融风险工作，采取了一系列重大举措。2016年4月，国务院部署开展互联网金融风险专项整治工作。2017年4月，中央政治局以金融安全为主题召开集体学习，习近平总书记发表重要讲话，强调指出："必须充分认识金融在经济发展和社会生活中的重要地位和作用，切实把维护金融安全作为治国理政的一件大事，扎扎实实把金融工作做好。"2017年7月，中央召开全国金融工作会议，习近平总书记发表重要讲话，强调指出："防止发生系统性金融风险是金融工作的永恒主题。"2017年11月，国务院金融稳定发展委员会正式成立，对金融监管体制作了重大改革。2017年12月，中央经济工作会议作出打好防范重大风险攻坚战的重大决策部署，成为三大攻坚战之一。2018年4月，党和国家机构深化改革后，中央财经委员会正式成立，在第一次会议上总书记又对打好防范化解金融风险攻坚战作出全面部署。2019年2月，中央政治局就完善金融服务、防范金融风险举行集体学习，总书记就推动金融业高质量发展作出重要部署。

针对当前金融安全面临的复杂形势，中央确定了打好防范化解重大金融风险攻坚战行动方案，明确了工作总基调、基本思路、基本方针和首要任务。这也是检察机关打好防范化解重大风险攻坚战的基本遵循。张军检察长对我们提出了明确要求："注重结合办案，分析、研究、发现监管环节缺失、履职不力的问题，既有利办案，也为加强管理、采取治本举措提出负责任的意见、建议。各地要更好地负起办案的政治责任。"我们一定要在中央统一部署下，切实落实好张军检察长提出的要求，准确把握金融安全面临的形势，充分履行好捕诉职能，依法严肃打击金融犯罪；最大限度地做好追赃挽损等工作，维护社会秩序稳定；认真分析案件中存在的监管问题，积极提出检察建议，坚决打好防范化解金融风险攻坚战。

二、履行好捕诉职能，依法严肃打击金融犯罪

检察机关防范化解金融风险，首先要通过有力指控犯罪来实现。金融犯罪类型众多，手段不断翻新，我们在办案过程中会不断遇到实体上的、程序上的各种新情况新问题，但是无论表象如何复杂，多数问题其本质不变。这就需要我们充分发挥检察官的政治智慧、司法智慧，牢牢把握透过现象看本质的基本方法，充分发挥好捕诉职能，依法办案、善于办案。

（一）关于新金融现象的认识问题

创新是金融发展的动力，金融创新不断提供新型金融工具、交易渠道，改变金融市场环境，在为金融交易提供更多机遇的同

时，也为金融犯罪带来了新的可能。有学者就曾论断"金融创新发展到哪里，金融犯罪就发展到哪里，这是一条不以人的意志为转移的规律"。对于新的金融现象以及由此伴生的新的犯罪行为，在办理案件中，有时会出现"金融创新是特殊金融产品""法律供给不能适应金融市场的快速变化"等各种争议和分歧，认为法律对金融创新没有规定，就应当给予充分的发展空间，法无明文规定不为罪，我们就不能把这些行为认定为犯罪，这些观点一度成为我们办理新型金融犯罪案件面临的难题。一些地方检察机关报送的信息中，也经常提到把握金融创新与金融违法犯罪难的问题。

实际上这些争论都停留在了问题的表象，出现这种困惑主要是识别判断的方法问题，而不是法律供给不足的问题。犯罪分子为规避法律惩罚巧妙设置犯罪手法是必然的，但是我们不能被这些犯罪手法所蒙蔽，无论交易形式如何创新、犯罪手段如何特殊，只要紧紧把握住一点——行为的本质是不是金融活动：只要是金融活动，在全世界任何一个国家都是强监管行业，在我国就必须按照商业银行法、证券法等基本金融法律法规受国家监管，不得违反刑法关于金融犯罪的规定，凡是未经有关金融监管部门批准进行公开融资、支付结算等金融活动的，均属非法金融活动，涉嫌非法吸收公众存款、集资诈骗、非法经营等犯罪，应当依法严厉打击。

（二）关于引导侦查取证和证据审查判断运用问题

要把案件办成事实清楚，证据确实、充分的"铁案"，定性只是确定了方向，证据才是基石，检察官应当在以下几个方面下功夫：

第一，引导侦查。金融犯罪案件专业性强，特别是涉众型案件往往证据体系复杂、体量庞大，在海量数据面前往往容易迷失侦查方向，既可能出现证据收集不完整而影响指控效果的情况，也可能出现收集了大量无用证据导致干扰侦查和审查判断方向的情况。如何来破解这一难题？关键是要充分发挥"捕诉一体"优势，全面加强侦查环节的引导侦查取证工作，围绕指控犯罪需要提高公安机关侦查取证的质量效率，集中主要力量收集关键证据，减少重复低效取证，努力把证据问题解决在侦查阶段。在金融犯罪案件中，一些中介机构不仅没有发挥"看门人"的作用，反而推波助澜，社会危害极大，我们在办理类似案件中，也要加强对这方面问题的研究。

第二，准确构建指控思路和证明体系。在全面贯彻证据裁判原则的大背景下，指控犯罪的效果，关键在于审查运用证据准确构建指控思路和证明体系，这是对公诉人能力的考验。检察官首先要沉下心来阅卷，做到对证据情况极其熟悉、全面掌握，同时要边阅卷边梳理交易模式、手段、法律关系，挖掘证明犯罪的证据，排除证据间的矛盾，把所有的证据材料都吃透了、证据间的关系都分析清楚了，接下来最关键的还要把证据准确组合，构建出结构清晰、证明有力的指控思路和证明体系，这样才能办出"清楚案""明白案"，而不是所有证据稀里糊涂一锅端地堆砌。

第三，要特别强调一下"非法占有目的"的认定。这是经济犯罪案件中经常遇到的争议问题。"非法占有目的"的认定，本质属于证据运用判断问题，而不是司法解释问题。是否具有"非法占有目的"是区分非法吸收公众存款罪与集资诈骗罪的关键，也是办案中争议和分歧的重点，一出现争议大家就反映司法解释不够用，无法涵盖不断出现的新的犯罪手段。这种认识和解决问题的方向是错误的,"非法占有目的"的认定是如何运用各种证据进行证明的过程,司法解释规定的情形是给大家进行证据判断时的一个提示,而不是犯罪构成要件,我们不能也无须靠司法解释的不断扩张来办案,最关键的还是应当通过综合分析全案的事实证据,把握和论证"非法占有目的"。

(三)关于刑事司法政策把握问题

非法集资刑事案件中,涉案公司层级众多,在审查逮捕和审查起诉时,如何做到区别对待、准确把握打击范围,确保罪责刑相适应,是实践中经常遇到的问题。我们必须准确把握宽严相济,打击少数、教育挽救大多数等刑事司法政策,坚持主客观相统一,根据犯罪嫌疑人在犯罪活动中的地位作用、涉案数额、危害结果、主观过错、认罪悔罪态度等主客观情节,综合判断责任轻重及刑事追诉的必要性,重点打击核心层、管理层和骨干人员,对于符合不起诉条件的要依法作出不起诉决定。同时,要正确看待实践中打击范围不一致的问题。在坚持案件处理总体平衡的前提下,对涉案人员的处理,不能简单地以层级或数额作为标准,而要结合事实证据以及在当地造成的现实危害等因素进行综合判断。此外,在落实宽严相济的具体措施上,我们要积极适用认罪认罚从宽制度,对主动认罪认罚、退赃退赔的犯罪嫌疑人依法从宽,从而达到区别对待的效果。

对于上述问题,最高人民检察院一直在加强研究指导。2017年6月,原公诉厅印发了《关于办理涉互联网金融犯罪案件有关问题座谈会纪要》;2019年1月"两高一部"印发了《关于办理非法集资刑事案件若干问题的意见》。我们还将制定一些指导性案例加强指导。各地要加强对这些规范性文件和案例的学习培训,切实提高指控犯罪的能力水平。

三、 最大限度做好追赃挽损等工作，维护社会秩序稳定

(一) 追赃挽损工作面临的问题

办理金融犯罪案件特别是涉众型金融犯罪案件中，成功指控犯罪只是完成了其中一部分工作。办案效果好不好，还要看追赃挽损、化解矛盾、维护稳定的效果，其中，最重要的是追赃挽损。这类案件信访维稳问题突出，群众诉求集中体现在追赃挽损工作上，追赃挽损工作做到位了，这些问题也就能迎刃而解了。张军检察长多次对加大非法集资案件追赃挽损力度提出明确要求，这也是我们今后工作中要重点研究的一个课题。但从具体办案情况看，许多案件追赃挽损效果并不理想，主要存在以下几个方面的问题：

一是大部分资金因运营成本、投资支出已无法追回。从一些案件资金去向的审计结果来看，非法集资平台吸收资金大部分用于对前期投资者还本付息，而运营过程中流动资金除用于真实借款项目外，通常被用于日常运营支出以及炒股、场外配资、股权投资等高风险投资，投资盈利所得根本无法兑付承诺的高额回报，平台发展后期常常通过借新还旧维持运转，案发时资金链大部分资金已经无法追回。

二是资金去向十分复杂，客观上还存在查不快、看不透、追不深、冻不实、处不了等问题。犯罪分子为了规避监管，往往借用空壳公司、地下钱庄等方式转移资金，全部查清最终资金去向需要耗费大量的时间和司法资源，资金通过非正规渠道去向境外的追查难度极大。如果责任心不够、经验不足，更难及时查清去向。

三是追赃挽损制度机制不健全。刑事诉讼法关于追赃挽损制

度的设计,没有考虑到非法集资这类涉众型案件追赃挽损工作的特点,导致原本就困难的追赃挽损工作难度更大。具体表现在以下几个方面:(1)涉案财物处置有关规定没有考虑到非法集资案件中退赔的需求,司法机关可以采取查封、扣押、冻结等强制性措施的范围过于狭窄。(2)资金使用主体情况十分复杂,法律规定对可追缴对象的范围不够明确,操作中容易引起争议,导致实践中无法操作。比如,前期获利的集资参与人的获利如何追缴,有关司法解释作了规定,但实践中很难操作;又如,提供中介服务、广告宣传、软件设计、流量支持的人员的获利是否可以追缴?(3)法律赋予的追缴手段有限,影响追赃挽损效果。目前追赃挽损工作主要依赖司法机关进行,既受司法资源有限的制约,又不便于具体操作。比如,网贷平台中的真实借款人未归还借款如何追缴?是由司法机关直接查扣冻,还是由平台或者集资参与人提起诉讼?(4)资产处置程序不健全,导致资产变现、资产返还周期长。比如,汽车、飞机等保管费用高、易损耗的物品如何及时有效处置?又如,目前只有等到判决生效后才启动资产返还程序,资产返还等待周期过长直接影响集资参与人的情绪,已经冻结的现金资产能否在审判前先行返还?

(二)追赃挽损工作的新思考

针对上述若干问题,最高人民检察院正在会同最高人民法院、公安部研究起草《关于办理非法集资刑事案件涉案财物追缴问题的意见》。主要目的是更好地促进追赃挽损工作,根据法律精神进一步明确非法集资案件追缴财产范围,增加可用于返还投资人的财产,最大限度地减少集资参与人的损失,回应受损集资参与人的关切。目前我们研究的主要思路如下:

一是妥善合理运用强制性侦查措施,扩大对犯罪嫌疑人财产的查封、扣押、冻结范围，除了明确属于涉案财物的财产，在犯罪嫌疑人应当承担赔偿责任的范围内，对他的其他等值财产先行查封、扣押、冻结，防止本人及亲属隐匿、转移、变卖资产，以增加可赔偿集资参与人的资产。

二是进一步明确各参与群体不同的追缴政策和追缴方式。研究过程中，我们提出按照公平原则和过错原则，充分运用刑事追诉政策，对涉案的相关群体区分责任程度，分别把握不同的追缴政策和追缴方式的意见。其一，非法集资的组织者和主要犯罪人员，应当对全部犯罪危害后果负责，除将涉案资产追缴外，对其非涉本案的其他财产，也应尽可能运用非刑罚处罚方法，劝其退赔、责令退赔或者强制退赔。其二，对非法集资犯罪的一般参与者，妥善把握刑事政策，灵活运用追诉或者不追诉对犯罪嫌疑人施加影响，尽可能将其涉本案的全部或大部分收益追缴到案。其三，对涉案的中介服务、软件设计、广告代言、销售代理所得以及网贷平台赞助、赠与等，除用于社会公益事业外，应当一律向相关人员追缴。但是，对公平交易的相对方，网贷平台经营过程中租赁房屋、购买设备、物资等以集资款支付的对价，因系公平交易，不应追缴。

三是健全追赃挽损措施。追赃挽损涉及各类法律关系，要采取刑事、行政、民事等手段综合施策。比如，杭州、深圳等一些地方探索由党委政府牵头委托第三方进行追偿的做法，取得了一定效果，但亟须法律层面的支持。

四是细化资产处置方式和时间要求。进一步明确及时变现易贬值物品制度，提高资产变现率。建立部分资产提前返还制度，缓解因办案周期长投资人长时间得不到补偿造成的压力等。另外，我们正在研究对未兑付投资人的损失实行长期追偿制度，不能因一时追偿不到位就中止相关工作。

上述思路还需进一步论证完善，也希望各地结合办案实践积极开展探索、总结经验。此外，我们还要研究检察机关如何在追赃挽损工作中发挥更大作用。对于重大复杂疑难的金融犯罪案件，要做好提前介入，不仅要引导侦查取证，更要注重发现追赃线索，监督公安机关依法追查赃款赃物。

四、认真分析案件中存在的监管问题，积极提出检察建议

监管是金融业合法健康发展的第一道防线，金融犯罪案件高发，表明监管部门在及时发现防范金融违法活动方面存在不足。我们要通过办理的案件，认真分析总结监管中存在的问题，把检察功能向前延伸，为优化监管、防范化解金融风险、打小打早金融违法行为积极提出检察建议，并抓好检察建议的落实工作。

为贯彻落实习近平总书记重要指示精神，服务保障打好防范重大风险攻坚战，当前各级经济金融犯罪检察部门要重点抓好以下工作：

一是挂牌督办一批重大金融犯罪案件。在2019年对"银豆网"等15个网贷平台非法集资案件挂牌督办的基础上，再选择一批重大金融犯罪案件进行挂牌督办，加强对办案工作的指导，形成有效震慑。积极配合金融监管部门和公安机关持续加大对非法集资等金融犯罪的惩治力度，保障金融安全，维护社会稳定。

二是重点做好办案中的追赃挽损工作。会同公安部、最高人民法院和金融监管部门研究制定关于办理非法集资刑事案件涉案财物追缴工作的意见，切实加大非法集资犯罪案件追赃挽损力度，最大限度地挽回群众损失。

三是会同监管部门研究加强金融行政监管的具体措施。加强

与金融监管部门、网信办等有关部门的联系沟通，配合中央财经委员会做好研究更新理念、创新方式、提高线索发现和处置能力、更好地履行金融监管职责具体可行措施等相关工作。

四是抓住办理金融犯罪案件中的实际问题及时提出研究解决意见。及时研究司法办案中的新情况新问题，对于其中的法律适用问题，及时研究制定司法解释，有效指导办案；有效发挥指导性案例的指导作用，发布金融犯罪指导性案例，指导办案实践，教育引导社会公众严格依法开展金融活动。

五是会同市场监管部门加大对金融犯罪相关黑灰产业链的打击力度。加强与市场监管等有关部门的联系沟通，针对广告宣传、公司注册、买卖身份证件等助推金融犯罪行为，研究制定防范打击的具体措施，持续加大对相关领域犯罪的打击力度。

六是深化预防金融犯罪法治宣传教育工作。落实"谁执法谁普法"的要求。在最高人民检察院"两微一端"开设"金融检察微课堂"专栏，结合典型案例定期向社会公众发布预防金融犯罪知识等，同时配合金融稳定发展委员会建立国家层面的金融法治宣传平台。

经济犯罪案件办案实务问题研究

聂建华*

经济犯罪是对破坏社会主义市场经济秩序类犯罪的简称,指违反国家市场经济管理法规,破坏社会主义市场经济秩序,严重危害市场经济发展的行为。刑法规定这类行为为犯罪,是为了保护社会主义市场经济秩序。从刑法的规定来看,社会主义市场经济秩序,包括正当竞争秩序,对外贸易秩序,对公司、企业的管理秩序,金融管理秩序,税收征管秩序,市场活动秩序等。经济犯罪最终侵犯的是国家、社会与市场主体的经济利益。本文论及的经济犯罪,包括刑法分则第三章破坏社会主义市场经济秩序罪中的八类犯罪。

一、当前经济犯罪的趋势和特点

进入 21 世纪以来,经济犯罪呈现与以往不同的新趋势。一是连续十余年持续多发高发,并且还将持续相当长的时期。2005 年后,经济犯罪更进入高发的新阶段,年均增长率均在 10% 以上,个别年份增长率接近 20%(2012 年全国打击经济犯罪"破案会战"增长 2.5 倍的特殊情况除外),远远高于刑事犯罪和职务犯罪的增长率(同期职务犯罪案件增长大体持平,刑事犯罪

---

* 聂建华,最高人民检察院检察委员会委员、一级高级检察官。

案件增长率一般在2%~5%之间，个别年份由于追逃及某些新的行为入罪等特殊原因增幅有所增加）。今后若干年内，经济犯罪的增长势头不会有大的改变，尤其是近一两年，受大环境影响，处于经济犯罪的集中爆发期，经济犯罪案件特别是涉金融、涉网络、涉众犯罪案件会呈大范围爆发。经济犯罪案件起诉率2012年之前在93%~94%之间，2012年之后略有下降。不起诉案件以罪轻不起诉居多。二是逐利性主导，野蛮无序、无孔不入、无处不在、无所顾忌。因为贪利不择手段，是经济犯罪的突出显著特征。市场经济各领域、各行业几无遗漏，一再突破社会价值标准、职业底线、行业禁忌。近年来，破坏金融管理秩序犯罪、金融诈骗犯罪、扰乱市场秩序犯罪、生产销售伪劣商品犯罪增幅持续走高，参与人员越来越多，2015年，受理破坏金融管理秩序犯罪案件人数同比增加131.03%，在所有经济犯罪案件中增幅最大。三是随着市场经济活动的活跃程度愈加活跃，随着市场经济秩序的完善而受到规制。经济犯罪现象和市场经济活跃程度呈正相关关系，与国家整体经济形势和大环境的联系密切，东部经济发达地区高于中西部经济欠发达地区，新的犯罪类型、新的犯罪手法由东部经济发达地区向中西部经济欠发达地区传导、蔓延。经济犯罪的控制依赖于市场经济秩序得到有效规制。

经济犯罪案件具有以下特点：一是行为目的清楚、犯罪故意明确。经济犯罪案件大多是精心策划、准备的故意犯罪，犯罪目的明确，处心积虑、精心组织实施。二是认识、识别难度大。发生在市场经济活动、经营活动过程中，合法行为与违法行为交织，违反民商事法律规范与刑事违法并存，涉及许多专业或技术领域，需要相关的专业知识作识别判断的基础，认识犯罪具有多重复杂性，因而识别困难。三是利益相关方多、诉求复杂。既涉及国家、社会利益,也涉及公民个人利益;既涉及受害方利益,也涉及加害方的利益;既有涉众犯罪的参与者,也有犯罪行为的直接被害人,利益相关方多,诉求复杂,各利益相关方的利益和诉求各不相同,兼具多样性,相互矛盾、相互冲突且难以调和。四是手段多样。经济犯罪多是智力型犯罪,外形往往蒙上民商事、经济活动的外衣,不像暴力犯罪,有触目惊心的现场,因此,隐蔽性强,欺骗性强,手段狡猾,花样翻新,往往为民众所忽视。五是社会危害大、后果严重。经济犯罪危害国计民生,不但造成巨额财物损失,危害人民群众的财产安全,甚至事关人民群众的生命健康等切身利益,而且影响国家经济运行质量和经济社会健康发展,危害国家经济安全,还会引发系列社会问题,造成社会信用危机,危害社会稳定。

二、办理经济犯罪案件应当注意的问题

(一)准确理解、适用法律

经济犯罪案件适用法律的过程是发现法律、理解解释法律、将法律运用于具体事实的过程。

1. 准确理解、解释法律

对法律的解释,除了全国人民代表大会及其常务委员会作出立法解释,最高人民法院、最高人民检察院分别就审判工作、检察工作中具体应用法律问题作出司法解释外,司法人员办理每一起案件,都要对相应的法律作出解释,司法人员理解、解释法律之后,才能够将法律适用于具体的法律事实。最高审判机关和最高检察机关的司法解释对各级司法机关具有约束力,能普遍解决法律适用过程中的一般性问题,但是司法解释的滞后性和局限性,社会现象复杂、多样、多变,以及认识的局限性永远赶不上

社会现象的变化，解释越多、越具体越显机械和僵化，不能适应社会现象的变化。因此，司法人员准确理解、解释法律功能作用的发挥十分重要，司法人员必须对法律作出解释，才能作出司法决定。司法人员对具体案件适用法律的解释，只对该案件有效，没有普遍约束力。

司法解释和司法人员的法律适用解释不仅仅是对法律条文的字义、文义解释，还包括解释者根据立法目的及对社会正义价值的认识，对法律条款内容作出进一步的完善、补充。这部分解释是法律解释最具活力的内容，是法律适用的客观要求。刑事追诉过程中要注意发挥这一司法功能。如《刑法》第180条利用未公开信息交易罪法定刑的理解与适用。《刑法》第180条第1款内幕交易及泄露内幕信息罪，分情节严重和情节特别严重两档，分别给予不同的刑罚处罚，第180条第4款利用未公开信息交易罪，只规定"情节严重的，依照第一款的规定处罚"。对利用未公开信息交易罪的"情节严重"是否等同于第1款中的"情节严重"，确定刑罚时只援引第1款中的第一档"情节严重"法定刑，还是根据具体情节援引全部两档法定刑，需要根据刑法原理在适用前作出准确解释。三级检察机关提出抗诉的马乐利用未公开信息交易案，两级审判机关对刑法的理解、解释与检察机关不一致。检察机关认为，两罪利用信息的未公开性与价格影响性获利的本质相同，严重破坏金融管理秩序、损害公众投资者利益的危害性相同，行为方式有差别，在适用法律和量刑上应当一致；刑法将两罪放在第180条中分款予以规定，是对两罪违法和责任程度相当的确认，立法技术上援引法定刑，是为了避免法条重复表述，不属于法律规定不明确，《刑法》第180条第4款的处罚应当全部援引第1款法定刑，审判机关关于第180条第4款"情节严重"等同于第 1 款"情节严重"的理解和法律适用确有错误。经最高人民检察院抗诉，最高人民法院支持检察机关的法律理解与适用意见。再如《刑法》第 225 条第 3 项"非法从事资金支付结算业务"，立法的初衷是惩治地下钱庄的倒汇、套汇活动，但立法确立的罪状覆盖包括地下钱庄在内的所有非法资金支付结算活动，对地下钱庄以外的其他非法资金支付结算活动，应当适用该项规定追诉。又如刑法、刑事诉讼法有许多的"等""其他"规定，对法律兜底条款的"等""其他……行为"的理解要把握与法律列举行为的相当性。在经济犯罪案件中对"等""其他……行为"的评价，既要考虑行为违法程度、危害程度的相当性，还要考虑行政法规管制程度的相当性。

2. 适用法律，应当遵守四个规则

一是归纳事实要全面、准确、客观，切忌片面、片段。全面、准确、客观归纳案件事实，是准确判断行为性质、正确适用法律的基础。对案件事实的归纳要涵盖案件所涉事实的全过程，依证据规则作准确、客观的认定，触犯多个罪名的，依法分别评价，但不能片面认识案件事实，也不能仅将案件事实过程中的部分或片段替代全部事实，否则将会导致法律评价的谬误。例如，非法转让、倒卖土地使用权案件，行为的全过程包括取得土地使用权、投资开发利用土地，策划、协商转让交易条件、方式，土地使用权益变更、转让，转让利益实现的全过程，土地使用权的取得方式包括以出让（含招标、拍卖、挂牌、协议等）方式取得和划拨方式取得，非法转让、倒卖的犯意可能产生于取得土地使用权之前，也可能产生于取得土地使用权之后，转让、倒卖之前，行为的违法性在于违反国家关于土地使用权转让的禁止性规定，未按土地使用权出让合同规定的期限和条件投资开发、利用土地，将不符合转让条件的土地使用权直接转让、倒卖或者变相转让、倒卖。应当将产生非法转让、倒卖意图之后的全部行为作为案件事实，而不能仅将其中某个环节的片段行为作为案件事实。实践中经常出现的"以转让公司股权的方式倒卖土地使用权是否构成本罪"的讨论，即是片段概括案件事实的结果，将转让过程中实现转让利益的变更公司股权事实代替全部案件事实。

二是遵守法律适用的逻辑规律。法律规范（犯罪构成）是大前提，案件事实（行为）是小前提，推导出结论。适用法律，应当遵守这一逻辑规律，将刑法规范作为大前提，看客观行为是否触犯了刑法规范，案件事实是否符合刑法关于该罪的罪状描述以及刑法关于处罚的要求，从而得出正确的适用结论。实践中，有时发生大小前提颠倒的法律适用逻辑错误，将案件事实作为大前提，法律规范作小前提，必然导致结论的错误。如《刑法》第193条贷款诈骗罪，无论是自然人实施的行为还是单位组织实施的行为，只要行为特征符合该条的罪状描述和犯罪构成，即应认定构成贷款诈骗罪，并按照刑法规定的追诉范围予以追究。曾经有座谈会纪要提出，对单位组织实施的贷款诈骗行为不能以贷款诈骗罪追究单位责任，也不能以贷款诈骗罪追究自然人的刑事责任，对其中符合合同诈骗罪构成的应当以合同诈骗罪追究，也是在解释法律适用方法上颠倒了逻辑关系，导致错误的解释法律适用。

三是在适用法律之前不要对案件事实作非法律的预评价。适用法律的事实应该是客观的、不含任何观点的事实，在适用法律之前，不应预先评价。如单位组织实施的贷款诈骗，如果先将行为（事实）评价为单位犯罪，即是在对事实作法律评价之前预先对事实作了预评价,再去刑法中寻找发现关于单位贷款诈骗罪的规范,必然遍寻不得,进而援引法无明文规定不为罪的原则,对单位组织实施的贷款诈骗不评价为犯罪或者评价为其他单位犯罪。

四是要依法律评价事实而不能以事实评价法律。适用法律过程中,应当严格依照刑法关于各罪的罪状描述结合总则的规定评价事实,不能擅自修改刑法关于各罪构成的规定、添加或者减少构成条件。

3. 严格按照法律法规和市场经济规律认识行为性质和责任

党的十四届三中全会提出建立社会主义市场经济的框架,到2001年中国加入世界贸易组织,基本确立了市场经济地位,社会主义市场经济法律体系也逐步形成。但是,市场管理体制、机制还不可避免地或多或少地残留着计划经济的痕迹,管理理念和管理方法不符合市场经济规律的现象也还不同程度地存在。市场管理法律制度的完善需要按照立法程序进行,但司法活动中对市场行为的认识和评价是正在进行的,许多经济犯罪的认定,需要对行为作出违法性评价。对市场经济活动中的各类行为,要按照法律规范和市场经济规律认识和评价。一是法律法规没有禁止的,不应当作出违法性评价。二是评价的标准应当是《刑法》第96条所指的"国家规定",即全国人民代表大会及其常务委员会制定的法律和决定,国务院指定的行政法规、规定的行政措施、发布的决定和命令。其中"国务院规定的行政措施"应当由国务院决定,通常以行政法规或者国务院文件的形式规定。以国务院办公厅名义制发的文件,符合下列条件的,亦应视为"国家规定":(1)有明确的法律依据或者与行政法规不抵触;(2)经国务院常务会议讨论通过或者经国务院批准;(3)在国务院公报上公开发布。地方性法规和部门规章不属刑法上的"国家规定",但法律法规授权主管部门制定具体标准的,该具体标准属于"国家规定"的一部分,与相应的法律法规共同构成完整的"国家规定"。三是尊重市场经济规律,以市场经济规律作为法律评价的参考和补充,能够帮助司法人员更清楚、准确地认识行为性质和司法判断的方向。

(二) 准确把握刑事政策,服务国家经济政策

办理经济犯罪案件要准确把握党和国家的刑事政策,坚持宽严相济,该宽的要宽,该严的要严,宽严有度,罚当其罪。当前正处于经济犯罪的多发高发期,要注意加大追究、制裁的力度,防止失之于宽。要突出打击重点,对严重危害国家经济安全和人民群众生命健康财产安全的经济犯罪要坚决追诉,对规模性、群体性犯罪案件,要区别对待,打击少数组织、策划者和骨干分子,教育挽救大多数受蛊惑、利用的一般参与者。

要准确理解、领会国家经济发展政策,执行刑事司法政策与贯彻国家经济政策兼顾,做到刑事司法活动与为国家经济发展大局服务相结合、相统一。

服务经济发展方式转变。转变经济发展方式,是党和国家对我国现代化发展阶段的敏锐洞察,是继续推进国家现代化的战略抉择。"新常态下,我国经济发展表现出速度变化、结构优化、动力转换三大特点,增长速度要从高速转向中高速,发展方式要从规模速度型转向质量效率型,经济结构调整要从增量扩能为主转向调整存量、做优增量并举,发展动力要从主要依靠资源和低成本劳动力等要素投入转向创新驱动。这些变化不以人的意志为转移,是我国经济发展阶段性特征的必然要求。"转变经济发展方式,关系改革开放和社会主义现代化建设全局。对市场活动和

行为作司法评价，要顺应国家转变经济发展战略的方向，符合转变发展方式的要求，清楚认识，准确判断。

服务实体经济繁荣发展。实体经济是经济发展之本，关系到国计民生，实体经济尽管不包含要害部门和尖端领域，但却是市场稳定运行的最广泛基础。实体经济指标的偏差往往反映到社会生活的各个领域，并直接与民生疾苦和企业生存联系在一起。为扶持国内实体经济发展，国家陆续出台相关政策和具体工作方案，要求"牢牢把握发展实体经济这一坚实基础，努力营造鼓励脚踏实地、勤劳创业、实业致富的社会氛围"。办理经济犯罪案件过程中，要认识到实体经济在国民经济中的重要地位和作用，将国家重视对实体经济发展的政策精神贯彻落实到具体案件的处理中。

服务自主知识产权创新发展。创新是国家兴旺发达的动力和源泉，在市场经济活动中，创新的重要体现是自主知识产权创新。有效保护自主知识产权，保护原创者的创新成果，让创新的成果在市场经济活动中得到利益，就是保护创新动力和创新热情。仿冒和劣质廉价能够给局部地区和个人带来短期的快速的经济利益，但却是不能长久、不可持续的，会严重地挫伤创新的动力和积极性。检察人员要自觉克服地方局部利益、小群体利益的影响和短视思维，站在国家发展强盛的角度，自觉服务国家创新发展战略，准确评价市场经济活动。

（三）认识刑罚的局限性，妥善控制刑事追诉边界

我国实行包括社会伦理道德约束、职业行业管理、行政监管处罚、民商事司法调处、刑事追究等多层次、多手段的国家治理方式，刑事司法是诸多治理手段之一，刑事追究是最后的、最严厉的制裁手段。全部违犯法律规范的行为中，极少数危害严重的

规定为犯罪，由刑事司法追究，大多数违法行为由刑事司法以外的其他手段处罚。刑事司法无法解决市场经济活动中的所有问题。要准确把握刑事追诉边界，对市场经济活动中违反法律法规的行为，严格区分违法与刑事犯罪的界限，准确把握刑事追究与行政监管、处罚的分界点。要认识刑事司法的局限性，对于市场经济活动已经放开，但市场管理法律规范尚未及时调整，或者尚未建立监管规范的，要适度约束刑事追究，实现刑事追诉与行政处罚既紧密衔接，又不超越边界。

（四）树立检察机关独立的价值判断体系和标准

公诉的本质是国家追诉。检察机关代表国家垄断行使公诉权，维护国家、社会利益和公民合法权益，必定要有对社会现象和具体行为的价值判断。检察机关依照法律和司法理念对社会事物、社会现象、社会活动及具体行为的合法性、危害性、可罚性的评价以及对所作评价导向性的判断，是正确行使国家公诉权的基础和前提。这个基础决定了检察机关对某些危害行为是否提出犯罪指控、指控的内容和指控要求，进而也体现国家意志对社会现象和行为的肯定或否定评价。

检察机关独立的价值判断，既是正确行使公诉权的需要，也是履行法律监督职能的需要。基于履行法律监督职能所作的价值判断，应当体现出更精准的法律精神和更正确的司法理念。

检察机关独立的价值判断体系和标准，要符合中国特色社会主义法律体系的本质要求，符合社会发展方向，符合社会公平正义要求。强调独立的价值标准，不是一定追求与侦查、审判的判断有所不同，而是要有检察机关的独立的价值追求。价值判断，是对是与非、对与错、坚持与反对以及由此产生的指控不指控的判断。在经济犯罪纷繁复杂的法律关系和利益诉求当中，检察机关独立的价值判断尤为重要。

价值判断是是与非、应该不应该的判断，利益判断是对怎么做更好的选择。在正确的价值判断基础上可以做适当的利益判断，但价值判断不能建立在利益判断的基础上。

（五）依靠党委政府妥善处理案件善后工作

党的领导和政府的支持是依法独立行使检察权的根本保证。对经济犯罪的刑事追诉工作当然离不开党的领导和政府支持，特别是当前突出的涉众、涉网络、涉金融犯罪案件，刑事追诉既关乎对犯罪的追究，又涉及维护社会稳定、追缴赃款挽回经济损失、平息犯罪造成的较大范围的社会矛盾等多方面的工作，要实现对经济犯罪的追诉顺利进行，案件的处理平稳、有序，必须依靠党的领导和政府支持。在党委的组织、领导、协调和政府的有力支持下，才能取得好的政治效果、社会效果、法律效果。

三、金融犯罪案件的办案实务问题

破坏金融管理秩序罪计 30 个罪名，金融诈骗罪计 8 个罪名。办理破坏金融管理秩序和金融诈骗犯罪案件，常见的也是问题较多的是非法吸收公众存款罪和集资诈骗罪。

一是准确把握非法吸收公众存款罪的本质特征。根据最高人民法院 2010 年 12 月 13 日《关于审理非法集资刑事案件具体应用法律若干问题的解释》，"违反国家金融管理法律规定，向社会公众（包括单位和个人）吸收资金的行为，同时具备下列四个条件的，除刑法另有规定的以外，应当认定为刑法第一百七十六条规定的'非法吸收公众存款或者变相吸收公众存款'：（一）未经有关部门依法批准或者借用合法经营的形式吸收资金；（二）通过媒体、推介会、传单、手机短信等途径向社会公开宣传；

(三）承诺在一定期限内以货币、实物、股权等方式还本付息或者给付回报；（四）向社会公众即社会不特定对象吸收资金"。即具有违法性、公开性、利诱性和社会性四个特征。现代科技快速进入社会生活的情况下，非法吸收公众存款的方式也在不断变换方法手段，特别是与互联网金融活动的多样性相伴而生的非法吸收公众存款活动也不断出现新的表现形式。但无论形式如何变化，互联网金融平台未经合法批准建立资金池，形成资金沉淀，即涉嫌吸收公众存款，结合平台运行的其他特征，不难做出判断。

二是准确把握刑事追诉边界。非法吸收公众存款的危害在于将吸收的社会公众存款用于货币、资本等高风险经营活动。为了正常生产经营活动的资金需要而吸收公众存款，确定刑事追究应当慎重。最高人民法院司法解释提出，"非法吸收或者变相吸收公众存款，主要用于正常的生产经营活动，能够及时清退所吸收资金，可以免予刑事处罚；情节显著轻微的，不作为犯罪处理"，为实践中妥善把握刑事追诉边界提供了基本思路。对于为了正常生产经营活动的资金需要而向公众募集资金的，应当根据吸收的资金来源和范围以及生产经营的项目内容和生产经营状况、资金使用的安全性作具体分析，特别是用于实体产业生产经营活动的，慎用刑事追究；对于基于特定民间亲朋关系、企业员工范围内的集资、借贷，用于实体产业生产经营、能够保证资金安全性的，不宜按非法吸收公众存款罪追究。

三是对吸收资金行为与可能产生的危害结果作客观冷静的分析、评估。对于将吸收的社会公众存款用于货币、资本等高风险经营活动的，经营的项目不可能产生盈利、增值的，以后续吸收资金兑付前期吸收资金不可能持续的，应当果断处置，防止危害结果持续放大,并依法追究相关人员的刑事责任;对于巧立名目设置骗局占有所吸收资金的,应当以集资诈骗罪追究。

四是注意非法吸收公众存款罪与集资诈骗罪的转化,注意分析非法吸收公众存款过程中的关键节点、资金状况和资金用途、去向,对于使用诈骗方法非法集资,或者无法兑付情况下继续吸收资金,或者将吸收的资金占为己有、隐匿、挥霍的,应当结合刑法规定的条件按照集资诈骗罪追究。

互联网金融是近年来随着互联网普及应用出现的、通过互联网进行的金融活动,并没有改变金融的基本业态;互联网金融犯罪是通过互联网实施的金融犯罪活动,也没有改变金融犯罪的基本形态。互联网金融犯罪与普通金融犯罪的区别只是线上线下、网络与实体环境不同。互联网金融犯罪主要涉及非法吸收公众存款、集资诈骗、传销、非法销售未上市公司股票等犯罪,也具有涉及不特定群体、被害者人数众多的特征。

互联网金融犯罪近年内处于高发期,所涉非法吸收公众存款、集资诈骗等案件十余年来增长几倍至近20倍。这类犯罪呈现涉案主体复杂、人数众多,涉及行业多、地域广、金额大,社会危害严重、影响社会和谐稳定,犯罪隐蔽性强、手段翻新变化快,犯罪组织性强、日趋职业化,犯罪智能化凸显、借助互联网等各类技术手段,犯罪渗透快、迅速蔓延等特点。侦查、起诉工作在调查取证、准确定性、工作协调、追赃挽损等方面均面临着巨大困难。

互联网金融犯罪案件办理工作中尤其要注意把握以下方面:

一是高度重视案件的妥善处理,依靠党委、政府的组织协调,维护社会和谐稳定。涉众型经济犯罪和互联网金融犯罪案件由于其社会稳定、涉金融安全的特点,检察机关审查起诉、出庭支持公诉、提出量刑意见都要紧紧依靠党委、政府的领导和协调，把维护社会稳定摆在重要位置，通过对犯罪的指控，尽最大努力化解社会矛盾、修复被犯罪侵害的社会关系。

二是要依据法律评价社会现象，不能以社会现象评价法律。涉众型经济犯罪屡禁不止的一个重要原因，是它的欺骗手段日益"高明"和手法的不断变换。犯罪分子为蒙骗群众，费尽心思进行自我"包装"。有的成立合法公司，有完备的工商执照、税务登记，以一定的经营活动掩盖其非法行为；有的不惜重金在高端商务区租赁办公地点，打着政府机构、政界人士、知名企业的旗号，请知名人人士站台、在知名媒体上宣传；有的利用现代科技手段、互联网平台，以互联网支付、P2P网络借贷、网络小额贷款、众筹融资等新形式进行犯罪活动；有的打着金融创新的旗号，利用域外新概念巧立名目，设计高端、时尚的骗局。除蒙蔽受害群众外，也给行政监管和司法认定带来一定的困难。司法办案当中，既要注意识别不法分子借用时尚概念和金融创新产品的名义实施非法金融犯罪活动，也要对在金融创新过程中行为边界模糊、金融产品定性存在争议的互联网金融产品的形态作审慎识别，在认识这些社会现象判断其行为性质时，要坚持以法律为准绳，以法律规范评价社会现象和行为性质，而不要以社会现象评价法律。要注意区分现象和本质，透过现象认识行为本质，而不要被时尚概念的现象迷惑。对于违反国家规定，吸收公众存款建立资金池，诈骗钱财，擅自发行股票以及公司、企业债券等，无论以什么形式和面目出现，都要依照法律规范评价和界定。

三是妥善把握追诉范围。涉众型经济犯罪和互联网金融犯罪涉案人员众多，涉案公司企业众多，组织内部层次和环节众多。确定追究范围和追究层次时应当把握相当性原则，即追究范围与该犯罪所造成的社会危害程度相当,与嫌疑人在犯罪中所处的地位和所起的作用相当,与涉嫌人员的违法性认知和主观恶意轻重相当。

四是最大限度追缴赃款挽回经济损失。涉众型经济犯罪和互联网金融犯罪案件的妥善处理,追缴赃款赃物挽回经济损失与对犯罪的追究同样重要,办案的社会效果一定程度上决定于挽回经济损失的效果。要把追赃挽损工作贯穿于案件侦查、起诉、审判、执行的全过程,尽最大可能挽回犯罪活动给参与群众造成的经济损失。

五是对审查发现的社会和行业管理缺失及时向有关部门提出检察建议。涉众型经济犯罪和互联网金融犯罪的治本之策是加强市场监管,疏通投融资渠道,加强对金融消费者的风险教育,对违反规定的市场活动早发现、早分析、准确判断、果断处置。检察机关审查起诉过程中发现市场监管方面的缺失,应当向有关主管机关提出检察建议。

四、经济犯罪案件的证据

(一)增强证据意识,引导侦查全面、客观收集、固定证据

证据意识是一种本能,是人们在诉讼中或者诉讼外自动养成收集、保存、运用证据的习惯。作为一种理性自觉,证据意识要求司法人员能够正确认识证据的本质及其诉讼价值,并能够自觉运用证据认定事实和解决争端。审查经济犯罪案件,一是要注意发现证据,既要认识已有证据材料的证据价值、证明作用,也要注意发现侦查工作中疏漏的细节、信息的证据价值、证明作用。二是正确引导侦查取证,对于审查发现的证据欠缺,以及侦查疏

漏的具有证据价值、证明作用的细节、信息，在要求侦查机关补充侦查的时候，要在提出详细补充侦查提纲的同时，向侦查人员详细解释要求补充的证据的意义以及在证明体系中的重要作用。三是把握证据的本质，正确认识证据形式。随着社会进步和科学技术应用，能够"证明案件事实的材料"的形式和载体也在不断发生变化，在经济犯罪案件中，这种变化会较其他犯罪更快更早地体现。无论是以其内在属性、外部特征、空间方位起证明作用，还是以记载内容起证明作用，只要能够证明案件事实，不论以何种形式、何种载体呈现，也不论其在证据归类上的所属，都应当用作证明的根据。

(二) 证据的审查运用

我国刑事诉讼的证明标准是犯罪事实清楚，证据确实、充分。侦查机关侦查终结移送起诉、检察机关提起公诉、审判机关判决有罪，都要遵从这一极具客观性的证明标准。在犯罪事实清楚，证据确实、充分的证明标准下，要求以证据之间的相互印证证明案件事实和情节，犯罪构成的基本要素都要有证据证明。侦查、起诉、审判共同遵从同一个客观性证明标准和依证据之间相互印证证明案件事实是中国特色刑事诉讼制度的一个重要特征，能够保证证明结论的客观性，有效阻断司法人员的主观臆断，防止出入人罪。

办理经济犯罪案件审查运用证据，在遵从犯罪事实清楚，证据确实、充分的证明标准和印证式证明方法的同时，要结合经济犯罪案件证据形式多样、来源广泛、轨迹复杂、信息量大的特点，充分发挥审查判断、综合运用证据功能，准确认定犯罪事实。

一是改进认识证据的方式，重视客观性证据在证明体系中的支撑作用。坚持客观性证据审查运用与被告人口供等言词证据审查运用并重，更加重视发挥书证、物证、电子证据等客观性证据和鉴定意见等专门技术性证据在认定案件事实中的作用，加大对侦查机关收集、固定、完善客观性证据的引导、推动力度，强化对实物证据和刑事科学技术鉴定的审查运用，重视客观性证据与其他证据的印证。

二是根据查明的事实进行适度的延伸判断，运用推定查明主观罪过。经济犯罪大多与市场经济活动交织在一起，客观上给嫌疑人规避罪错责任提供了较大空间，简单印证式证明方法往往造成主观罪过难以确认，导致定罪疑问。在印证式证明模式的基础上适当增加司法人员在证据审查基础上的延伸判断，可以有效解决这一问题，也在一定程度上弥补现行证明方法的缺陷。对于经常出现的犯罪嫌疑人关于主观方面的辩解，包括故意、明知、目的等，应当根据已知的、已证明的事实和行为，以及这些事实和行为所包含的更广泛的信息，按照一般正常人的认知能力或者嫌疑人所从事的专业群体的特殊认知水平，对嫌疑人主观方面的故意、明知、目的作出判断。犯罪嫌疑人供述的故意、明知、目的未必是客观真实，并且多变、不易以证据的直接内容予以固定，要结合客观事实、行为所揭示的故意、明知、目的作出判断。犯罪嫌疑人供述的故意、明知、目的与客观事实、行为所揭示的内容相一致才能对供述作肯定性判断；犯罪嫌疑人供述的故意、明知、目的与客观事实、行为所揭示的内容不相一致，可以否定被告人供述，根据客观事实、行为所揭示的内容作出认定。

三是妥善处理各类证据问题。对于证据审查运用中发现的各类证据问题，要区分存在问题的不同证据情形，准确识别，分别处理。处理中要把握好一个本质，处理好六个关系。

非法证据的本质是严重侵犯公民权利。对此，最高人民法院《关于适用〈中华人民共和国刑事诉讼法〉的解释》已有明确、精准的解释："刑讯逼供等非法方法"是指"使用肉刑或者变相肉刑，或者采用其他使被告人在肉体上或者精神上遭受剧烈疼痛或者痛苦的方法，迫使被告人违背意愿供述的"行为。只有符合《刑事诉讼法》第56条和司法解释规定的情形，才能适用刑事诉讼法规定的排除程序。办理经济犯罪案件审查运用证据，总的原则是严格按照刑事诉讼法和相关司法解释关于非法证据排除的规定，准确把握范围、界限、处理方式和处理程序，既要防止无所作为，又要防止过犹不及，防止从一个极端走向另一个极端。

在审查运用证据过程中，认定是否属于非法证据以及是否适用非法证据排除程序，需要认识和处理好六个关系：

一是证据瑕疵与非法证据的关系。不是所有违反程序规定和要求的证据都属于非法证据排除概念下的非法证据，证据材料形式上的瑕疵不属于刑事诉讼法和司法解释规定的非法证据。证据形式存在瑕疵的情形，如讯问笔录填写的讯问时间、讯问人、记录人、法定代理人等有误或者存在矛盾的，讯问人没有签名的，首次讯问笔录没有记录告知被讯问人诉讼权利内容的。即对于证据形式不符合规范要求存在瑕疵的，必须要求有关办案人员认真补正或者作出合理解释，以保证其真实性，通过有关办案人员的补正或者作出合理解释的，可以采用。

二是证据关联性与非法证据的关系。不能反映原始物证、书证的外形、特征或者内容的复制品、复制件，没有勘验、检查、搜查提取、扣押的笔录，不能证明来源的物证、书证等，属于证据材料与案件事实不具关联性，不属非法证据。与案件事实不具关联性的证据不能作为指控犯罪的根据。

三是证据真实性（客观性）与非法证据的关系。证据不真实，不能作为定案、指控犯罪的根据，但不属于《刑事诉讼法》第56条规定的非法证据，不适用排除程序处理。实践中常见的是与讯问录音录像表述内容呈方向性不一致的讯问笔录。讯问录音录像是讯问过程的原始、客观、真实记录，当讯问笔录与讯问录音录像在关键内容上呈方向性不一致时，应当认为讯问笔录的内容不真实，当然不能作为指控证据使用。

四是工作要求与非法证据的关系。刑事诉讼法以及中央政法委和"两高"对刑事诉讼活动有许多工作要求，进行刑事诉讼活动应当严格遵守这些工作要求。但是，这些工作要求不是证据效力的必备要件。如《刑事诉讼法》第52条要求"严禁刑讯逼供和以威胁、引诱、欺骗以及其他非法方法收集证据"，第56条规定对"刑讯逼供"获取的供述和"暴力、威胁"获取的证言予以排除，没有规定对"引诱、欺骗"方法获取证据的排除。《刑事诉讼法》第123条以及中央政法委关于讯问录音录像的规定，也是从工作层面而非证据角度提出的程序性要求，讯问过程没有全程录音录像，讯问过程合法性缺少最直接有效的证明，并不意味所取得供述因丧失真实性而失去证据资格。因而，在非法证据排除规定中，刑事诉讼法没有要求对未依法进行全程录音录像取得的供述予以排除。未依法全程同步录音录像讯问并不等于取得的供述是非法证据，只有当未依法进行全程录音录像，且使用了刑讯逼供等非法方法时，所取得的供述才应当排除。

在规定的办案场所外讯问取得的供述也属于违反了讯问的工作要求，不能一概而论，既不能一律排除，也不是一律都不排除，对其中存在《刑事诉讼法》第56条规定的以非法方法收集证据情形的，应当予以排除；不存在《刑事诉讼法》第 56 条规定的以非法方法收集证据情形的，可以作为证据使用。检察人员在审查时应当对在规定的办案场所外讯问取得的供述给予高度的关注和重视，结合被告人供述和其他证据，对在规定的办案场所外讯问的必要性进行认真审查判断。

五是外国证据规范与中国证据规范的关系。域外的证据规范和证据理论观点可以作为立法的借鉴，不能作为司法活动的依据。审查运用证据，应当遵守中国法律和司法解释规定的证据规范，要防止以域外证据规范对抗中国证据规范。如"重复自白"和"毒树之果"，是美国刑事证据规则的概念，我国刑事诉讼法和"两高"的相关解释、规则没有规定要排除。对被确认属于"刑讯逼供等非法方法取得的供述"而排除后，被告人自愿作了与原供述内容完全一致的新的供述，新的供述可以作为证据使用。对于利用非法方法包括刑讯逼供方法获取证据线索，并依照该线索取得的证据，我国法律和司法解释没有规定排除，当然可以作为证据使用。

六是最高司法机关的有关文件与法律和司法解释的关系。刑事诉讼法在刑事诉讼程序规范上具有最高的位阶，最高人民法院《关于适用〈中华人民共和国刑事诉讼法〉的解释》和《人民检察院刑事诉讼规则》是"两高"关于刑事诉讼程序的最具权威的解释，其他司法文件均不应与其冲突。对于"冻、饿、晒、烤、疲劳审讯等非法方法收集的被告人供述"，要按照"两高"司法解释的规定，审查是否达到使被告人在肉体上和精神上遭受剧烈疼痛或者痛苦、迫使其违背意愿供述的程度，再决定是否排除。不加识别一概排除超出了法律和司法解释规定的范围，削弱了对犯罪的指控制裁力度；一概不排除，又弱化了刑事诉讼法关于保护当事人合法权益的制度效能。

(三) 行政认定意见与鉴定意见

经济犯罪案件证据体系中有两类特殊的常用的证据类型，行政认定意见和鉴定意见。

行政认定，是行政机关和法律法规授权的组织依法对行政相对人的法律地位、权利义务进行甄别，给予确定或否定并予以宣告的具体行政行为。行政法上将行政认定分为五种类型：一是对行为的认定，认定某一行为是否属于违法行为，以及在违法认定的基础上划分责任等级和责任分担；二是对物的认定，如对假冒伪劣商品的鉴定；三是对权利的认定，如对土地性质的认定和土地使用权的确认；四是对法律地位的认定，如对企业纳税人地位类别的区分认定；五是对资格与能力的认定，如证券监督管理部门对内幕人员的认定。

刑事司法所称的行政认定，包括但不限于行政法理论上的五种类型，还包括行政机关和法律法规授权的组织应司法机关要求出具的行政定性意见。在刑事诉讼中，行政认定根据情形分别居于不同的地位。按行政认定在刑事违法性评价中的地位可以分为两种情形：对于空白罪状，行政认定对应的是犯罪客观方面的内容，即"违反……的规定"的具体内容的评价，是认定构成犯罪的基本要素；对于叙明罪状，行政认定是对行为的行政违法性的补充评价。按照作出行政认定的阶段也可以分为两种情形：一是行政机关和法律法规授权的组织行使职权过程中依法做出的认定意见，在刑事诉讼中可能成为司法认定的事实、情节或者证据的一部分；二是应司法机关请求，行政机关和法律法规授权的组织对行政相对人的行为性质、法律责任作出合法或者违法性评价，在刑事诉讼中可能成为司法人员认识行为的行政违法性进而判断刑事违法性的根据和参考。

近年来办理经济犯罪案件过程中,越来越多的司法机关要求行政机关和法律法规授权的组织出具行政认定意见。经济犯罪中许多罪的构成以行为人的行为违反行政法律法规为前提,许多罪名的刑事违法性认定,都涉及对行为是否违反行政规范的判断,无论是完全空白罪状、不完全空白罪状,还是叙明罪状,都需要对其行政违法性作出判断。因此,行政机关和法律法规授权的组织对行为是否违反行政法律法规作出认定,对于刑事司法准确作出刑事违法性评价是必要的。由于国家行政管理涉及国家政治、经济、社会、文化生活的方方面面,涉及广泛的专业知识,一般而言,各行政主管部门对其所主管的行业领域的行政法规最为熟悉、精通,司法机关面对所有违反行政法律法规的行为评价,认知能力和准确评价能力受到极大的考验和挑战,从而造成一些刑事案件的行政违法性评价过分依赖于行政主管部门。

行政认定的实质是对行为的行政违法性认定;司法认定是对行为的刑事违法性认定。以违反行政法规范为前提的经济犯罪在认定刑事违法性的过程中,必然涉及对行为行政违法性的评价。司法认定与行政认定除了认定机关不同外,在认定依据、认定内容、认定效力、认定的价值取向等方面都有所不同。司法认定的评价范围更广、标准更严格、效力更高。无论哪种行政认定意见,在刑事诉讼中都只是司法认定内容的一部分或者是行政职能机关的专业意见,行政认定的评价不能替代司法评价。

在经济犯罪案件公诉过程中,对于行政认定意见应当从三个方面把握。一是行政认定不是刑事认定的必要的前置条件,对于未作行政认定的案件,司法机关可以径行作出行政违法性评价,进而作出刑事违法性评价。在刑事违法性判断中,行政认定可以缺位，行政违法性判断必不可缺。最高人民法院、最高人民检察院、公安部于 2014 年 3 月 25 日发布的《关于办理非法集资刑事案件适用法律若干问题的解释》第 1 条规定："行政部门对于非法集资的性质认定，不是非法集资刑事案件进入刑事诉讼程序的必经程序。行政部门未对非法集资作出性质认定的，不影响非法集资刑事案件的侦查、起诉和审判。公安机关、人民检察院、人民法院应当依法认定案件事实的性质，对于案情复杂、性质认定疑难的案件，可参考有关部门的认定意见，根据案件事实和法律规定作出性质认定。"二是司法机关对于行政认定意见都要进行司法审查，既要审查认定意见的行政法依据，也要审查作出认定的事实依据。经过审查，既可以采信行政认定意见，也可以依据刑法条款及其指示的行政法律法规，直接进行实质的行政违法性和刑事违法性判断，不能不加审查简单地认可、采信行政认定。三是在司法审查中，对于行政认定意见一般要给予必要的、足够的尊重。

鉴定意见是由有专门知识的人对案件中的专门性问题进行科学鉴别出具的专门性意见。在我国，鉴定意见具有不同于普通证人证言的特殊证据意义。1979 年刑事诉讼法将有专门知识的人对案件中的专门性问题进行科学鉴别出具的专门性意见称为"鉴定结论"，作为一种独立的证据种类。2010 年 6 月 13 日，"两高三部"联合发布了《关于办理刑事案件排除非法证据若干问题的规定》和《关于办理死刑案件审查判断证据若干问题的规定》（以下简称为两个证据规定），两个证据规定将"鉴定结论"改称为"鉴定意见"，并提出了对鉴定意见的审查判断与质证的要求。2012 年刑事诉讼法正式将"鉴定结论"修改为"鉴定意见"。应当说，"结论"强调的是经过仔细审查分析后得出的客观定论,"意见"强调的是审查分析的主观认识和见解。

经济犯罪案件涉及的专门性问题十分广泛,涉及市场经济活动的方方面面,尤以生产、销售伪劣商品犯罪和侵犯知识产权犯罪所涉罪名为最。常见的鉴定意见包括科学技术鉴定、价格及损失鉴定、司法会计鉴定、产品质量鉴定等。这些鉴定意见一般具有以下特点,一是鉴定意见的内容具有专业性。从本质上来说,鉴定意见主要解决诉讼活动中的疑难性、专门性以及科学性问题。这些问题往往超出了普通人的常识、生活经验以及逻辑判断的范围,因而才需要聘请有专门知识的"专家"来帮助判断并提供意见。因此,鉴定意见通常都表现出较强的专业性——主要表现为鉴定意见中专业术语、科学原理、相关数据以及特定标准等的运用。二是鉴定人员的范围具有特定性。刑事诉讼法要求的是"有专门知识的人",即在鉴定内容所涉及的行业领域有专门特长甚至权威。在鉴定人员的管理上,法律规定了较为严格的准入制度,制作鉴定意见的主体必须符合法定的资质和注册要求,并非任何专业人士都能出具鉴定意见。

由于经济犯罪案件的专门性问题门类庞杂、涉及领域广泛,公诉工作中涉及鉴定及鉴定意见时需要作以下把握。

一是不是所有的专门性问题都需要鉴定,对案件涉及的某些直观的、凭常识可做判断的问题,司法人员可以根据证据和常识直接作出评价,无须鉴定。如生产、销售伪劣产品罪,犯罪嫌疑人将油船输油管道的输入端改造为双通道,向炼油厂销售油品时,一条管道抽取船舱油料,另一条管道抽取江水,将油水混合物以合格油料销售,生产、销售伪劣产品行为直观了然。如果提取到销售实物作出油水比例鉴定固然使案件事实更清楚,未能提取销售实物,专业技术人员也无法作出准确鉴定,依销售总额、输油管道结构结合供述和证人证言可以直接作出司法评价。

二是许多专业技术问题没有符合鉴定资质要求的鉴定机构和鉴定人，可由"有专门知识的人"或者与专门问题同一或者相关领域的专业机构作出专业性鉴定意见。按照刑事诉讼法的规定，鉴定由司法机关指定、聘请的有专门知识的人进行，强调的是所掌握知识的专业性、专门性、权威性，对"有专门知识的人"的职称、职务、从业机构并无要求。行政管理法规对鉴定机构和鉴定人的资质作了严格的限定。经济犯罪中涉及的专业技术问题以及专业技术领域太过庞杂，尚无法作出准确统计，目前取得授权许可的鉴定机构、鉴定人、鉴定项目范围还十分有限，受行政许可权限的限制，有些专业技术领域的机构和专业技术人员的鉴定资质无法获得行政管理机关的授权，但经济犯罪活动是时时在发生的，案件中的专门问题是需要即时解决的，专业鉴定意见是指控犯罪的实时需要。对于没有授权鉴定机构的专业技术问题，应当委托该专业问题的专门或者专业机构作出鉴定意见。

三是对所有的鉴定意见都要进行审查。鉴定意见是由有专门知识的人对案件中的专门性问题进行科学鉴别出具的专门性意见，作出司法采信之前都要进行审查，以作出是否作为指控根据的决定。两个证据规定对鉴定意见的审查判断提出了十个方面的要求，应当注意的是，经济犯罪案件涉及的专门性问题会有非授权机构和人员，也就是刑事诉讼法规定的"有专门知识"但未获得行政主管机关授予资质的机构和人员作出的鉴定意见，按照刑事诉讼法的规定不应当否定其鉴定意见的证据效力，经过审查可以作为定案的根据。

四是对专业技术性鉴定意见的审查可以借助检察技术人员或者其他具有专业知识的人员进行。由于鉴定意见具有很强的专业性,而司法人员作为法律专业人士对相应的专业技术领域并不专业,缺乏对这类问题进行分析判断的知识和能力。要实现对鉴定意见的实质性审查而不仅仅机械引用结论,需要借助专家的帮助。延请检察技术人员或者其他具有相关专业知识的人员协助审查,审查的主体和责任人仍然是司法人员。

在法庭审判中,行政认定意见和鉴定意见是指控犯罪的有力根据。灵活、妥善运用行政认定意见和鉴定意见,必要时申请行政认定机构派员出庭说明行政认定根据,申请鉴定人出庭接受质证,或者申请其他专家证人出庭论证鉴定意见,可以更有力地维护指控主张。

(四)科学确定指控思路和证明思路

相比较而言,经济犯罪案件证据复杂、法律关系复杂。除此之外,市场经济活动中互联网等科学技术的应用和不断涌现的形式多样的创新,经济犯罪活动与正常的生产经营活动交织,犯罪分子刻意设置圈套、蒙蔽消费者、规避法律规范等,都使得对经济活动中的犯罪识别相对困难,对经济犯罪的揭露和证明难度也相应加大。在准确识别合法与非法、违法与犯罪、此罪与彼罪性质与界限的基础上,实现指控主张,需要确定清晰的指控策略、指控思路、证明思路。

1. 适度分案,合理组合指控

根据涉案犯罪嫌疑人的范围、规模、层次、认罪不认罪,以及社会影响等情况,合理确定指控方案。分案或者并案指控,以公诉人出庭力量、指控能力能够驾驭、应对审判过程为原则。一般个案规模不宜过大,争议焦点不宜过于集中。对于犯罪嫌疑人较多、规模较大、争议焦点集中的经济犯罪案件,可以根据犯罪的组织结构及各犯罪嫌疑人在犯罪中的地位、作用,适当分案指控。适当分案，可以缩减个案规模，减少指控、证明压力；分散争议焦点的集中度，集中力量分别应对，增强指控效果。对于犯罪嫌疑人较少、规模不大，或者虽然人数较多但争议焦点分散的经济犯罪案件，也可以不分案或者适当并案指控。

2. 突出主要犯罪

主要犯罪，包括案件数罪中的主罪或重罪，也包括数罪中为社会所关注的犯罪。经济犯罪案件中的主罪或者社会所关注的犯罪，以及争议较大的犯罪的指控和证明的效果，关系全案公诉效果，是出庭揭露和证明的重点。

3. 明确认定思路和定罪的关键点

认定犯罪事实要根据证据，证据决定着能否认定犯罪以及指控犯罪的思路。经济犯罪大多发生在市场经济活动过程中，行为轨迹复杂，合法与违法交织并存，要注意在复杂繁多的活动中准确甄别行为性质、行为在犯罪构成中的价值，以及对于指控和证明的作用，明确定罪的基本思路和关键节点，并围绕基本认定思路组织论证依据。对于认识分歧较大案件，往往有若干种认定思路，甚至每一种认定思路都有一些节点存在缺陷或者证据支持的弱点，策略上要选取优势较大、不利较小的思路指控。准确确定指控思路和把握定罪的关键节点至关重要。

4. 合理组合证据，灵活确定出示顺序

经济犯罪案件证据数量大、种类多，财务资料、电子信息数据较为普遍。要注意根据确定的指控思路和指控事实科学组合、运用证据。一是重视客观性证据的证明作用，充分利用财务账簿、财务资料、电子信息资料的客观证明作用。二是合理组合证据。尤其是群体性、规模性经济犯罪案件，涉案单位、人员层次多、结构复杂，要根据证明需要和相互印证的方法，将纷繁复杂的证据材料，组合为思路明确、条理清晰、重要关节点突出的证据体系。三是根据指控和证明需要安排调整示证顺序。出示证据的顺序应以实现清楚揭露和充分证明犯罪、便于法庭接受和旁听人员了解的目的实现为原则，一般按照犯罪阶段、实施过程的先后顺序，犯罪组织的结构、层次，职务及地位、作用的轻重，先归纳证明后分述证明。为了实现充分揭露和确实、清晰的证明效果，也可以根据具体情况作调整，先分述证明后归纳证明，或者相互结合灵活运用。

司法机关应对非法集资案件中新情况、新问题的对策建议

陈 晨 王海虹 赵琦婷 何楚仪*

当前非法集资犯罪案件仍处于高发态势,且新情况、新问题不断涌现,各地司法机关在实践中还存在不少认识上的分歧,给本来就有一定难度的非法集资案件办理工作提出了新的挑战。鉴于此,在最高人民检察院会同最高人民法院、公安部、银保监会举办的以"防范化解金融风险,打击金融领域黑恶势力,提高执法司法能力"为主题的联合培训班上,参加培训人员围绕非法占有目的认定、犯罪数额计算、打击范围确定等热议话题展开了观点争鸣,进行深入探讨。

一、非法占有目的的认定

非法占有目的的认定一直是集资诈骗罪的定罪关键点和难点。一般认为,构成集资诈骗罪需要行为人在具备非法吸收公众存款罪的非法性、公开性、利诱性、社会性的"四性"基础上,同时在主观上具备非法占有的目的。实践中,个案情形复杂多变,在行为人不主动供述的情况下,要根据客观行为加以判断,

---

* 陈晨,上海市人民检察院检察官;王海虹,北京市第三中级人民法院法官;赵琦婷,河南省高级人民法院法官;何楚仪,北京市朝阳区人民检察院检察官助理。

正所谓"主观见之于客观",因此,司法实践中就有观点认为可以诈骗的行为手段或者客观上大部分集资款不能归还的结果认定来替代非法占有目的的认定。也有观点认为,司法解释规定的"用于生产经营活动"应限于行为人对外宣传的项目,否则即属诈骗。那么,究竟该如何准确把握非法占有目的的认定?

王海虹: 不能仅凭行为人使用诈骗方法非法集资,就简单认定行为人构成集资诈骗罪。使用诈骗的方法并非一定具有非法占有的目的。在集资过程中,虽然行为人使用了诈骗方式,但如果目的是融资经营,不能直接推定具有非法占有目的,还需要结合其他要素综合判断。同样,对于大部分集资款在客观上不能归还,也需要分析具体原因,而不能简单认为行为人明知不能归还从而具有非法占有目的。根据相关司法解释的规定,对于行为人集资后不用于生产经营活动或者用于生产经营活动的资金与筹集资金规模明显不成比例,致使集资款不能返还的,可以认定具有非法占有目的。因此,必须是特定原因导致的集资款不能返还才能作为认定非法占有目的的依据。如果行为人是由于正常的商业经营风险、投资失误或其他并非出于恶意占有集资款之故意的原因导致无法返还集资款,不应推定行为人具有非法占有目的。无论是以诈骗方法替代非法占有目的的认定,还是单纯根据损失结果客观归罪,均不符合主客观相一致的原则。

另外,对于"用于生产经营活动"的理解也不应局限于对外宣传的项目。根据司法解释规定,并参照相关指导案例和生效裁判,首先不应将生产经营活动限定为行为人所宣传的项目或公司工商注册经营范围内的业务,投资固定资产等可以产生收益的合法经营活动亦应当认定为"生产经营活动"。对于行为人将集资款用于期货、股票等高风险投资的行为,应综合考虑行为人的既往经验和能力，谨慎认定为"生产经营活动"。

何楚仪：应以客观行为推定主观故意。对于公司决策者、资金实际控制人，以公司客观经营模式和资金审计报告为基础，将集资后不用于生产经营活动或者用于生产经营活动与筹集资金规模明显不成比例，肆意挥霍投资款，携带集资款逃匿，抽逃、转移资金、隐匿财产，隐匿、销毁账目，拒不交代资金去向，预计收益畸高、正常生产经营活动难以覆盖，公司已无兑付能力却仍以新公司或新项目的名义继续集资、挥霍性投资等行为，可以推定行为人主观具有非法占有故意，以集资诈骗罪重罪处理。

陈晨：并不是只要有将公众资金投入所谓的项目就可以排除非法占有目的，或者说项目的存在不一定是阻却非法占有目的认定的理由。特别是当前非法集资案件大多涉案金额巨大，行为人在吸收资金后基本都有相应的项目投入，项目的真实性、可执行性、盈利能力等往往需要更加精细的分析判断才能认定。我们认为可以考虑从四方面的要素加以探究。

要素之一：投资项目的真实性和盈利能力。

正常的生产经营活动主要考虑生产成本和收益，因此首先要从投资收益和成本投入两个方面对是否具有非法占有目的进行分析。实践中，非法集资活动均存在名义上的"项目外衣"，如理财产品、投资项目、借贷合同、公司原始股权等，而将所吸收的社会公众资金投入所谓的项目是行为人辩称自己没有非法占有目的的主要理由。针对此类辩解，我们认为，如果集资所宣称的项目本身就不存在，纯属虚假，可以直接推定行为人在集资时存在"非法占有目的"。司法实践中比较复杂的情况是如果行为人投资的项目确有其事，是否可完全排除非法占有目的呢？除了根据2010年非法集资解释计算投资比例和吸收资金比例外，还可以分以下两种情况进一步细化分析。

第一种情况是所谓"张冠李戴"式投资,即宣称的项目具有一定程度的虚假性。事实上,当前经济领域经营主体的丰富程度早已超越 2010 年非法集资解释颁布时的状况,集资人本身不再单纯限定在实业经营人,跨业经营、行为人运用集团公司实施跨地域的集资活动也十分常见。在实际案件中,对于集团化的经营主体,募集资金宣称的用途系用于 A 项目,而实际投入 B 项目;或者宣称投入生产经营,而实际上却投入资本运营等金融活动中,对此如何判定其主观状态?我们认为,这种程度的虚假性,系在客观行为上体现出了"欺诈"特征,属于"虚构事实、隐瞒真相"的诈骗手段,但仅以此尚不足以判断行为人的非法占有意图,需要结合其他因素进行具体分析。

第二种情况更为复杂,即部分公众资金确实投入了一些经营项目,而有些甚至表面上确有盈利能力,在此情况下,应对行为人投资的审慎程度、项目的可盈利性、投资和吸收金额比例等问题作细致分析。

如在一起案件中,行为人辩称自己没有非法占有目的,所吸收的资金均投入颇有盈利能力的项目,但经过办案检察官的审查和审计核算,事实并非如此。以下是检察官的论证路径:第一步,涉案公司和行为人与投资人签订投资协议吸收 160 余亿元,但仅有不到 1 亿元投入当初与投资人签订借款合同的项目中,而 30 余亿元投入投资人并不知情的其他项目中。对此可以认定具有"虚构事实、隐瞒真相"的欺诈行为。第二步,投资行为的随意性。前述 30 余亿元中涉及 60 多个项目,涉及不动产开发、旅游、酒业、汽车销售等行业。而在投资项目联络和决策过程中,均是由行为人个人出面,也从未聘请专业评估团队、经理人等专业人士对投资进行前期评估和尽职调查,对投资项目也没有专门团队或人员进行研究评判,仅凭自己的投资喜好和熟人关系进行投资,全权掌握公司投资和资金划拨,投资随意性非常明显。第三步,经过对行为人投资的 60 多个项目作进一步调查,从行为人供述的投资额、审计查明的投资额、行为人辩称项目是否盈利、证人证言证实的价值或盈利能力等维度对每个项目进行分析,结果显示:第一,行为人对本集团的对外投资项目的投资额、盈利能力均掌握得非常模糊,再次印证其进行投资的决策和管理方面存在肆意投资、缺乏审慎态度的情况。第二,涉案集团公司投资额与盈利能力极不相称。所投资的 60 余个项目,仅有 10 个项目证明有盈利,盈利共计每年不足 1 亿元。而该公司每年经营成本就高达 6 亿余元,还不包括对投资人兑付高额年化收益,即投资盈利和经营成本比例还不足 1/6。虽然涉案集团公司还拥有房屋、土地,但除小部分可以销售外,大量房屋仍需继续投资建设才能销售兑现。在对全部投资项目进行列表式分析的基础上,检察官对行为人一直声称的最具有盈利的一个项目进行了审计计算,发现即使按计划完成,所获得收入约 60 年才能还清债务和收回投资,而且盈利根本无法在近期内弥补所有投资成本和债务,以及不断扩大的吸收资金数额。

综合以上因素,再加上审计显示涉案集团公司归还本金的主要方法是借新还旧,行为人也有个人挥霍资金的行为,认定为集资诈骗罪。

要素之二:集资成本的高低和模式的可持续性。

非法集资活动的基本特征之一是利诱性,所以利息或成本是非法集资活动的必备因素,也是判断一项经济行为是否符合经济规律,具有合理性、可持续性的重要因素。行为人宣称的利息或支付的成本状况，也是判断犯罪主体是否具备"非法占有目的"的重要考量因素。比如在一起案件中，行为人设立网上商城，以高出市场价 5 至 10 倍的价格出售商品或服务，并以承诺消费者在该商城消费后可在规定账期获得全额报销为诱饵，进行非法集资。虽然行为人称自己是经营商城、销售产品，没有非法占有目的，但是对网上商城的报销规则计算便知，按照 10 倍价格最长报销期 60＋2 天的年化收益率为 58.87%，按照 5 倍价格最长报销期 7＋2 天的年化收益率为 811.11%，平台的盈利能力显然难以承受如此高额的资金回报，属于典型的借新还旧的盈利模式，认定为集资诈骗。

要素之三：资金的用途或流向。

按照司法解释的规定，如果行为人存在得款后肆意挥霍相应资金，携款潜逃，从事相关违法活动或者其他使得集资资金不能返还的情形，都可以判断出当事人"非法占有目的"的存在。实践中，争议较大的是行为人将资金投向房产、土地等不动产。如在一起案件中，行为人吸收资金的名目是房产抵押的债权转让，行为人也确实有投资房产，而经审查，行为人吸收的 7 亿元资金中仅有 5000 余万元被用于房产抵押贷款业务，大部分的资金被用来归还投资者本息、购置房产、公司运营成本支出等。涉案公司吸收公众资金用于放贷本身就是违法犯罪行为，而购置房产在严格意义上也不能归于司法解释规定的"生产经营活动"，所以本案中集资款用于生产经营的资金与筹资规模明显不成比例，且虽然案发时涉案公司享有一定数量的商品房产权和债权，但资产价值未作评估难以确认，而所购置办公房和其他房产均已抵押得款用于兑付投资人，资产价值早已经先期透支。再结合行为人案发后潜逃境外，涉案公司使用诈骗手法，存在虚构借款人、债权项目重复使用抵押房产宣传，将债权登记于业务员名下等规避法律、隐瞒关联关系等行为，其盈利能力不具有支付全部本息的现实可能性，其经营模式也不可持续，认定其主观具有非法占有目的是依据充分的。

要素之四：行为人偿还资金的实际态度和现实可能性。

2010年非法集资解释已经将"携款潜逃、抽逃隐匿财产、销毁账目、编造破产、拒不交代资金去向"等逃避返还资金的行为，直接认定在集资过程中的"非法占有目的"，司法实践中还需要考虑行为人偿还集资款的态度，是否对偿还投资人资金付出了真诚的努力。除此之外，将资金大部分用于弥补亏空、归还债务的；将资金用于高风险的盈利活动，造成亏损的；在已经出现无法兑付的经营风险、没有归还能力的情况下仍旧大量非法集资的，上述情况均系通过对行为人偿还资金可能性和态度的考察，能推定出其不具有返还资金的意图。

以上认定集资诈骗案件中非法占有目的的要素或路径并不是分割孤立的，非法占有目的是对犯罪嫌疑人主观目的的认定，在大多数的案件中是综合多方面事实要素作出的评价。

二、追诉范围的确定

非法集资案件的普遍特征是涉案金额大、涉案人员多，不仅涉及涉案单位内部分层次打击的问题，还涉及对外包或合作的项目、放贷、技术等非法集资产业链上的多个环节的处理。目前，立法层面对非法集资案件的打击范围已有充分的体现，将资金用途，在犯罪中的作用、地位、层级、职务，能否及时清退等纳入考量是否予以刑事打击的重要因素。另外，在司法实践中，对于项目方人员和涉案单位行政人员的处理有一定争议，在集团化运作、产业链式运营的非法集资模式日益突出的情况下，有必要予以明确。

赵琦婷：应严格把握打击人员的范围，重点惩处非法集资犯罪活动的组织者、领导者和管理人员，包括单位犯罪的核心层、管理层和骨干人员，以及其他发挥主要作用的人员。对于参与非法集资的普通业务人员，一般不追究刑事责任。这些业务员群体大多数是为了找工作而应聘到涉案公司上班的年轻人，受领导指派联系一些客户，往往参与时间短，吸收的存款不多，提成也少，只要能够退回违法所得，不宜入罪，否则打击面过大，社会效果并不好。但需要指出的是，对于从事非法集资时间长、涉案金额高，对公司非法集资发挥了重要作用的业务员，又不能积极退赃的，可以依法追究刑事责任。对于从事行政管理、内勤等工作，与非法集资业务关联度不高的，一般也不入罪，但对于专职搞培训或宣传的主要管理人员，在非法集资过程中起到重要作用的，应当依法追究刑事责任。对于财会人员，如果直接参与非法集资账目的管理、资金的往来，对非法集资起到较大帮助作用的，一般也要追究刑事责任，但对于参与时间短，情节显著轻微的，可不作为犯罪处理。

何楚仪：近年来的非法集资案件均以公司模式运营，涉案嫌疑人众多，包括公司实际控制人、高管、业务人员、财务人员、行政人员以及P2P行业技术人员等，若将上述人员的行为均以犯罪论处，可能导致刑事处罚扩大化，有违刑法的谦抑性原则。故在办案中应严格掌握证据标准，对主观存疑的犯罪嫌疑人，暂不作为犯罪处理，对于犯罪情节较轻微、认罪认罚、积极退赔的犯罪嫌疑人，分层处理，有助于繁简分流，提高庭审效果，同时能提高追赃挽损效率，进一步化解社会矛盾。而对于"三高"

"一弱"案件（即预期收益畸高、业务人员提成畸高、损失率高，集资对象为社会弱势群体的案件）应加大惩处力度，对公司运营模式进行分析研判，针对集资过程中有明显夸大宣传的案件要严格把握社会危险性、慎重变更强制措施、依法从重量刑。如在一起非法吸收公众存款案中，涉案公司门店设立地点均为农民拆迁安置小区，向投资人承诺年化收益36%，业务人员整体提成比例达20%~30%，且募集资金未实际投资到所宣传项目，此类案件社会危害性大，行为人主观恶性大，可对参与非法吸收资金数额达到追诉标准的业务人员依法追究刑事责任，量刑建议亦可适当重于同类同等数额犯罪的案件。

另外，还要客观评价犯罪行为与损失结果之间的关联关系，损失小则责任小。部分非法集资公司经营持续时间长，因后期资金链断裂而案发，其间关键、核心人员存有更迭现象，对于任职期间吸收资金已全部兑付的行为人，一方面不能以结果论，否定其行为的违法性，另一方面不能以行为论，忽视未造成损失的实际结果，应综合考量不法行为与危害结果间的关联程度、紧密程度，在法定限度内从轻处罚。

王海虹：对于项目公司的工作人员是否构成犯罪，要从三个方面综合分析。一是要确定项目公司人员组成是从原来的集资公司剥离出的人员还是完全独立的公司，如果是既往从事过融资业务，后来又剥离出来单独从事项目设计的，不能出罪。二是要确定项目公司的工资结算是按照项目设计的进度给付还是由集资公司按月支付，如果项目公司的工资结算并非按照约定的项目进度结算，往往能够证明项目公司仅是形式上具有独立的法人资格，实质上仍然是融资公司的一个部门，是为非法业务服务的，不能出罪。三是要确定项目公司所涉及的项目融资方式是否符合法定形式，包括是否符合发行前在有关部门备案等法定程序要求，如果项目的设计就是向社会不特定对象进行发行，或是未经备案就擅自发行的，不能出罪。

司法实践中，对涉案公司行政人员是否追责认识不统一。有的案件只追究公司主要负责人的刑事责任，除此之外并不追究其他人员。有的则将公司的法定代表人、总经理、参与公司决策的其他负责人、股东作为主犯追究责任；财务主管、业务主管、会计、项目策划等认定为从犯；还有个别将普通的业务员、行政人员、客服人员也一并追究刑事责任的情况。我们认为，对于公司中的行政人员应当区别对待，对于从事人员招录、人员培训的行政人员，应当认为对集资业务的帮助较大，且可以推定对于公司从事的主要业务是明知的；而对于仅仅从事食堂管理、设备维护等后勤保障的行政人员，即使职级较高也不应追究刑事责任。

三、主从犯的确定

绝大部分的非法集资案件都具有公司化、集团化的特征，一般而言，涉案人员的职务、层级与其在犯罪中的地位、作用具有正向的对应关系，但也有相当一部分案件因组织架构较为复杂或分工较为特殊等原因，涉案人员的职务、层级与在犯罪中的主次作用存在一定错位，对这一情况，仍需要依据刑法对共同犯罪的规定来判断是否区分及如何区分主从犯。

赵琦婷：应根据被告人的客观行为、主观恶性、犯罪情节及其地位、作用、层级、职务等情况，准确认定主从犯。对于在非法集资活动中起组织领导指挥作用的人，对集资资金具有支配权或使用、挥霍资金的实际控制人，以及积极参与非法集资活动且本人获得了较大收益的高层管理人员和业务骨干，要作为从严从重惩处的重点，既坚持主刑从严，又坚持附加刑从严。同时，要贯彻宽严相济的刑事政策，区别对待，对于非法集资中的客户经理、主要业务人员，能够及时退回收取的代理费、返点费、佣金、提成等费用的，可以从轻处理。

王海虹：非法集资案件中，存在共同犯罪中部分行为人构成集资诈骗罪、部分行为人构成非法吸收公众存款罪的情况。我们认为，同一犯罪中，无论集资诈骗与非法吸收公众存款的被告人是分案起诉还是合并起诉，对于仅构成非法吸收公众存款的行为人，认定其为主犯还是从犯，应当根据其在共同犯罪中所起的地位和作用综合判断，并不是有被告人被认定为集资诈骗罪，其他认定非法吸收公众存款就一定是从犯，对主从犯的认定应当就其所参与的部分犯罪行为来评价，做到罪责刑相适应。

何楚仪：非法集资案件具有公司化、集团化特征，底层的业务人员、财务人员、综合部门工作人员等仅根据主管领导安排从事与非法集资相关的具体行为，主观恶性相对较小，客观上发挥的作用也较小，对作用较小的从犯，如底层业务员、P2P案件非核心技术人员、工作内容与吸收资金行为关联性较小的综合部门工作人员等相关人员，提倡轻缓化处理。

四、宽严相济刑事政策的贯彻落实

在非法集资案件中，实施非法集资的情形、手段十分复杂。有的打着"金融创新"的旗号从事违法犯罪，有的为了满足企业融资需求向周边群众非法集资，有的不负责任地使用非法集资吸收的资金，有的将非法集资吸收的资金用于正常生产经营活动。犯罪嫌疑人、被告人参与犯罪的情况也各不相同。对于这些复杂情形，如何贯彻落实宽严相济刑事政策，准确把握罪与非罪、此罪与彼罪、罪轻与罪重的界限，区别对待、分类处理？

赵琦婷： 落实宽严相济刑事政策可从几个方面作为切入点。

第一，严把刑事立案关，防止将风险企业一律作为刑事犯罪打击。综合运用刑事手段和行政手段处置和化解风险，做到惩处少数、教育挽救大多数。虽然刑事立案是公安机关的职责和权限，但对各地政府部门排查出的一批风险企业中有正常的生产经营能力的企业，不要一律立案，这也符合中央保护民营企业发展慎用强制措施的规定。

第二，严格把握定罪处罚的法律要件，防止将民间借贷作为非法集资犯罪处理。非法集资具备"四性"，而民间借贷一般是针对社会中少数个人或者特定对象之间的借贷行为，二者的主要区别在于是否具备"社会性"。

第三，从严惩处集资诈骗犯罪。集资诈骗罪不仅破坏了金融管理秩序，还侵犯了公民的财产权利，与非法吸收公众存款罪相比，社会危害性更大。对于犯罪数额特别巨大、情节恶劣、危害严重、群众反映强烈、给国家和人民利益造成重大损失的集资诈骗犯罪分子，依法从严惩处。特别是对于被告人肆意挥霍集资款或将集资款用于非法活动，又不能退赃的，主观恶性更大，在决定刑罚时，应体现从严处罚的精神。对于将集资款主要用于生产经营活动的非法吸收公众存款犯罪，结合追、退赃情况，一般可予以从轻处罚。

第四，严格贯彻认罪认罚从宽制度，把退赃退赔作为重要量刑情节。对于涉案人员积极配合调查、主动退赃退赔、真诚认罪悔罪的，可以依法从轻处罚；其中情节轻微的，可以免除处罚；情节显著轻微、危害不大的，不作为犯罪处理。非法集资犯罪属于经济类犯罪，对于能够积极退赃退赔，帮助挽回集资参与人损失的，可予以大幅度从轻处罚；对犯罪情节较轻、资金主要用于合法经营、能积极退赔、社会危害不大的被告人，可依法予以从宽处理，确保打击效果和最大限度追赃挽损效果相结合，妥善化解社会矛盾，确保案件办理的社会效果。

何楚仪：贯彻宽严相济刑事政策，首先，要正确区分金融创新与金融犯罪。慎重对待金融领域出现的新情况、新问题，准确认定非法吸收公众存款罪与集资诈骗罪。对于集资诈骗特别是涉黑、涉恶的犯罪加大打击力度；对于有意合规、合法经营的高风险企业，引导其良性退出或在严格监管下合法经营。

其次，要坚持依法办案，严格落实刑法基本原则。严格审查案件证据，以事实为依据，以法律为准绳，严格贯彻罪刑法定、罪责刑相适应和法律面前人人平等原则，正确把握"宽"与"严"之间的辩证关系，在符合法定条件和遵守法定程序的基础上，以惩罚犯罪、预防犯罪、保护人民和保障人权为出发点和落脚点，使宽严相济的刑事政策在法律和各项规定的框架内平稳运行。

再次，要统一司法办案标准，坚持"内外"平衡。在案件审查过程中，对于同案多名犯罪嫌疑人要根据其在共同犯罪中所起的作用、认罪态度、退赔情况等方面进行综合评价，做到强制措施同案平衡，量刑建议同案平衡。对于不同案件，根据个案的非法集资手段、具体运营模式、资金整体体量、钱款去向、造成的损失等方面综合评价案件的社会危害性，根据社会危害性的不同，掌握个案间宽严相济的处理标准，力争同类案件统一标准，不同类案件处理平衡。

最后，要坚持主观恶性与社会危害性相统一，当宽则宽，当严则严。对于底层的业务人员、财务人员、综合部门工作人员等仅根据主管领导安排从事与非法集资相关的具体行为，主观恶性相对较小，从案件整体上把握，嫌疑人发挥的作用较小，以从轻处理为宜，而对于具有非法集资相关从业经历、存在交叉任职的犯罪嫌疑人、渠道方，尤其是最大限度地利用集资参与人的"信任"，将非法集资风险进一步辐射扩散，为满足个人获利而置他人资金安全和国家法律于不顾的，从重处罚。

五、 犯罪数额的认定

准确认定非法集资案件的犯罪数额是正确适用法律、精准量刑的前提。由于非法集资案件涉及的资金量往往十分巨大，司法机关一般都会委托专业的会计师事务所对涉案金额、资金往来情况、涉案人员违法所得等进行司法会计鉴定并出具鉴定意见。法院在审理过程中通常也会采纳鉴定意见。非法集资案件司法会计鉴定意见所反映的资金流向和具体金额是影响被告人定罪量刑和集资参与人财产发还的基础证据。但在实践中，由于审计人员不是专业的司法工作人员，对于集资参与人提供的材料不具有判断真伪的能力，造成集资参与人的瞒报、漏报、错报及重报均被鉴定意见所采纳，而司法会计鉴定有问题，会造成犯罪数额认定不准，进而影响全案事实。那么，对于非法集资案件的司法会计鉴定意见的辩解，应如何正确审查和把握呢？

王海虹： 对于司法会计鉴定实践中遇到的问题，有三点对策：一是公、检、法之间应确立非法集资案件司法会计鉴定意见的基本规范标准，公安机关收集投资人报案材料时，应满足财务会计鉴定对材料要素的基本需求。二是对存在瑕疵的司法会计鉴定意见，比如鉴定报告所列投资数额与集资参与人提供的报案金额有较大出入的情况，可以要求鉴定机构进行补正、完善，而尽量不采用重新委托鉴定的方式，以免耗时耗力，浪费司法资源和审限。三是法官不能过分依赖司法会计鉴定意见而忽视对在案证据的全面审查。司法会计鉴定作为鉴定意见的一种，并不具有预定的法律效力，法庭要对其证明力和证据能力进行全面的审查判断。必要时应通知鉴定人出庭，充分对会计鉴定意见进行质证。

涉众型非法集资犯罪疑难问题研究
——以北京市朝阳区人民检察院办案实务为例

吴春妹 李长林 晏行健[*]

当前集资类犯罪案件持续高发,新情况新问题不断涌现,对司法机关准确认定案件事实、精准适用法律提出了更高要求。由于此类案件涉及人数众多、资金体量庞大,适用认罪认罚从宽制度、切实提高追赃挽损比例和做好集资参与人的权利保障、稳控工作也是司法办案的应有之义。笔者拟结合检察机关的实践与探索,从司法实务层面就如何处理集资类犯罪案件新型疑难问题做些探讨。

一、非法集资犯罪案件基本情况

2019年,北京市朝阳区人民检察院(以下简称朝阳院)受理非法集资犯罪案件捕诉共计1259件2681人,其中,非法吸收公众存款案审查逮捕676件1130人,审查起诉476件1302人;集资诈骗案审查逮捕46件58人,审查起诉61件191人。总涉案金额2000亿余元,涉及集资参与人近百万人。

以P2P、私募基金作为犯罪手段的案件增长较快,涉P2P的

---

[*] 吴春妹,北京市朝阳区人民检察院副检察长、二级高级检察官;李长林,北京市朝阳区人民检察院一级检察官;晏行健,北京市朝阳区人民检察院检察官助理。

案件 2016 年以来共受理捕诉案件 180 件 826 人，2019 年受理捕诉案件已达 98 件 450 人，占比超过 50%；涉私募基金的案件自 2016 年以来审查起诉共计 293 件 818 人，2019 年审查起诉达 105 件 332 人，占比超过 30%。

2019 年，朝阳院在非法集资犯罪案件中适用认罪认罚从宽制度的嫌疑人 528 人，挽回经济损失 2 亿余元。2020 年以来（1~4 月），适用认罪认罚的人数和追赃挽损金额明显上升，分别为 325 人、1004 万元。

二、非法集资犯罪新型疑难问题凸显

据不完全统计，北京市涉众型非法集资犯罪案件占全国近半数，朝阳区涉众型非法集资犯罪案件占北京市的七成左右，由此可见，朝阳区涉众型非法集资犯罪案件占全国近四成。得天独厚的案件资源为司法机关研究涉众型非法集资犯罪提供了天然的"素材"，但案件中凸显的新型疑难问题也考验着司法机关。

涉众型非法集资犯罪不同于普通刑事犯罪，犯罪手段往往和金融创新密切相关，因此在界定罪与非罪时，需要对犯罪手段进行精准的法律认定，如司法实践中较常见的利用形式合规的 P2P 平台或私募基金进行非法集资如何准确认定；刑事诉讼法规定的认罪认罚从宽制度虽然为涉众型非法集资犯罪的分层处理以及追赃挽损提供了法律依据，但在具体的适用方式、范围等方面均需要在司法实践中进一步摸索和积累经验；大量存在的恶意逃废债制约了案件的追赃挽损工作，但现有法律框架内仍未见行之有效的处置方法；集资参与人因经济利益的差异而形成了多元化的利益诉求主体，甚至会出现截然相反的诉求，如何正确定位集资参与人的法律地位并赋予相应的诉讼权利，也成为司法机关办理案件的一大难点。

(一) 形式合规 P2P 网贷平台的司法认定

2018 年下半年以来，P2P 监管进一步加强，尤其是《关于做好网贷机构分类处置和风险防范工作的意见》（整治办函〔2018〕175 号）确定了"以机构退出为主"的主基调。随着 2019 年 11 月 27 日《关于网络借贷信息中介机构转型为小额贷款公司试点的指导意见》（整治办函〔2019〕83 号，以下简称 83 号文）的下发，整个 P2P 行业面临的是清退和转型。在这个过程中，依然有越来越多的平台"爆雷"进入刑事程序，这部分平台在表面上都是迎合监管，但实质上确是规避与对抗监管。现有问题平台均称自己是按照"1＋3"①的监管模式合规运营，对资金上线了银行存管，没有资金池；对出借人进行了风险提示，没有保证收益；平台借款人出现兑付问题系借款人恶意逃废债以及行业退出转型的客观原因所致，这给司法机关对平台的刑事违法性审查和认定带来了困难。

(二) 私募基金涉非法集资犯罪的法律界定

自 P2P "爆雷"以来，私募基金也频频"爆雷"，究其原因，自 2014 年私募基金开放登记备案后，因其采取门槛较低的形式审查方式，大量良莠不齐机构争相备案，虽然随着监管加强私募行业逐渐规范，但早期发行的私募基金已临近五年至十年的第一个退出期，如果资金管理使用不当，很可能出现短期内大量

---

① 2016 年 8 月 17 日，银监会联合工信部、公安部、网信办等四部委正式发布《网络借贷信息中介机构业务活动管理暂行办法》，标志着政府对网贷行业的监管将正式展开，网贷平台将从此开启健康化、规范化的发展模式。继此之后，银监会等部委又先后出台了《网络借贷信息中介机构备案登记管理指引》《网络借贷资金存管业务指引》《网络借贷信息中介机构业务活动信息披露指引》。至 2017 年，网贷"1＋3"监管体系正式形成。

基金无法赎回、基金财产处置困难而集中"爆雷"的问题。但我们要认识到,不同于 P2P 行业,私募基金作为一种直接融资手段,在缓解社会融资难、服务实体经济发展方面发挥了重要作用,当前全国基金规模已近 14 万亿元①。在监管不断收紧形势下,区分正常经营风险和违法违规风险,正确厘清私募基金(本文专指私募股权基金及其他基金,不含私募证券基金)罪与非罪的界限,需要综合考虑认定标准和构成要件,防止客观归罪,避免以"爆雷"结果作为刑事打击和认定犯罪的标准。据北京市公安局朝阳分局反映,还有相当一部分"爆雷"的私募基金未能立案,原因在于推介对象是否特定无法查证、是否为合格投资者难以核查以及保本保息难以认定等,还有部分公司合法业务与非法业务交织而无法有效分离。

(三) 认罪认罚从宽制度的有效适用

认罪认罚从宽制度其价值定位在于促进案件的繁简分流,从而达到有效节约司法资源、进一步化解社会矛盾的目的。作为宽严相济刑事政策中"宽"的体现和强调,该制度的价值内涵很好地契合了当下涉众型非法集资犯罪案件的诸多特点,通过在涉众型非法集资犯罪案件中的适用,可以使该制度的价值进一步延伸。通过被追诉人的"认罪",为分层次处理奠定了法律基础,防止打击面过宽;通过"认罚",有效地缓解了追赃挽损困境,最大程度降低集资参与人的经济损失。相比于其他刑事案件,认罪认罚从宽制度对于涉众型非法集资犯罪案件的办理确实存在诸多的独特价值,但是如何将该制度精准适用于案件办理并进一步

---

① 根据中国证券投资基金业协会的统计,截至 2020 年 2 月,全国私募基金管理人 24527 家,管理私募基金产品 83381 只,涉及私募基金规模 13.89 万亿元。其中,北京地区的私募基金管理人 4381 家,管理基金 14348 只,管理基金规模 31992 亿元。

挖掘该制度的其他价值,防止沦为例行的"程序性"事项,还需要在司法实践层面进一步摸索和总结。

(四) 恶意逃废债的司法处置困境

以 P2P 为代表的涉众型非法集资犯罪案件集中爆发,究其原因,大量的恶意逃废债成为压垮 P2P 网贷平台的"最后一根稻草"。恶意逃废债,一般是指行为人以不还或少还债务为目的,违反诚实信用原则,采取欺诈手段来改变债的事实或法律状态,进而消灭债务悬空债权的行为。[①] 对于恶意逃废债务行为,通常属于民法调整的范畴。在我国现有的法律框架内,不论是民法还是行政法对恶意逃废债务行为的规制均存在一定的局限性。P2P 网贷平台在正常运营期间应对逃废债务行为的手段捉襟见肘,在平台"爆雷"后,大量的逃废债务行为又成为司法机关的"烫手山芋"。经统计,朝阳院所受理的该类案件中恶意逃废债比例达 50% ~70%,极大地影响了追赃挽损效果。

(五) 集资参与人法律地位的正确界定

2019 年,"两高一部"《关于办理非法集资刑事案件若干问题的意见》(以下简称《意见》) 对"集资参与人"进行了定义,但未对"集资参与人"的法律地位予以明确。司法实践中,关于集资参与人法律地位的争议主要集中于属于证人、被害人抑或是二者兼而有之。集资参与人法律地位的不明确,不仅不利于集资参与人诉讼权利的有效行使,也给司法机关如何妥善处理集资参与人的信访造成一定的困扰,大量的集资参与人行使权利受阻严重影响了案件办理的社会效果。2019 年,朝阳院现场接待

[①] 汪维才:《论恶意逃废债务行为的犯罪化》,载《中国刑事法杂志》2006 年第 1 期。

集资参与人就达 287 批 4111 人,电话接访次数远高于现场接待,检察机关耗费了大量的时间精力向集资参与人释法说理,但依旧存在大量的重复信访,这与集资参与人的诉讼权利无法畅通行使不无关系。

三、涉众型非法集资犯罪新型疑难问题浅析及对策

涉众型非法集资犯罪频发有其深刻而复杂的原因,上述疑难问题的存在是金融法治建设相对滞后、金融监管无法满足金融改革与创新的需求、征信体系长期缺位、民众投资观念不理性等问题的综合反映。通过刑事手段打击该类犯罪,需要司法机关给予准确的法律认定,在现有的法律体系内明晰涉众型非法集资犯罪的入罪标准,并综合运用各种刑事司法政策,协同有关职能部门开展社会综合治理。

(一)对 P2P 网贷平台进行实质性认定

有观点认为,司法实践的扩张适用缘于刑事司法的主流观点倾向于实质认定,在面对 P2P 网贷等金融新行为形态时,应秉持实质解释的立场,考察行为是否具有实质的危害性。[①] 笔者认为,在进行了形式合规整改后 P2P 网贷平台的刑事认定上,应进行"穿透式"实质认定。

1. 资金池的认定

实务中,资金池的判断是运营模式是否存在非法性的重要依据。一般来讲,资金池的表现形式为"借款项目未产生情形下,出借人资金向网贷平台预先归集"或"出借人资金在网贷平台

---

① 毛玲玲:《互联网金融刑事治理的困境与监管路径》,载《国家检察官学院学报》2019 年第 2 期。

中间账户、其他人为控制账户的预先归集与一定时间的资金留置"。伴随着监管的加强，度过了野蛮生长期的 P2P 网贷平台早已不再直接设立资金池，而是通过各种设计形成实质上的"资金池"。所以应以对投资者的资金具有实际控制力为标准，判断是否形成资金池。

设立银行存管并不等同于没有资金池。《网络借贷资金存管业务指引》第 20 条规定："存管人不承担借款项目及借贷交易信息真实性的审核责任，不对网络借贷信息数据的真实性、准确性和完整性负责，因委托人故意欺诈、伪造数据或数据发生错误导致的业务风险和损失，由委托人承担相应责任。"存管银行对存管专用账户内的资金履行安全保管责任，承担实名开户和履行合同约定及借贷交易指令表面一致性的形式审核责任。银行存管有三种模式，也即银行直联、银行直接存管和银行与第三方支付联合存管。银行直联，是指在银行开立账户后，支付结算均使用银行体系内的通道，资金是直接在出借人、借款人双方账户流转，这种存管是可以绝对避免产生资金池的，但是银行直接存管和联合存管则仍有产生资金池的风险。银行直接存管，是平台在银行设立存管账户后，以第三支付作为通道进行资金的流转。联合存管则是银行委托由第三方支付代为开立出借人、借款人账户并由第三支付进行交易结算，银行只负责交易完成后的金额对账记录。后两种存管中，因资金不是在银行系统实时结算，均存在平台通过第三方支付控制资金的风险。

以朝阳院办理的某 P2P 网贷平台为例，该平台在新网银行上线银行存管，开立了与平台自有账户分立的存管专户，存管账户下设借款人虚拟户、出借人虚拟户。出借人投资、提现和借款人提现、还款的交易指令均需要身份证加手机验证的方式通过平台发出，发出后在新网银行虚拟账户的挂账显示，双方的真实资金流转则是以三方支付平台为渠道进行，资金以 T+1 的方式在存管银行入账。这里有三个问题需要注意，一是存管银行不对借款人信息的真实性负责，也就是说平台可以通过虚假借款人上传虚假借款标的，而后汇集资金形成资金池；二是存管银行接受的是借款人、出借人在平台上操作形成的交易指令，也就是说如果平台获取了借款人、出借人信息和密码的情况下是可以代为发出交易指令的；三是由于资金的划扣、支付是通过第三方支付平台，基于 T+1 到账的设计，P2P 网贷平台完全可通过与第三方支付平台的协议，进行资金沉淀或者发出指令控制资金。如查证平台有以上行为，则无疑可以认定平台自融或能够实质上控制交易资金。

检察机关在审查上述 P2P 案过程中，通过对借款人信息进行梳理，发现了平台员工作为借款人的有 10 万条以上交易记录，可以认定平台实质上是以员工冒充借款人进行自融。而且根据 P2P 网贷平台与三方支付的协议，出借人委托代扣投资款后，资金的下一步划转均需要平台的指令，案发时出借人存管在银行账户中尚有余额 8000 余万元，但由于平台系统限制导致出借人无法提现，这也说明虽然资金存管在出借人自己账户内，但却是受平台控制的。在办理另一起 P2P 案件中，发现平台利用关联公司在存管账户下另行开立一个虚拟账户，如果出借人提现，该账户通过受让出借人到期债权的方式保证出借人获得本息收益后退出，而该虚拟账户中的资金实际上来源于平台资金池。整个的出借、债权转让、兑付提现过程貌似是在存管银行账户下的合规交易，实质上都形成了资金池。而像该平台的上述存管设计是很容易应对一般的合规监管的，这样也给我们刑事认定带来挑战。上述以员工名义进行自融、存在关联公司的虚拟账户都是平台已被打击的情况下，在后期的审查中才发现并认定的事实。

2. "利诱性"的认定

现各平台早已不见"保本保收益""代偿逾期债权"的承诺及宣传，宣传的都是"预期收益率"，且都配以所谓的"风险提示条款"。是不是有了这些"合规"的条款，就可以认定平台不再承诺投资回报了？笔者认为，"利诱性"特征也应进行实质判断，应该以是否通过宣传使投资者丧失投资理性并误认为可以保证收益为判定标准。

（1）默示回报承诺

以朝阳院办理的某 P2P 网贷平台为例，查处该平台时无论是官网还是 App 上都没有明示的保证收益宣传，在线上合同中也有"乙方不对甲方能否保本获得收益作出任何承诺"条款，在出借人投资到期后以债权转让方式退出时也有"不对特定资产收益权转让完成时间进行任何承诺或保证"这样的流动性风险提示条款。后经审查发现该平台系由原线下理财公司转化而来，平台以 2015 年为节点，将线下业务全部线上化，由原业务人员指导线下获取的理财客户在线上进行注册投资，这些延续下来的原线下客户并没有注意线上合同的风险提示，其继续投资仍然是基于原线下理财保本保收益的认识。从实质判定的角度，这些平台虽然对线上合同、网站、App 宣传进行形式上的合规整改，但没有特别向出借人提示风险，以默示的方式保证收益，同样触碰监管红线。还有部分平台通过"预期收益"，虚假展示平台上借款人极低的逾期率，甚至宣称平台上线以来借款人零逾期的方式，诱使出借人形成平台系保证收益的错误认识。

（2）风险备付金

风险备付金，是指平台从借款人处或者自有资金中提取一部分资金，以备发生回款风险时进行补偿性兑付。《关于做好P2P网络借贷风险专项整治整改验收工作的通知》指出风险备付金与网贷机构的信息中介定位不符，禁止继续提取、新增风险备付金，对已提取的风险备付金应逐步消化，压缩规模。虽然行政监管已经否定了风险备付金，但是不是只要有风险备付金的平台，就属于作了保本付息的承诺。笔者认为，仍需要以是否造成投资者丧失投资理性为标准进行判断。

上述P2P网贷平台合同中关于风险备付金表述是"乙方（平台）设立风险保障金专用账户分担委托人回款风险，当项目投资期限结束，非甲方（出借人）原因导致投资资金以及预期收益逾30个自然日不能到账时，将由风险保障金预先垫付甲方回款损失，当风险保障金当期余额不足以支付回款损失时，则乙方按照对应的逾期回款金额所占当期所有逾期回款总额比例，对备付金账户的资金进行分配"。简单地说，就是风险备付金不足时，只能按比例垫付。还有的平台直接表述为风险备付金只能按比例垫付回款损失。从文义判断，这些条款都不构成保证本息回报的承诺，因为出借人依旧面临按比例受偿并存在损失本金的投资风险。平台提供的风险备用金并非对特定借贷的担保，而是平台以自身信用对借款人无法按时足额清偿的一种补充赔偿责任。这种补充赔偿责任仅仅是对出借人损失的有限赔偿，赔偿范围也仅仅局限于风险备用金的范围，而并非替代借款人的还款义务。[①]

[①] 姜涛、张志鼎：《P2P网贷型非法集资的入罪标准实证研究》，载《刑法论丛》2018年第4期。

在实践中，需要审查的是风险备付金制度在宣传和执行过程中有没有被异化，如果严格按照合同本义执行并且进行了风险提示，则不能仅以存在风险备付金即认定具备"利诱性"要件。

（二）结合"四性"准确认定私募基金的法律边界

突破合法私募基金边界进行非法集资①的主要包含两类：第一类是不符合形式标准，也即以私募基金之名行非法集资之实；第二类是不符合实质标准，也即形式上具有"合法性"，但募集对象、募集方式、资金用途等实质性的经营操作违反了法律法规的要求。因第一类"伪私募"和非法集资无本质上差别，故不做赘述。

根据最高人民法院《关于审理非法集资刑事案件具体应用法律若干问题的解释》（以下简称《解释》）的规定，构成非法集资犯罪在客观上应同时满足"四性"要件。应结合"四性"，对第二类私募基金成立、募集等环节所蕴含的刑事风险点予以认定。

1. 结合私募基金运营全流程综合认定"非法性"

我国对发行私募基金不设行政审批，仅要求私募基金管理人和私募基金双备案。登记备案仅是合规的前提，并不阻却违法。一个合法的集资行为必须具备"主体合法，目的合法，方式合法，行为合法"四个要件。② 如已登记备案的基金管理人向不合格投资者募集资金，或募集机构不具备私募经营范围，或单只私募基金投资者人数超过规定，或设立资金池、变相自融，或基金

---

① 私募基金涉及非法集资的主要罪名是非法吸收公众存款罪和集资诈骗罪，本文只围绕这两个罪名展开讨论。

② 赵秉志：《防治金融欺诈——基于刑事一体化的研究》，中国法制出版社2014年版，第215页。

宣称项目不存在，或资金未按约定专款专用等情形均可构成"非法性"的来源。

根据2019年"两高一部"《关于办理非法集资刑事案件若干问题的意见》①的规定，"非法性"的判断依据进一步扩大至规范性文件。对于私募基金的非法性认定，除《证券投资基金法》和证监会发布的《私募投资基金监督管理暂行办法》（以下简称《暂行办法》）等部门规章外，基金业协会发布的《私募投资基金管理人登记须知》《私募投资基金备案须知》等自律性规则，均对私募基金各运营环节进行了规范，是否违反上述规定，也是认定"非法性"的重要参考。

2. 结合募资方式、对象、范围等实质认定"公开性"

私募基金的核心特征是采用非公开方式推介。推介对象只能是具有一定风险识别能力和承担能力的投资者，销售方式只能是私下与投资者协商。作为投资人，获取私募基金信息的方式②也较为狭窄，主要有私募机构的特别推介、"私募圈"人士的间接介绍等。我国《证券投资基金法》第91条③和《暂行办法》第

---

① 《关于办理非法集资刑事案件若干问题的意见》第1条规定："人民法院、人民检察院、公安机关认定非法集资的'非法性'，应当以国家金融管理法律法规作为依据。对于国家金融管理法律法规仅作原则性规定的，可以根据法律规定的精神并参考中国人民银行、中国银行保险监督管理委员会、中国证券监督管理委员会等行政主管部门依照国家金融管理法律法规制定的部门规章或者国家有关金融管理的规定、办法、实施细则等规范性文件的规定予以认定。"

② 一般有以下方式：（1）直接认识基金管理人；（2）依在上流社会获得的可靠投资消息和间接介绍等；（3）机构投资者的间接投资；（4）投资银行、证券中介公司或投资咨询公司的特别推介；（5）对冲基金研究咨询机构提供的信息；（6）通过其他基金转入等。

③ 《证券投资基金法》第91条规定："非公开募集基金，不得向合格投资者之外的单位和个人募集资金，不得通过报刊、电台、电视台、互联网等公众传播媒体或者讲座、报告会、分析会等方式向不特定对象宣传推介。"

14条①均采用列举式的方法明确规定属于公开宣传的情形,可以参考认定为具备"公开性",但实践中还存在大量的变相公开的情形需要进行实质认定。

(1)"口口相传"是否属于公开宣传

关于"口口相传"是否直接认定为公开宣传推介,要结合该行为是直接故意还是间接故意、是否对投资人的来源进行核查,同时结合范围是否固定、封闭等进行考察。如果信息流通范围较为狭小,且消息仅在部分亲戚及小部分具有实质联系的"私募圈"朋友之间互相传递,则不应认为该"口口相传"具有"公开性"的特征。如果对"口口相传"的范围不予以限定,或是放任于基金产品信息传递至不特定人,并对其投资予以接受的,则认定为具备"公开性"。比如,私募机构从业人员在对客户进行定向推介后,放任客户于亲友间"口口相传"则属于公开宣传。

(2)将投资对象特定化后的"公开宣传"不具备公开性

私募基金通用的募集方式是路演,也即通过银行、证券公司等金融机构选定目标客户,邀请其参与推介会,讲解基金概况,如收益率、投资方向等重点。在路演之前,私募基金公司通过对基金公司、经理人做广告、参与电视访谈节目、推介会等方式吸引投资人关注,这些方式均为合法公开宣传。合规的路演宣传应当规避"公开性",一是在宣传过程中对私募基金公司、基金管理人资质和业绩等进行推介,如果确实需要出现私募产品,也只能是"过往的"的项目,禁止出现"准备募集"的资金项目;

---

① 《暂行办法》第14条规定:"私募基金管理人、私募基金销售机构不得向合格投资者之外的单位和个人募集资金,不得通过报刊、电台、电视、互联网等公众传播媒体或者讲座、报告会、分析会和布告、传单、手机短信、微信、博客和电子邮件等方式,向不特定对象宣传推介。"

二是要满足两个特定条件,即在特定的场所内针对特定的投资人进行宣传推介。如突破上述红线,路演则具有了"公开性"的特征。

关于先发展会员,后从中选取投资者的募集行为,是否可以认定为具有"公开性",应看基金管理人是否执行严格的筛选机制。如果从会员中选取的推介对象符合私募合格投资者的要求,且会员的发展不以介绍待募资的私募产品为目的,可认定不具有"公开性",因为其本质上还是一种以特定方式、在特定范围、向特定对象非公开募集的行为。同样的,对于召开邀请会、推介会、酒会等活动推介的,只要设置特定对象确定程序,参加者均为合格投资者,发布的内容不含待募资的私募产品的,也不具有"公开性"。

3. 穿透核查合格投资者认定"社会性"

社会性,是指面向社会公众非法募集资金。人数众多且不特定是社会性的固有特征。在认定特定性时,可参考美国"既存业务或实质性联系"原则,也即私募基金管理人与投资人之间的关系必须是既存的,私募基金管理人与投资人之间的关系必须是实质性的。

(1) 合格投资者

所谓合格投资者,是指具备一定的投资经验和风险承受能力,从而可以使得发行人向其发行证券而无须受到证券法严格约束的特定群体。[①] 根据《暂行办法》第 12 条、第 13 条的规定,

---

① 张雅:《合格投资者制度:从美国证监会最新改革建议审视我国改革路径》,载《西南金融》2016 年第 12 期。

合格投资者又可分为经确认为合格的投资者①和法律直接规定的合格投资者。

私募基金管理人对投资者负有审查是否为合格投资者的义务,既要测评投资者的风险识别能力和风险承受能力,还需要对投资者的收入、金融资产(不包括房产)等进行审查、评估,执行特定对象确认程序,取得投资者为合格投资者的合理信赖证明,投资者应出具符合合格投资者条件的书面承诺证明。如私募基金机构未实质履行上述程序,而仅对投资者进行形式审查并确认为合格投资者进而吸收投资资金,则可认定为具有"社会性"。

此外,合格投资者投资于单只私募基金的金额不低于100万元,如将私募基金份额进行拆分以降低单个投资金额;或汇集多人资金后以一人名义进行投资,从而达到100万元的最低标准;或组织合格投资者购买符合条件的基金份额,再向多个不合格投资者进行转让等,上述行为均突破了合格投资者的客观标准。

(2)投资者人数

根据证券投资基金法、公司法、合伙企业法等法律的规定,单只私募基金的合格投资者人数设定了人数上限。如果募集人数超出规定的人数,可能认定为具有"社会性"。

实践中,私募基金产品常用的突破人数限制的两种方式有:一是设立嵌套型有限合伙,也即有限合伙中设立1个普通合伙,49个有限合伙,在此基础上再进行嵌套,从而达到突破人数限制的目的;二是拆分成同质化的项目,如将一只私募基金产品拆

---

① 经确认为合格的投资者,是指具备相应风险识别能力和承担所投资私募基金风险能力,投资于单只私募基金的金额不低于100万元,且符合下列相关标准的单位和个人:(1)净资产不低于1000万元的单位;(2)金融资产不低于300万元或者最近三年个人年均收入不低于50万元的个人。

分成同质化的多个产品，利用多个产品分别募资。根据《私募投资基金备案须知》第 1 条第 6 项①的规定，上述两种突破人数限制的方式已被明令禁止。

4. 以是否违反风险共担、收益共享的基本原则认定"利诱性"

私募基金作为一种风险投资，未来的收益具有不确定性。作为合格投资者，在购买私募基金产品时，已经对自身的风险承受能力有了评估，且权衡了收益和风险的关系，投资人期望的是按照私募基金持有份额所享有的投资收益，而非固定收益。在认定"利诱性"时，主要看是否违反了风险共担、收益共享的基本原则。

《暂行办法》第 15 条规定："私募基金管理人、私募基金销售机构不得向投资者承诺投资本金不受损失或者承诺最低收益。"实践中可以参照《私募投资基金募集行为管理办法》第 24 条②的禁止性规定具体认定。但实践中，不少私募基金管理人为了吸引投资，在承诺收益上往往不遗余力、花样百出，给司法认定带来困难。主要有以下几种方式：（1）管理人或第三方溢价

---

① 《私募投资基金备案须知》第 1 条第 6 项规定："以合伙企业等非法人形式投资私募投资基金的，募集机构应当穿透核查最终投资者是否为合格投资者，并合并计算投资者人数。……管理人不得违反中国证监会等金融监管部门和协会的相关规定，通过为单一融资项目设立多只私募投资基金的方式，变相突破投资者人数限制或者其他监管要求。"

② 《私募投资基金募集行为管理办法》第 24 条规定："募集机构及其从业人员推介私募基金时，禁止以下行为：（一）公开推介或者变相公开推介；（二）推介材料虚假记载、误导性陈述或者重大遗漏；（三）以任何方式承诺投资者资金不受损失，或者以任何方式承诺投资者最低收益，包括宣传'预期收益'、'预计收益'、'预测投资业绩'等相关内容；（四）夸大或者片面推介基金，违规使用'安全'、'保证'、'承诺'、'保险'、'避险'、'有保障'、'高收益'、'无风险'等可能误导投资人进行风险判断的措辞；（五）使用'欲购从速'、'申购良机'等片面强调集中营销时间限制的措辞；（六）推介或片面节选少于 6 个月的过往整体业绩或过往基金产品业绩；（七）登载个人、法人或者其他组织的祝贺性、恭维性或推荐性的文字；（八）采用不具有可比性、公平性、准确性、权威性的数据来源和方法进行业绩比较，任意使用'业绩最佳'、'规模最大'等相关措辞；（九）恶意贬低同行；（十）允许非本机构雇佣的人员进行私募基金推介；（十一）推介非本机构设立或负责募集的私募基金；（十二）法律、行政法规、中国证监会和中国基金业协会禁止的其他行为。"

回购协议，即在将来的特定时间或发生约定的情形，由回购方以约定的溢价购买投资者的份额；（2）对赌协议，即将目标公司未来实现的业绩或目标对赌，如三年后公司 IPO 上市，则上市退出，如达不到目标上市则溢价回购或作出补偿；（3）第三方承诺或差额补足，即由第三方为私募基金产品的收益作保证；（4）定期分红协议，不考虑目标公司的盈亏、分配后基金份额净值等情况；（5）结构化产品设计，即由劣后级份额为优先级份额提供本金和收益保证，违反"同盈同亏"原则，在基金亏损时，由劣后级份额对优先级份额的本金和收益进行补足。笔者认为，无论如何形式翻新，本质上都是为投资人提供一种确定性的、乐观的和稳定的高收益的心理导引，使其忽视投资风险。如果实践中对于认定承诺收益确有困难的，可以从反面审查，如有证据证明行为人进行了充分的风险揭示，可以不认定为承诺收益。①

私募基金风险防控及治理，首要的还是社会各界共同做好投资者教育，倡导形成风险共担、收益共享、盈亏自负的理念。对于私募行为，在发挥市场调节的同时加强行业自律，由基金业协会处理轻微违规行为，对于严重的违法行为由证监会加强行政监管，及时查处。处在监管一线的证监会和基金业协会应该将违规违法的私募行为、私募机构及时通报给司法机关，做好行政执法和刑事司法的衔接，协助司法机关及时、依法、精准打击涉私募的犯罪行为。

---

① 张志富、常秀娇：《私募基金与非法集资犯罪的法律边界》，载《南都学坛》2017 年第 4 期。

（三）发挥认罪认罚从宽制度的独特作用并有效适用于各诉讼阶段

1. 认罪认罚从宽制度在涉众型非法集资犯罪办理中的独特作用

（1）分层次处理涉案人员，贯彻恢复性司法理念

在涉众型非法集资案件中，涉案人员从几十到几百人不等，通过认罪认罚从宽制度对非法集资犯罪的犯罪主体进行分层处理、差别处理，既能教育、感化、挽救犯罪嫌疑人、被告人，又可以实行繁简分流，能够优化司法资源配置，大大提高办案效率，符合司法改革的内在要求。

（2）突破追赃挽损困境，有效缓解社会矛盾

多数非法集资案件的返还比例在10%以下，依托互联网的非法集资犯罪案件涉及资金更多，给集资参与人造成的损失动辄几十亿元，有的甚至高达百亿元，追赃挽损率低是非法集资类案件的最大难题。

非法集资犯罪一般都设定了相应的财产刑，对财产刑的认可是"认罚"的应有之义。所以，在非法集资犯罪中，退赃退赔某种程度上已经成为认定"认罚"的必要条件。如对各层级到案人员均要求退缴佣金、提成、工资等违法所得，对于高层级人员还要求退赔所造成的投资人损失，能够很大程度上缓解追赃挽损比例较低的困境。如朝阳院在办的某P2P案中仅审查逮捕环节90余名嫌疑人自愿退赔共计2000余万元；陈某某等人非法吸收公众存款一案，在审查起诉期间退赔2000余万元，在法院审判阶段兑付率达70%以上。

2. 认罪认罚从宽制度在各诉讼环节的有效适用

对不同层级人员在不同的刑事诉讼阶段作出认罪认罚表示，

就应当进行分层区别对待,实现全案罪责刑相适应。但不论在何种诉讼阶段,适用认罪认罚从宽制度都必须以坚持"疑罪从无"和"无罪推定"原则为前提,防止通过"认罚"实现"认罪"这一倒挂现象的出现。

(1) 立案侦查阶段,在有罪性的前提下核实认罪认罚的自愿性和真实性

涉众型非法集资犯罪证据种类复杂、数量庞大,且分散于各地,收集、审查、运用证据的难度大,不能因为适用认罪认罚就人为降低证明标准。实践中,非法集资类案件中经常会出现犯罪嫌疑人供述的介绍投资情况与投资人报案情况及在案书证不完全一致的情形,此时,不能过于依赖犯罪嫌疑人供述,而应通过客观的书证等证据对其口供进行佐证,同时还得确保所采信的证据是真实合法且有证明力的。认罪认罚的前提是有罪性,在侦查阶段首先要做到"案件事实清楚,证据确实、充分";其次,要重点核实认罪认罚的自愿性和真实性。在案件侦查初期,应严格限制适用认罪认罚从宽制度,防止为尽快破案、减轻办案压力而威逼利诱哄骗犯罪嫌疑人认罪的情况发生。适用认罪认罚从宽制度应当保障犯罪嫌疑人知情权,要切实告知犯罪嫌疑人权利,告知其认罪认罚的性质和可能导致的法律后果,确保犯罪嫌疑人自愿认罪认罚。

(2) 审查批捕阶段,审慎适用强制措施

对认罪认罚的犯罪嫌疑人、被告人依法从宽处理,充分发挥刑罚的惩罚警示和教育矫治功能,鼓励和促使更多的犯罪嫌疑人认罪服法,可以最大限度地减少社会对抗、修复社会关系,提升社会治理法治化水平。非法集资犯罪案件的犯罪嫌疑人有着不同的社会危害性、人身危险性和主观恶性,应当根据其主观故意、

分工、作用等犯罪事实，审慎适用不同的强制措施。结合退赃退赔、认罪服法以及社会危险性等因素决定是否从宽及从宽幅度，既要防止犯罪嫌疑人逃往国外、毁灭证据、同案串供、藏匿赃款，又要通过不捕、改变羁押措施等手段来分化瓦解犯罪组织，教育感化犯罪嫌疑人，从而有效缓和社会矛盾。

在审查逮捕阶段，对于非法集资的发起人、决策人和参与非法集资活动时间长、违法性认识程度高的核心人员、业务骨干，以及曾因从事非法集资活动受过法律处罚且积极参与非法集资犯罪的，应当从严处罚，一般作出批准逮捕的决定。对于在共同犯罪中起次要和辅助作用，主观恶性不深的初犯、偶犯；仅从事劳务性工作，领取固定工资，参与时间短、违法性认识低的公司一般人员；吸收公众存款的数额或人数刚达到入罪标准并退赔退赃的，可以酌情作出无逮捕必要不批准逮捕的决定。如，朝阳院办理的盛世汇海案，因该公司的销售人员多达六个层级，在审查逮捕环节，对已经及时退赔投资人损失或者退缴违法所得且自愿认罪的从犯作出不予批准逮捕的决定，包括业绩较少的20余名团队经理和4名业务员以及风控部信贷经理、行政助理各1名。

（3）审查起诉阶段，明确追责人员范围，准确把握起诉必要性

认罪认罚案件虽然在程序上可以简化处理，但在证明标准上依然需要"犯罪事实清楚，证据确实、充分"，才能更好地实现公正与效率的统一。如，对于犯罪嫌疑人认罪，但没有其他证据，或者认为"事实不清、证据不足"的，应当坚持"疑罪从无"原则，依法作出不起诉决定。

在认罪认罚从宽制度的感召下，绝大部分涉案嫌疑人到案后能够如实供述自己的罪行，并且愿意积极退缴退赔，在涉案人员

众多的情况下,怎么确定追责人员的范围进而提起公诉,在司法实践中仍存较大的疑问。如,对于非法集资案件的底层参与者,如普通业务员以及起辅助作用的人事、行政等人员,在没有退赔的情况下是否有起诉的必要性;在退赃退赔的情况下是否可以作不起诉处理。为准确把握公诉案件的起诉必要性,以朝阳院出台的《刑事案件相对不起诉适用指引》(以下简称《指引》)为例,该《指引》不仅规范细化了相对不起诉标准,还创新性地提出对于在非法集资案件中及时退缴佣金、提成、工资等违法所得,且已经比照相应罚金刑数额自愿退赔相应款项,已有更高层嫌疑人到案对全案承担责任,且无维稳风险的低层级销售人员和从事事务性劳务性工作人员,可以选择适用相对不起诉决定。此举取得了显著的效果,很好地起到了分化犯罪组织、教育感化犯罪嫌疑人、缓和矛盾追赃挽损的示范性作用。在盛世汇海案中,对符合《指引》条件的54名犯罪嫌疑人作出不起诉处理。

《刑法修正案(九)》增设了"从业禁止制度",作为一种非刑罚处罚措施,从立法初衷来看,从业禁止的制度价值在于"防止犯罪分子利用职业和职务之便再次犯罪,从预防犯罪角度,赋予法院按照犯罪情况对这类犯罪采取预防性措施的权力"[1]。对于上述作出不起诉处理的犯罪嫌疑人,我们建议将该部分人员名单报送金融、工商等相关行政部门,尝试将该类人员纳入金融行业从业的"黑名单",设定一定期限的金融行业从业禁止,既消除了不起诉人员"退钱了事"的错误想法,又防止再次开展非法集资行为。

---

[1] 刘茸、李婧:《臧铁伟:"禁止从事相关职业三到五年"不是新刑种》,载搜狐网,https://www.sohu.com/a/29842627_121315,2020年4月11日最后访问。

此外，在审查起诉阶段对于符合认罪认罚条件的，启动羁押必要性审查也是应有之义。对于同时具备以下条件，采取取保候审或者监视居住不会发生社会危险的，可以依法变更强制措施：①具有真实的投资项目；②投资款已经全部挽回，或者虽未全部挽回，但有确实证据证实可能全部挽回，且犯罪嫌疑人具有切实可行的还款计划；③如实供述，真诚悔过，配合司法机关供述，并自愿退赔；④不会引发投资人集体访或其他过激行为的。在盛世汇海案中，对符合上述条件的1名团队经理和1名业务员变更强制措施为取保候审。

（4）出庭公诉阶段，依据认罪与否采取对应的公诉模式

认罪认罚从宽制度体现在出庭公诉方面，就是要探索被告人认罪与不认罪案件相区别的出庭公诉模式。对于适用认罪认罚制度的案件，开展普通程序简化审，举证、质证、辩论等环节要予以简化；在被告人不认罪的案件中，对被告人无异议的证据，在举证示证时也要予以简化。办案人员还要提升讯问犯罪嫌疑人的能力，掌握提问技巧，准确把握犯罪嫌疑人心理，使得犯罪嫌疑人能够自愿具结悔罪、认罪认罚。此外，新形势下，认罪认罚从宽制度对于检察机关提高量刑建议的质量、进行精准化量刑也提出了很高的要求，既要重视不利于被告人的量刑情节，也要重视有利于被告人的量刑情节，确保量刑建议的客观性；既要全面收集量刑证据和信息，重视自首、立功等法定情节，也要重视和解、赔偿、被害人过错等酌定情节，确保量刑证据信息掌握的完整性。检察机关要加强对量刑标准的研究，熟练掌握量刑起点、量刑基准和量刑方法步骤，提高量刑建议的准确性。

（四）多方联动，多措并举，协同处置恶意逃废债

1. P2P 网贷平台恶意逃废债的成因及法律评价

P2P 网贷平台出现大量恶意逃废债的原因主要有两个：一是风险控制体系不健全。首先，在 P2P 网络借贷环境中，出借人无法像银行一样掌握借款人的信息，信息不对称问题非常突出。其次，P2P 网贷平台作为信息中介方，风险控制体系还不完善，基础的风控手段依赖于借款人个人基本信息、资产负债情况、个人征信等因素。如"爆雷"前的"安心贷"根据借款人的实际财务情况来确定信用等级，而"拍拍贷"的主要依据是用户的各项审核（身份、视频、手机、学历、驾驶证）、网站学习情况，以及借款的历史记录等进行风控。此外，网络借贷还不要求借款人进行抵押。所以，在如此不完备的风控措施下完成的评估授信、借贷方匹配等必定存在借款人违约或逾期的风险。二是借款人的信用风险。网贷行业的业务类型主要分为个人信贷、车抵贷、房抵贷及企业贷，其中，无抵押的信用贷是网贷的主流。[①] 无抵押本就存在坏账风险，尤其在风控不力的情况下，借款人信用风险被进一步放大。此外，司法实践中，通过分析"爆雷"后的 P2P 网贷平台恶意逃废债的借款人发现，主要包括以下几类：第一，借款人从平台借款时就认为平台的运营不规范，在治理金融乱象的社会大背景下平台迟早有"爆雷"的时候，在平台"爆雷"后不履约还款就"顺理成章"了；第二，利用网贷平台间信息的不对称，从多个平台超额度借款，还款时采取"拆东墙补西墙"的方法；第三，借款人上传虚假信息，夸大

---

① 根据"网贷之家"发布的 2019 年行业报告，以 80 家正常运营平台为样本，合计贷款余额为 4121.79 亿元，其中个人信用贷达 3555.54 亿元，占比 86.26%。

借款资质从平台借贷，因不能承受还款金额而逾期；第四，在平台运营期间正常履约，定期还款至平台，在平台产生兑付困难"爆雷"后萌生不偿还债务的想法，并通过更换电话、拒接电话等多种方式逃避履行债务。上述借款人违背诚实信用原则，基于各种理由将自身陷于违约的境地，从而产生个人信用风险，使得出借平台产出大量的逾期债权，有些甚至演变为恶意逃废债。

恶意逃废债本身并不是一个法律术语，它作为债是指特定当事人之间的一种民事权利义务关系，通常由民法来调整。但并不是所有的欠债都是逃废债，逃废债更强调债务人的主观故意，也即，有履行能力而不尽力履行债务。民法上对逃废债的规则是将其作为民事违约行为处理。在行政法层面，有银行监管等相关部门出台了一系列措施防范和制裁恶意逃废债行为，但并未将其上升为一种行政违法行为，因而缺乏相应行政责任的保障，故相应的行政处罚措施也难以达到制裁的目的。虽然刑法也未将恶意逃废债行为纳入调整范围，将其规定为犯罪并科以刑罚，但P2P网贷平台"爆雷潮"以来，存在大量的恶意逃废债，出借人的损失不能得以弥补，恶意逃废债处置困境也极大地制约了司法办案进程，激化了社会矛盾。

2. P2P网贷平台恶意逃废债的治理构想

P2P网贷平台往往资金体量庞大，员工众多，涉及出借人和借款人动辄几万。不论是良性清退未"爆雷"平台还是司法处置已经涉案的平台，都是一个系统性的工程，需要利用平台自身、平台出借人、第三方公司、政府部门以及公检法的集合力量，有针对性地处置不同种类的逃废债务问题，以最大限度挽回出借人损失，缓和社会矛盾。

(1) 畅通还款通道并进行公告催收，引导借款人自愿还款

公安机关立案后，涉案公司往往经营中止、平台关停，银行账户被冻结，公司员工或被立案调查或纷纷离职。有意愿还款的借款人因为还款通道不畅，而无法正常履约还款。部分本已逾期的借款人或恶意借款人认为平台已经倒闭，平台借款人数量庞大，侦查机关没有足够精力对自己进行催收，由此认为有了不还款的"正当理由"。

公安机关对涉案P2P网贷平台公司进行立案调查，客观上确实会造成公司关停，出现还款通道不畅的问题。因此，公安机关在立案侦查之日起应注重从涉案公司或员工处获取完整的借款人名单，通过官方渠道对外发布公告说明立案情况，并鼓励平台借款人继续及时偿还欠款，同时有限保留涉案公司回款通道，或设立专用账户用于借款人进行正常还款。随着诉讼进程的推进，各司法机关及时发布公告，对外公布案件进展，继续督促平台借款人及时还款，同时，定时公布平台回款情况，给持观望态度的借款人或恶意借款人以警示，为司法机关后续催收措施的实施打下基础。如朝阳院在办的徐某某非法吸收公众存款一案中，部分借款人在借款过程中进行了资产抵押，有意愿还款的借款人因为还款通道不畅而无法继续履约，在得知这一情况后，朝阳院积极同公安机关沟通，最后确定一个已被冻结的涉案公司账户作为还款通道并对外公告，在确认还款信息后对借款人解除资产抵押。

(2) 严厉打击恶意逃废债务行为的关联犯罪

严厉打击平台借款人的关联犯罪，如非法吸收公众存款罪，诈骗罪，合同诈骗罪，拒不执行判决、裁定罪，虚假诉讼罪等。借款人的关联犯罪多因恶意逃废债行为，虽然恶意逃废债行为多由民法调整，但学界有观点认为，恶意逃废债务行为在如今经济

社会条件下日益猖獗，不仅严重侵害了债权人的债权，还严重危害了信用安全，民法和行政法在规制该种行为时存在较大的局限性，因此有必要将恶意逃废债务行为犯罪化，通过刑法手段遏制这一现象，形成"多管齐下、综合治理"的法律局面。

实践中，各地司法机关已经进行了相应的尝试。①如借款人明知平台资金来源并恶意逾期不还的，可能构成非法吸收公众存款罪的共犯。例如，深圳经侦于2018年11月将一名欠债高达800万元的"老赖"押解回深圳，检察机关已对其以非法吸收公众存款罪批准逮捕。深圳司法机关在打击恶意逃废债行动中，共处理15名涉嫌恶意逃废债的嫌疑人，涉及11个网贷平台，追回欠款4亿余元。②如借款人夸大借款资质从平台借贷并长期逾期，非法占有公司钱款的，可能涉嫌诈骗罪。例如，上海夸客金融逾期借款人卜某玉因恶意夸大借款资质进行借贷，欠款本金43268.62元且已逾期超三年未进行还款，非法占有公司钱款，涉嫌诈骗犯罪而被刑事拘留。夸客金融平台另一借款人周某也因涉嫌合同诈骗罪已被公安机关依法采取刑事强制措施。③如借款人煽动他人对抗催收，情节严重的可构成寻衅滋事罪。例如，"团贷网"借款人张某添自2018年11月开始，连续多期未还款。在得知平台被立案调查后，在借款人微信群多次发布拒绝还款的煽动性信息，鼓动其他团贷网借款人逃避还款义务，对抗催收款工作。公安机关已因其涉嫌寻衅滋事罪而依法将其刑事拘留。④如借款人明知资金系非法集资款项，并为平台嫌疑人提供银行账户转款或通过虚假借贷关系帮助隐匿资产的，可能构成掩饰隐瞒犯罪所得罪。

上述刑事犯罪皆衍生于恶意逃废债务行为，在处理此类关联行为时，要严格区分经济纠纷与经济犯罪的界限，坚决防止利用刑事手段干预经济纠纷。检察机关应指导公安机关开展侦查取证工作，提高证明标准，完善证据链条，保证刑事追诉罚当其罪，从而达到震慑恶意逃废债的目的。

(3) 引入资产管理公司处置 P2P 不良资产

由于 P2P 网贷平台在运营过程中，存在拆标打包、上传假标、自融、设置净值标等多种违规操作，导致"爆雷"后平台的债权债务关系复杂，底层资产价值极低。同时，P2P 网贷平台的客户分散，出借人无法直接找借款人沟通协商，资金的错配导致借款人也无法匹配所借款项的来源，因此极大地推高了债权追偿的成本。作为司法机关，没有足够人力物力财力对涉案债权进行逐一追偿，为切实提升案件办理效率和全案追赃挽损率，可考虑引入资产管理公司处理 P2P 网贷平台的不良资产。如，朝阳院在办的某千亿级 P2P 网贷平台案中，在案查封扣押冻结了平台大额借款人大量的股权、房产等资产，在处置该类资产时资产管理公司往往更为专业，为防止资产贬损，此时引入资产管理公司及时对该类资产进行处置非常有必要。

P2P 网贷平台的借款不仅包括大量的信用贷款，还包括有抵押有担保的借款，借款人中不仅包含自然人还包含企业。如果借款人是法人，可将 P2P 平台上的逾期贷款打包成非金融机构不良资产出售给资产管理公司。因部分企业债权标的涉及复杂的融资链条和债务债权法律关系，司法机关可对此不良资产展开确权工作，出具性质证明等资料，以打消资产管理公司购买不良资产时的权属疑虑；对于流向房地产、大中型企业经营周转和股权投资的平台资金，可先期邀请资产管理公司对抵质押物开展尽调、估值和议价，必要时请求金融办协助资产管理公司进行尽调、风险排查，从而厘清债权债务关系，最终以适当价格将该不良债权进行出售。

(4) 依托原催收团队及出借人协同推进信用贷催收

P2P网贷平台上小额信用贷款人数量庞大，单纯依靠一方力量开展催收工作，不仅催收效率不高，而且催收成本高昂。因此，针对大量小额信用贷款，可以采用司法机关依职权追缴、平台自救追讨债务和第三方催收公司有偿催收三方协同推进的模式，最大限度拓宽追缴路径，提升追缴效率。为保障催收工作的公开透明，可在催收前成立资产处追缴处置专班，专班由办案部门派员主导，成员应当包括政府有关部门（主要为金融办）人员、平台主要负责人、出借人代表等。

首先，平台对资金的去向较为清晰，对借款人较为熟悉，司法机关在打击处理时可先行做通平台公司部分高管、业务骨干、必要运营人员及销售人员的思想工作，将该部分员工编入公司原有催收团队，专门负责平台的后续债务催收工作，通过采取非羁押措施调动公司员工催收的积极性，并通过后续催收效果决定是否执行重新羁押、移送起诉等措施。

其次，平台被司法机关立案侦查后，平台原有员工对借款方的影响力下降，部分债务人心存侥幸，认为平台行为能力受损而降低清偿意愿，部分债务沦为恶意逃废债。因此，资产追缴处置专班可通过公开市场招标的方式，引入第三方催收公司对上述债务开展进一步催收工作，可约定回款的一定比例作为催收费用，具体执行过程由资产处置专班进行全程监督。

再次，平台案发后出借人要求了解案情、参与办案的意愿强烈，尤其关注案件的追赃挽损情况，司法机关可以加以引导，允许出借人代表适度参与追赃挽损，协助司法机关搜集广大出借人提交的债权证据和线索、监督并协助平台追讨债务及处置资产、监督司法机关对涉案财物的处置、及时对外发布信息等。

最后,如通过上述催收方法仍难以追回数量庞大的小额债权,或催收成本过高,公安机关可依据司法审计结果批量冻结经核实查证的逾期借款人银行账户,由借款人银行账户本人向公安机关说明未还钱款情况,逾期借款人主动还钱后,经公安机关查实的可对其账户进行解冻。同时,设立冻结咨询热线,为相关逾期借款人还款以及解冻账户提供咨询、指导。朝阳院办理的某千亿级P2P网贷平台案中,对有资金流入的上百个小额借款人银行账户进行了批量冻结,以督促借款人及时履约还款。

(5)利用征信系统对逃废债借款人进行联合惩戒

一是通过行业协会信息平台"黑名单"阻断多头借贷。

借款人同时在多个平台申请借款,借款人与网贷平台、网贷平台之间存在信息不对称,导致多头借贷,坏账的风险持续攀升。2016年开通的中国互联网金融协会信用信息共享平台破除了这一"信息孤岛"局面,不仅实现互联网金融行业信用信息的整合和共享,还推动建立监管和行业自律相结合的长效管理机制。

互联网金融风险专项整治工作领导小组办公室于2018年8月8日下发了《关于报送P2P平台借款人逃废债信息的通知》,要求各地上报借网贷平台风险事件恶意逃废债的借款人名单。因此,可以将经过催收程序后仍不还款的P2P网贷平台借款人的相关信息报送信用信息共享平台,将其列入平台恶意逃废债名单,对失信"老赖"开展全平台联合惩戒。据北京市互联网金融行业协会公布的统计数据,已公布576万余例失信被执行人,拒贷3万余人次。此外,网贷监管部门应及时与司法机关对接,将刑事案件中逾期借款人信息同步导入互联网金融协会信用信息共享平台，及时对已经涉案的恶意逃废债借款人进行信用惩戒，阻断其多头借贷。

二是接入已有的社会征信系统，对逾期借款人进行全方位信用惩戒。

继续推动所有 P2P 网贷平台包括已退出和已被立案的平台接入金融信用信息基础数据库运行机构（即人民银行征信中心）。①截至 2019 年 11 月底，个人征信系统接入各类放贷机构共 3693 家，已经基本实现对个人金融信用信息的广覆盖。央行征信系统的信息可广泛用于放贷机构对借款人进行贷前、贷中、贷后全流程信用风险评估。此外，也可以通过央行征信系统发布网贷平台恶意逃废债信息，将合力打击恶意逃废债的行动进行"升级"。

推动 P2P 网贷平台接入民间征信机构——百行征信②。百行征信除金融数据还包括生活数据、电商数据以及其他交易数据，可以与央行征信互补形成完整的个人信用数据画像。

三是探索借用法院限消令和失信被执行人制度，加大惩戒力度。

法院执行程序中对被执行人限制高消费以及将被执行人纳入失信名单，有效制裁了"民事老赖"。对于恶意逃废债的借款

---

① 互联网金融风险专项整治工作领导小组、网络借贷风险专项整治工作领导小组 2019 年 9 月联合下发《关于加强 P2P 网贷领域征信体系建设的通知》，要求在营 P2P 网贷机构接入征信系统。

② 百行征信是中国第一家获得个人征信业务经营许可的市场化公司，由市场自律组织——中国互联网金融协会与芝麻信用、腾讯征信、前海征信、考拉征信、鹏元征信、中诚信征信、中智诚征信、华道征信等 8 家市场机构按照"共商、共建、共享、共赢"原则共同发起组建。公司于 2018 年 3 月 19 日在深圳注册成立并落户福田，注册资本 10 亿元。截至 2019 年底，百行征信的征信系统收录个人信息主体 1.4 亿人，去重后 6500 万人，信贷账户 1.75 亿个，信贷记录 18 亿条；累计收录 P2P 借款人 3800 余万，基本实现了网络借贷人群全覆盖，有效配合了互联网金融专项整治工作。

人,尤其是平台已经涉刑的借款人,其主观恶性和客观危害均不亚于"民事老赖",但是对于刑事案件中恶意逃废债务的借款人因为没有权利主张主体和执行依据,无法对其进行限高或者纳入失信名单。为更有效地推进涉众型非法集资案件中恶意逃废债的追缴,建议借用法院这一执行措施,通过制度设计有限赋予公安机关、检察机关和法院刑事审判机构直接决定对恶意逃废债务人进行限高或纳入失信名单,借款人有提出异议的程序性权利以及持还款凭证申请解除或除名的权利。

借款人不按时履行还款义务,恶意逃避还款责任的,不仅要对其进行严厉的信用惩戒,限制其个人甚至家庭的金融信贷及社会生活,对情节严重者还将进行刑事制裁。目前对于逃废债行为,建议行政、司法等有关部门多方联动配合,建立监测、预警、处置于一体的打击恶意逃废债的工作机制,适时出台有针对性的规章制度,保护出借人合法权益,改善社会诚信体系,营造良好的社会信用环境。

(五)有效利用集资参与人代表保障集资参与人诉讼权利的充分行使

1. 集资参与人法律地位的理论分歧

依据现有的法律规定,集资参与人的法律地位既非证人也非被害人。不能作为证人是因为集资参与人不具有证人所要求的主体要素和行为要素;不能作为被害人是因为正当性基础不够,非法集资犯罪所侵犯的客体是金融管理秩序,不包括集资参与人的个人财产权益,且集资参与人具有积极参加集资的行为,一定程度上也破坏了金融管理秩序。

2. 集资参与人诉讼权利保障的实践探索

目前,法律、司法解释均未对集资参与人的法律地位予以明确,给司法实践带了重重困境。集资参与人的诉讼地位的确立不仅影响其诉讼权利的行使、实体权利实现,还影响诉讼效率的提高。为切实保障集资参与人诉讼权利的实现,《意见》第10条[①]规定了可产生集资参与人代表,但该条对于代表人的功能和产生过程等表述较为笼统。在如何保障集资参与人参与诉讼的程序机制设计上,司法机关始终在不断摸索,从而适应新形势下人民群众对看得见的正义的向往。

朝阳院办理的贾某某非法吸收公众存款一案中,因大部分报案的集资参与人分布在外地,且案发后外地集资参与人已经成立较为规范的"出借人委员会",在审查该委员会成立过程及章程等相关书面材料后,朝阳院对外地集资参与人的代表身份予以认可,并将涉案公司授权的资产处置代表纳入其中,同时指导北京地区集资参与人推选出不超过五人的代表。在同两方代表人的沟通过程中,北京地区的一名代表因具有审计的专业背景,对于本案的审计工作提出较多的专业意见和建议;外地代表则以"出借人委员会"的身份同涉案公司的项目方进行协商并达成资产处置协议,协助司法机关合力推进本案的追赃挽损工作。从上述做法来看,朝阳院的经验可资借鉴:

(1) 推动集资参与人代表形成

充分借鉴民事诉讼中的诉讼代表人制度,指导推动集资参与人通过选举或者书面授权的方式形成集资参与人代表,代表一般不超过五人。因集资参与人分布较为分散,在保证真实信息可以

[①] 《意见》第10条规定:"人民法院、人民检察院、公安机关应当通过及时公布案件进展、涉案资产处置情况等方式,依法保障集资参与人的合法权利。集资参与人可以推选代表人向人民法院提出相关意见和建议;推选不出代表人的,人民法院可以指定代表人。人民法院可以视案件情况决定集资参与人代表人参加或者旁听庭审,对集资参与人提起附带民事诉讼等请求不予受理。"

验证的前提下可以适当认可集资参与人通过网络授权形成的代表。集资参与人代表本人必须系案件投资人，并需要向司法机关提交其所代表集资参与人的身份信息、投资信息以及联系方式等，以便司法机关掌握其所代表的集资参与人数、金额在全案中的比例情况。

实践中的问题是对于跨区域的非法集资案件在"三统两分"处置原则下，如何与外地集资参与人沟通。这个问题在北京尤为突出，如涉案公司总部在北京，在外省市设立数十个分支机构开展业务，外地公安机关或未立案或称公司主案在北京应向北京司法机关了解主案进展。"三统两分"原则失去了实践的基础，大量集资参与人涌向北京的司法机关表达诉求、主张维权，但北京司法机关因无法确认外地集资参与人的身份，不了解各地分支机构的涉案情况，无法建立沟通渠道进行有效沟通。

笔者认为，外地集资参与人享有对主案的知情权和表达诉求的权利，对此应当予以保障。可以通过协查或公告的方式告知外地集资参与人首先推选代表，代表形成后原则上向本地办案机关了解案情、反映诉求，主案办案机关与本地办案机关保持沟通。对于本地尚未立案，且集资参与人数众多的情况，可以引导外地代表联系主案代表，由主案集资参与人代表代为告知诉讼进展并转达相关诉讼请求。

（2）建立及时有效的沟通机制

司法机关在收到集资参与人的授权书或关于选举的书面材料后，一是定期通过电话或接访的形式向代表传达案件的诉讼时间节点、案件办理进展、追赃挽损情况，保障集资参与人的知情权，尤其是在提起公诉前、开庭审理前这样的重要诉讼节点一定要主动约谈集资参与人代表；二是接收由代表汇集的案件线索或诉求，全面了解案情，借助代表提供的有效线索进一步做好案件的追赃挽损、追诉漏犯漏罪等工作；三是将释法说理工作融入每一次接访中，向集资参与人进行普法，要求远离非法集资，同时劝导集资参与人通过正当方式、途径理性维权，做好集资参与人的稳控工作，避免激化矛盾，影响社会稳定。

（3）充分发挥利用集资参与人律师代理人的作用

司法机关应鼓励支持集资参与人委托律师表达诉求。引导律师介入可以从以下几个方面更好地实现有效沟通：一是可以更规范地推进集资参与人代表的形成。律师可以登记集资参与人身份信息、投资金额等基础信息，协助撰写集资参与人的授权委托书，更好地完善规范推选集资参与人的程序。二是可以协助集资参与人甄别民事刑事法律关系，妥善保障其权益。涉众型非法集资犯罪案件中确实存在大量民事法律关系，比如实际出资人将资金出借于集资参与人挂名投资，实际出资人与挂名人的民间借贷关系；集资款的善意用款方、项目方的名下资产的追缴处置问题；等等。这些问题由律师对集资参与人释明，效果更好。三是律师可以协助集资参与人与司法机关有效沟通。对于集资参与人，律师可以帮助其调查、梳理有价值的线索，并提出合理化专业化的诉求。对司法机关来说，律师可以协助释法说理，缓解信访压力，如关于诉讼程序方面时间节点的沟通以及关于案件定性方面的释明，均可以跟律师沟通后由其代为向集资参与人释明。

充分利用好集资参与人推选出的代表不仅拓展了非法集资刑事案件的主体容量，节约司法成本，提高司法效率；同时，还有助于缓解集资参与人信息不对称的局面，满足集资参与人对于刑事诉讼权利的渴求，让公平正义看得见，从而有效缓解社会矛盾。

图书在版编目（CIP）数据

最高人民检察院第十七批指导性案例适用指引. 金融犯罪／最高人民检察院第四检察厅编著. —北京：中国检察出版社，2020.11
ISBN 978－7－5102－2498－0

Ⅰ.①最… Ⅱ.①最… Ⅲ.①案例－汇编－中国②金融犯罪－案例－中国 Ⅳ.①D920.5

中国版本图书馆 CIP 数据核字（2020）第 202494 号

最高人民检察院第十七批指导性案例适用指引（金融犯罪）
最高人民检察院第四检察厅　编著

出版发行：	中国检察出版社
社　　址：	北京市石景山区香山南路 109 号（100144）
网　　址：	中国检察出版社（www.zgjccbs.com）
编辑电话：	(010)86423706
发行电话：	(010)86423726　86423727　86423728
	(010)86423730　68650016
经　　销：	新华书店
印　　刷：	保定市中画美凯印刷有限公司
开　　本：	710 mm×960 mm　16 开
印　　张：	22
字　　数：	254 千字
版　　次：	2020 年 11 月第一版　2020 年 11 月第一次印刷
书　　号：	ISBN 978－7－5102－2498－0
定　　价：	82.00 元

检察版图书，版权所有，侵权必究
如遇图书印装质量问题本社负责调换